GUIDE FOR ROAD SLOPE DESIGN

——FAILURE MODELS, ENGINEERING COUNTERMEASURES AND TYPICAL CASES

道路边坡设计指南

——破坏模式、工程对策与典型案例

魏永幸　徐　骏　邱燕玲　等　编著

人民交通出版社股份有限公司

北　京

内 容 提 要

本书结合作者团队多年来在铁路、公路工程领域边坡工程设计的实践经验以及相关科研成果，系统地介绍了边坡设计的基本理念、思路与方法。同时，针对山区特殊地形地质条件以及道路边坡的工程特点，融入基于致灾机理、破坏模式的边坡分类设计思想，按照土质边坡、软质岩边坡、硬质岩边坡、复合边坡、长大边坡的分类，深入地阐述了各类典型边坡的特征、破坏模式以及对应的设计方法与工程对策，并给出了相应的典型工程案例，以便读者“按图索骥”查找参考。

本书编写依托于相关行业规范，又在大量工程实践与研究成果的基础上提纲挈领、融会贯通，旨在为从事边坡工程设计的工程技术人员提供一本便捷实用的工具书。

本书可供铁路、公路、市政等行业从事工程勘察设计的人员、施工技术及管理人员使用，也可供从事相关领域的科研人员参考，亦可作为高等院校相关专业师生的参考书。

图书在版编目(CIP)数据

道路边坡设计指南：破坏模式、工程对策与典型案例/魏永幸等编著. —北京：人民交通出版社股份有限公司，2022.11

ISBN 978-7-114-18232-7

Ⅰ.①道… Ⅱ.①魏… Ⅲ.①边坡—道路工程—指南
Ⅳ.①U416.1-62

中国版本图书馆 CIP 数据核字(2022)第 176952 号

Daolu Bianpo Sheji Zhinan——Pohuai Moshi、Gongcheng Duice yu Dianxing Anli

书　　名：道路边坡设计指南——破坏模式、工程对策与典型案例
著 作 者：魏永幸　徐　骏　邱燕玲　等
责任编辑：李　梦　张　晓
责任校对：赵媛媛　魏佳宁
责任印制：刘高彤
出版发行：人民交通出版社股份有限公司
地　　址：(100011)北京市朝阳区安定门外外馆斜街 3 号
网　　址：http://www.ccpcl.com.cn
销售电话：(010)59757973
总 经 销：人民交通出版社股份有限公司发行部
经　　销：各地新华书店
印　　刷：北京印匠彩色印刷有限公司
开　　本：787 × 1092　1/16
印　　张：11.75
字　　数：278 千
版　　次：2022 年 11 月　第 1 版
印　　次：2022 年 11 月　第 1 次印刷
书　　号：ISBN 978-7-114-18232-7
定　　价：68.00 元

作者简介

Author Profile

魏永幸,四川名山人,教授级高级工程师、国家注册土木(岩土)工程师,中铁二院工程集团有限责任公司副总工程师。四川省工程勘察设计大师,四川省学术技术带头人,享受国务院政府特殊津贴专家。长期从事铁路(公路)路基及地基处理、地灾防治、边坡防护等工程的勘察、设计和研究工作,历任路基专业设计负责人,科(室)负责人,处副总工程师,技术中心副主任、主任,副总工程师兼总工办(技术中心)主任。结合工程主持开展了20余项科学试验研究,在巨型滑坡、"斜坡软土"、红层泥岩等特殊地质灾害防治,路基支挡安全保障,以及高铁路基毫米级沉降控制等方面取得突出成果。担任中国铁道学会高速铁路委员会委员、中国铁道学会标准化(路基)专业委员会委员。

作为第一发明人获发明专利12项;出版学术专著10部,发表学术论文100余篇;编写行业技术标准5部、省部级工法4项。获省部级以上科技进步奖、工程创优奖30余项,其中国家科技进步奖一等奖1项、全国优秀工程勘察设计铜奖1项、中国专利优秀奖1项,四川省科技进步一等奖4项、二等奖2项,全国一级学会、协会科技进步特等奖4项、一等奖4项。

徐骏,安徽潜山人,中铁二院工程集团有限责任公司教授级高级工程师。2007 年毕业于中科院成都山地所(自然地理学专业,理学博士)。毕业后长期致力于山地灾害防治技术研究,承担了“艰险山区客运专线铁路陡坡落石防灾减灾技术研究”“多排、埋入式抗滑桩加固大型滑坡技术”等课题研究,以及《铁路路基支挡结构设计规范》《铁路路基支挡结构检测规程》等标准编制工作。获发明专利 12 项,获省部级科技进步奖 5 项、工程创优奖 2 项。

邱燕玲,四川内江人,中铁二院工程集团有限责任公司总工办(技术中心)高级工程师。2016 年毕业于西南交通大学(防灾减灾及防护工程专业,工学博士)。主要从事山区铁路选线理论与技术、山区道路边坡防灾减灾方面的研究,承担了“复杂艰险山区铁路减灾选线理论与技术深化研究”“复杂艰险山区高速铁路选线理论及技术评价体系研究”“高寒山区铁路沟谷灾害链危险性评估与风险调控研究”等课题研究。获省部级科技进步奖 2 项,发表论文 10 余篇。

序
Foreword

边坡工程作为岩土工程的一个重要分支,其设计始终以勘察为基础,由于地形地质及环境的复杂性,每一个边坡都有其特殊性,正确、合理、经济地设计边坡工程,确保工程项目的安全一直是道路工程设计、施工和运营维护的核心技术问题。

边坡工程是道路工程的重要组成部分,边坡工程的安全直接影响着道路安全和运输畅通。近年来,随着高速铁路、高速公路等交通基础设施建设向地质条件复杂的山区延伸,边坡失稳引起的滑坡、崩塌等灾害问题更受关注。如何做好边坡防灾减灾设计,成为工程界研究的热点,相关科研与技术攻关成果丰硕,边坡防灾减灾技术取得了诸多新进展。针对铁路(公路)带状工程,研究应用“空-天-地”综合勘察技术进行大范围地质灾害识别,研究应用“减灾选线”技术、智能选线技术,规避重大不良地质,减少深挖方、高边坡;研发了可承受超常荷载的框架式抗滑桩、椅式抗滑桩等重型支挡结构,创新了巨型滑坡多排抗滑桩、长大边坡预应力锚索(杆)等防护技术,提升了深挖方、高边坡处置能力和边坡工程防灾能力;研发了高原高寒和干旱半干旱地区植被护坡技术、创面生态恢复技术,为交通工程的绿色发展、低碳发展提供了有力支持。

囿于铁路(公路)线路长、边坡工点多、地形地质条件复杂多样等因素,围绕如何系统提升道路边坡工程防灾能力和水平,本书作者团队依托南昆铁路、内昆铁路、成兰铁路、成贵铁路、西成客运专线铁路、绵广高速公路等工程,在边坡破坏模式识别、提升支挡结构安全性、提升边坡工程安全韧性等方面开展了系统研究与技术攻关,形成了一系列复杂山区道路边坡防灾减灾技术,构建了复杂山区道路边坡设计技术体系,相关成果在西南山区铁路(公路)建设中得到有效应用,为我国山区铁路(公路)防灾减灾作出了贡献。本书作者根据多年积累的边坡工程科研成果及工程实践经验,提出了基于边坡破坏机理与破坏模式的道路边坡分类(5 种 13 类),并系统研究了各类型边坡(土质边坡、软质岩边坡、硬质岩边坡、复合边坡、长大边坡)的基本特征、失稳机理、破坏模式,提出了各类型边坡的设计思路、工程对策、技术要点等，研究成果具有很强的针对性和实用性。

本书是对上述科研成果与工程应用的系统梳理、总结，体现了铁路、公路边坡工程先进的设计理念、技术和工法，基于工程实践总结、提炼了各类道路边坡设计对策“宝典”，具有很强的针对性、实用性、指导性，对于推进道路边坡的安全、绿色设计具有重要的参考价值。

我相信，本书的出版对于进一步提升我国道路边坡设计技术水平、提升道路防灾减灾能力，必将产生积极的影响、发挥重要的作用。

鉴于此，我乐意将本书推荐给大家，并写述了上面的一点文字，是为序。

全国工程勘察设计大师
中国中铁首席设计大师 朱颖

2022 年 8 月

前　言

Preface

道路是一种带状工程，道路边坡具有数量多、类型多、地质条件复杂、成灾机理多样化、防治难度大等特点，如何保持边坡的长期稳定，是道路工程安全运营的关键。影响道路边坡安全性的因素众多且十分复杂，涉及勘察、设计、施工、运营维护四个环节，涉及环境、技术、材料三个方面，围绕边坡工程安全的研究一直是道路边坡工程领域的研究热点。近年来，随着高速铁路、高速公路等交通基础设施建设向地质条件复杂的山区延伸，边坡失稳引起的滑坡、崩塌等灾害问题受到更大关注，相关科研与技术攻关成果丰硕，边坡防灾减灾技术取得了诸多新进展，例如研发的"空-天-地"地质灾害广域高效识别、智能辅助"减灾选线"技术，为有效规避重大地质灾害提供了技术支撑；研发的框架式抗滑桩、椅式抗滑桩、多排抗滑桩、大吨位预应力锚索等重型支挡防护技术，提升了深挖方、高边坡处置能力和边坡工程防灾能力；边坡绿色防护技术进一步发展，研发了高原高寒、干旱半干旱地区植被护坡技术、创面生态恢复技术，为交通工程的绿色发展、低碳发展提供了有力支撑。

笔者长期从事路基工程设计研究、标准编制与技术管理工作，曾主持内昆铁路、遂渝铁路、武广高速铁路、绵广高速公路、粤赣高速公路等项目的路基工程设计，并深刻地认识到：山区铁路、公路工程建设中边坡地质灾害问题突出，设计既是工程建设的龙头、也是防范边坡灾害的源头，边坡破坏模式的准确识别是边坡工程设计的关键。

基于上述认识，作者团队依托南昆铁路、内昆铁路、成兰铁路、成贵铁路、西成客运专线铁路、绵广高速公路等工程，在边坡破坏模式识别、边坡安全风险评估、支挡结构性能提升等方面持续开展了相关的研究与技术攻关，逐步形成了以"破坏模式识别""安全风险评估"为核心的复杂山区道路边坡设计技术体系，相关成果在西南山区铁路（公路）建设中得到有效应用，为我国山区铁路（公路）防灾减灾作出了贡献。

为了进一步推广研究成果，作者团队进一步开展了道路边坡设计的研究，并组织撰写本书。本书在作者提出的基于破坏模式的道路边坡分类（5 种 13 类）的基础上，系统研究了各类型边坡（土质边坡、软质岩边坡、硬质岩边坡、复合边坡、长大边坡）的基本特征、失稳机理、破坏模式，研究提出了各类型边坡的设计思路、工程对策、技术要点等。本书主要内容包括：基于边坡破坏模式，提出了边坡分类设计的思想，并以边坡分类为基础，阐述各类边坡的基本特征、失稳机理、破坏模式以及对应的设计思路、工程对策、技术要点，并结合工程案例介绍了铁路、公路边坡工程先进的理念、技术和方法。我们希望借助本书边坡分类设计的思想，突出实用性，为工程设计人员提供边坡设计参考和借鉴。

全书由魏永幸策划并负责统稿，徐骏、邱燕玲协助撰写。全书内容共分为10章，参与编写人员包括：李炼、杨淑梅（第2章）；李炼、郭海强、杨泉（第3章）；李炼、杨泉、李刚（第5章）；薛元、冯子亮、肖朝乾、封志军、刘菀茹（第6章）；周成、李伯根（第7章）；蒋楚生、肖世国、贺钢、兰小平、邹川、曾惜（第8章）；缪胜林、朱分清（第9章）；肖朝乾、曾永红、邱永平、陈海军、唐第甲、张科瑞、黄波（附录）；秦小林对全书进行了审阅并提出了修改意见。

本书的出版得益于团队成员的共同努力，也与单位的支持分不开。在此，谨向团队全体成员，以及给予我们关心、支持和帮助的领导、同事和朋友，表示衷心感谢！

本书撰写中借鉴和参考的文献已列出，但难免有疏漏，在此谨向有关文献作者一并致谢。

限于作者水平，书中或存在不妥之处，敬请各位读者批评指正。

魏永幸
2021年12月

目　录

Contents

第1章 绪论

1.1 边坡失稳与边坡灾害概述

随着我国国民经济的发展，尤其是实施西部大开发战略以来，山区铁路、公路等道路建设发展迅猛，工程中因地质条件复杂以及设计施工不当等问题，道路边坡工程地质灾害时有发生。如2018年宝成铁路山体崩塌（图1-1），2019年成昆铁路甘洛段山体滑塌（图1-2），对工程建设和沿线人们的生产生活造成了不利影响，同时也造成了环境破坏。

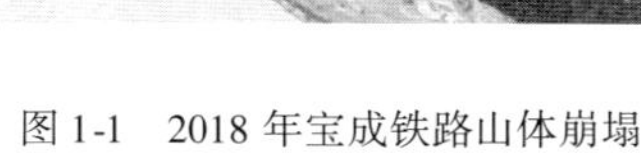

图1-1　2018年宝成铁路山体崩塌

图1-2　2019年成昆铁路甘洛段山体滑塌

据不完全统计，云南省的公路边坡灾害调查数据显示，1990—1999年，云南公路边坡发生大、中型崩塌、滑坡等140余次，经济损失数十亿余元，并对全省公路的运营构成严重威胁；四川省近十多年来，每年边坡地质灾害造成的损失达数亿元；1998年，福建省先后发生的崩塌、滑坡等21300多起，涉及40多个县（市、区），毁房500余间，经济损失高达10多亿元。宝成（略阳—上寺段）、成昆、贵昆、川黔、襄渝、黔桂等六条铁路在施工期间遇到的工程滑坡、自然滑坡500多处。南昆线施工中发生的工程滑坡，包括在施工中复活或部分复活的古滑坡,也包括施工中发生的山体变形、坍塌,路堤、路堑边坡塌滑100多处,其中较大规模的28处[1,2]。内昆铁路沿线的岩堆分布有90余处[3]。渝怀线全线有斜坡软弱地基80余处,累计线路长度约11.8km,斜坡软弱地基填方工程问题十分突出;全线顺层路基工点有200余处,累计长度约40km,占正线路基长度的14%,其中设置支挡工程的有70多处,路基长度约14km,顺层边坡工程问题也十分突出。重庆万梁高速公路全长67km,顺层岩质边坡有60个,在施工过程中发生岩质顺层滑坡32处。根据自然资源部的地质灾害险情报告,2020年全国共发生地质灾害7840起,其中滑坡4810起、崩塌1797起、泥石流899起,直接经济损失50.2亿元,其中四川23.52亿元、甘肃15.59亿元;2021年全国共发生地质灾害4772起,其中滑坡2335起、崩塌1746起、泥石流374起,直接经济损失32亿元。

1.2 边坡灾害防治工程设计现状

边坡灾害防治工程设计是一门实践性很强的学科,其理论与技术一直在不断地发展和完善中,以满足工程实践的需求。

目前边坡稳定性研究已有相当的水平与规模。作为一项系统工程,其发展研究过程可大致分为5个阶段,即借助于古典土力学的稳定性分析阶段,20世纪50年代偏重于稳定性描述与分析的地质历史分析阶段,20世纪60年代考虑时效过程的稳定性分析阶段,20世纪80年代后期以数值模拟、模型试验为主的半定量分析阶段和20世纪90年代以后的现代边坡工程学阶段[4]。从实际工程设计角度而言,现有稳定性分析方法中以极限平衡法应用较为普遍,但是在岩质边坡中的应用受到较大限制,其原因在于缺乏可靠的确定滑移面的方法;对于斜坡软弱地基路堤边坡的稳定性分析,多采用传统的安全系数法,而实际上斜坡软弱地基路堤边坡侧向变形较大,传统方法没有考虑该因素对稳定性的影响。鉴于此,非连续介质理论、非线性科学理论、风险分析方法、可靠性理论以及计算机技术的发展,为边坡稳定性问题的研究提供了新的途径和方法。

针对边坡地质灾害及防治设计,国内外学者做了许多研究工作,取得了很多的成果,包括边坡的滑动机理、极限平衡法及强度折减技术分析边坡稳定性、抗滑桩和挡墙等支挡结构的设计计算方法,等等[5-8]。通过查阅文献并查新验证,目前国内外对边坡灾害类型的划分,大体有以下两种:①按照其破坏方式和失稳模式进行分类,例如:滑坡、崩塌、错落,等;②按几何或地质结构简单分类,例如按高度分类(超高边坡、高边坡等)、按坡率分类(陡坡、缓坡等)、按岩体结构分类(如:块状、层状、碎裂结构边坡等)。但,这些分类与灾害类型的联系不紧密,尤其是没有考虑工程活动对坡体稳定性的影响。总体来看,山区道路边坡分类确定其灾害机理及防治设计技术方面尚无系统的研究,而现有分类体系难以从道路边坡类型预测可能的灾害并分析灾害机理,不能较好地进行边坡稳定性分析和边坡灾害防治措施设计。

1.3 基于破坏模式的道路边坡分类思想简介

山区道路边坡与一般地区的边坡相比,具有地质条件复杂、边坡类型众多、成灾机理多样化、防治难度大等特点。由于复杂的地质环境和多样化的成灾机理,现有的边坡研究成果在山区道路工程的应用受到很大限制,同时由于缺乏较为系统的科学理论指导,使得设计施工对经验的依赖性很大,这无疑是边坡工程稳定性问题发生的一个重要原因。因此有必要结合山区道路边坡工程的特点进一步开展研究,为山区道路边坡工程的设计和施工提供理论指导和科学依据。中铁二院工程集团有限责任公司(简称"中铁二院")近十年来结合南昆铁路、内昆铁路、渝怀铁路、京珠高速公路等复杂山区道路工程建设,联合西南交通大学及相关单位共同进行科研攻关,开展了"山区道路边坡灾害机理和防治技术研究"等课题研究,总结山区道路边坡不良地质现象的类型及其存在的地质条件,论述了山区道路边坡坡体结构的概念及其分类,提出了23种典型坡体结构形式和8类典型破坏模式,并创新了边坡灾害防治技术。上述研究成果以及长期山区铁路、公路边坡工程实践,为进一步研究打下了良好的基础。

边坡在道路(铁路、公路)带状工程中占比较高,边坡工程可靠性对道路工程建设以及后期运营安全影响较大。影响边坡可靠性的因素很多,其中边坡破坏机理、边坡破坏模式直接影响边坡工程设计的有效性和针对性。准确判明边坡破坏机理、边坡破坏模式,并有针对性地采取相应的加固防护措施,是道路边坡设计的关键。

鉴于道路边坡破坏机理、边坡破坏模式与道路边坡有很大的关联性,作者在前期研究和工程实践总结的基础上,基于边坡破坏机理与破坏模式,将常见道路边坡归纳成5种、13类,并总结归纳了各类边坡的基本特征、破坏机理与破坏模式、设计方法与实际防治工程案例,一方面可方便勘察人员有针对性收集相关资料,显著提高生产效率;另一方面可方便设计人员"按图索骥",提高设计的针对性,避免设计的盲目性,保证工程设计质量[9]。

本章参考文献

[1] 漆宝瑞.南昆铁路[M].成都:电子科技大学出版社,2006.

[2] 韩春暄,蒋忠信.复杂地质艰险山区修建大能力南昆铁路干线成套技术[M].成都:电子科技大学出版社,2000.

[3] 中铁二院工程集团有限责任公司.内昆铁路[M].成都:西南交通大学出版社,2008.

[4] 赵明阶,何光春,王多垠.边坡工程处治技术[M].北京:人民交通出版社,2003.

[5] 李建林,等.边坡工程[M].重庆:重庆大学出版社,2013.

[6] 朱大勇,姚兆明.边坡工程[M].武汉:武汉大学出版社,2014.

[7] 叶万军,等.边坡工程[M].江苏:中国矿业大学出版社,2017.

[8] 吴顺川,等.边坡工程[M].北京:冶金工业出版社,2017.

[9] 魏永幸,邱燕玲.基于破坏机理与破坏模式的道路边坡分类浅析[J].中国勘察设计,2019(02):80-82.

第2章 边坡工程

边坡是地表具有侧向临空面的地质体;边坡工程是指为了满足工程建设的需要,对边坡进行改造、采取防护、支护加固等措施以保证边坡稳定性的工程。边坡工程安全关乎工程建设、正常运营和人民生命财产安全。不同行业对边坡工程的要求有所不同,边坡设计也因边坡类型、使用要求、环境条件的不同而具有明显的差异性。

2.1 边坡工程概述

2.1.1 边坡分类

边坡包括自然或人工边坡。自然边坡随处可见,人工边坡因工程开挖或填筑而形成。边坡的构成要素如图2-1所示。

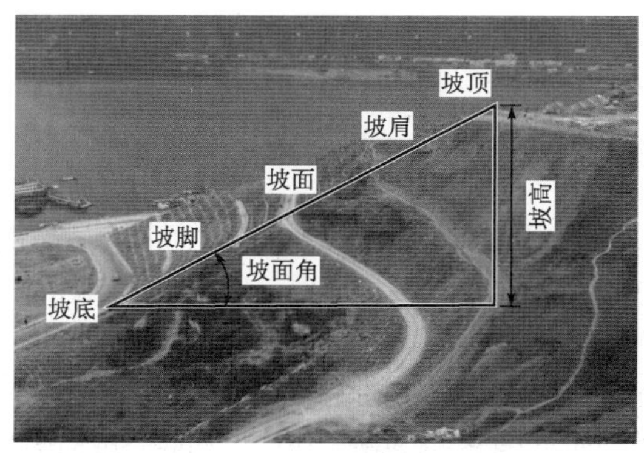

图2-1 边坡的构成要素

基于不同的出发点或划分依据,可将边坡划分为不同的类型[1]。

1)按构成边坡的物质种类分类

(1)土质边坡:整个边坡均由土体构成,按土体种类可分为黏性土边坡、黄土边坡、膨胀土边坡等,如图2-2所示。

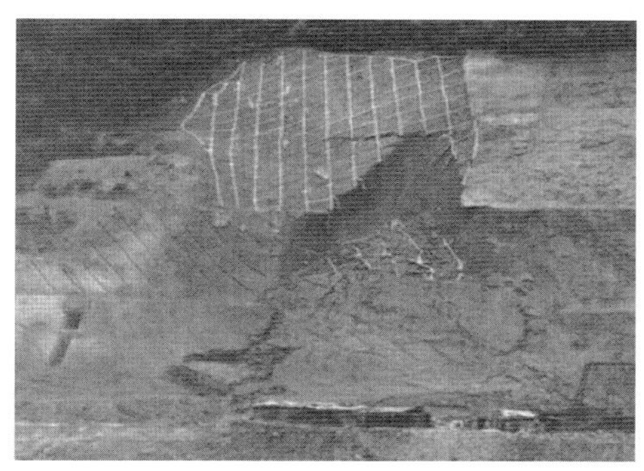

图2-2　土质边坡

(2)岩质边坡:整个边坡均由岩体构成,按岩体的强度可分为硬质岩边坡、软质岩边坡和风化岩边坡等,按岩体结构分为整体状(巨块状)边坡、块状边坡、层状边坡、碎裂状边坡、散体状边坡,如图2-3所示。

图2-3　岩质边坡

(3)岩土混合边坡:边坡下部为岩层,上部为土层,即所谓的二元结构的边坡,如图2-4所示。

图2-4　岩土混合边坡

2)按边坡高度分类

(1)一般边坡:总高度在30m以下的岩质边坡,总高度在20m以下的土质边坡。

(2)高边坡:总高度大于30m的岩质边坡,总高度大于20m的土质边坡。铁路和公路一般将高度大于30m的路堑边坡和高度大于20m的路堤边坡称为高边坡,需进行特殊设计。

3)按边坡工程类别分类

(1)路堑边坡、路堤边坡。

(2)水坝边坡、渠道边坡、坝肩边坡、库岸边坡。

(3)露天矿边坡、弃渣场边坡。

(4)建筑边坡、基坑边坡。

4)按坡体结构特征分类

(1)类均质土边坡:由均质土构成的边坡。

(2)近水平层状边坡:由近水平层状岩土体构成的边坡。

(3)顺倾层状边坡:由倾向临空面(开挖面)的顺倾岩土层构成的边坡。

(4)反倾层状边坡:由倾向边坡内的岩土层构成的边坡。

(5)块状岩体边坡:由厚层块状岩体构成的边坡。

(6)碎裂状岩体边坡:由碎裂状岩体构成的边坡,或为断层破碎带,或为节理密集带。

(7)散体状边坡:由破碎块石、砂构成的边坡,如强风化层。

5)按边坡使用年限分类

(1)临时边坡:只在施工期间存在的边坡,如基坑边坡。

(2)短期边坡:只存在10~20年的边坡,如露天矿边坡。

(3)永久边坡:长期使用的边坡。建筑边坡工程分为临时边坡和永久边坡,工作年限不超过2年的边坡为临时边坡,工作年限大于2年的边坡为永久边坡。

6)按边坡形成过程分类

(1)人工边坡:由施工开挖或填筑而形成的边坡。因工程行为而引发山体大规模滑坡,通常称为工程滑坡。

(2)自然边坡:即天然边坡,通常指在工程范围内有可能影响工程安全的天然边坡。

2.1.2 边坡工程的概念及主要工作

1)边坡工程的概念

边坡工程是指为了满足工程建设的需要,对边坡进行改造、加固或采取支护措施以达到边坡稳定性的工程。边坡工程的概念具有两层含义:以最经济的造价修建一个人工边坡,或者以最经济的造价防止一个自然边坡破坏,即建成一个经济实用的边坡工程[1]。

2)边坡工程的主要工作

边坡工程主要开展以下四个方面的研究工作:

(1)边坡特征识别

边坡安全分析的前提是认识边坡,包括认识地质条件、岩土体的力学参数、边坡的稳定状态等。

(2)边坡稳定性分析

边坡稳定性分析是边坡工程研究的核心问题,其目的是确定经济合理的边坡结构参数及分析已有边坡的稳定程度,为边坡处治措施的确定提供可靠依据[2]。边坡稳定性分析必须在工程地质勘查与岩土体物理力学实验的基础上进行,在具体分析时,首先应根据地质体结构特征确定边坡可能的破坏模式,然后针对不同的破坏模式采用相应的分析及评价方法。

(3)边坡防护与加固设计

边坡防护与加固设计是边坡工程治理的重要环节。经边坡稳定性分析后,当其存在失稳可能时,需根据岩土体的性质、地质结构、环境因素、地表水汇集、植被完整性等因素综合考虑,遵循边坡防治原则,选用有效的防治措施,进而达到改善边坡稳定性的目的。

(4)边坡监测

判定一个边坡是否稳定,动态监测也是十分重要和不可缺少的手段,尤其是对重要、高大复杂的边坡及大型复杂的滑坡。监测内容主要包括位移监测、裂缝监测、滑动面监测、地下水和地表水监测、降水量监测、应力监测及宏观变形迹象监测等。随着边坡监测技术的改进和发展,边坡监测在工程中的应用越来越多。

2.2 边坡工程安全

“安全”可解释为在人类生产过程中,将系统运行的状态对人类的生命、财产、环境可能产生的损害控制在人类能接受水平以下的状态。顾名思义,“边坡安全”是在边坡建设工程中,将边坡对人类的生命、财产、环境可能产生的损害控制在人类能接受水平以下的安全状态。

随着我国国民经济持续发展,以高等级铁路、公路等为主体的基础设施建设取得了快速的发展,道路工程日益向工程地质条件复杂的山区推进。道路建设时通常会对边坡采取一定的防护措施,但是由于山区工程地质条件的复杂性,且受到诸多不确定因素的影响,难以保证道路边坡的绝对安全,其安全稳定问题给人民生命财产安全和工程建设带来巨大的威胁,因而对道路边坡进行安全稳定性分析和风险评估研究变得尤为必要。

2.2.1 边坡工程安全等级

安全等级是根据工程结构破坏所产生后果的严重性划分的设计等级[3]。边坡工程安全等级的合理划分和应用直接影响到边坡工程的安全稳定性和经济合理性。针对不同类型的边坡工程,应根据工程规模及其重要性等因素进行具体分析。通常边坡工程安全等级确定应考虑以下因素:①对建筑物安全和正常运营的影响程度;②对人民生命和财产安全的影响程度;③边坡失稳造成的损失大小;④边坡的规模;⑤边坡服务年限;⑥社会和环境因素等。

铁路、公路建设中，往往也会涉及某些建筑物的建设，如站场、服务区或临时建筑物等，所以在此列出了铁路、公路和建筑边坡的工程安全等级划分。

《铁路路基设计规范》(TB 10001—2016)[4]根据结构破坏可能产生后果的严重程度划分铁路路基工程安全等级，见表2-1。

铁路路基工程安全等级 表2-1

安全等级	破坏后果	示例
一级	危及人的生命危险性很大，经济损失很大，社会和环境影响很严重	特殊条件、技术复杂的路基支挡结构和地基处理工程、特殊地质条件下的高边坡路基工程
二级	危及人的生命危险性大，经济损失大，社会和环境影响严重	路基主体结构、重要路基防护结构、一般地基处理工程和支挡结构
三级	危及人的生命危险性一般，经济损失一般，社会和环境影响一般	一、二级之外的其他路基结构

注：有特殊要求的铁路路基工程，其设计安全等级可根据具体情况研究决定。

《公路滑坡防治设计规范》(JTG/T 3334—2018)[5]根据滑坡危害程度、公路等级、周围环境及其工程重要性划分滑坡防治工程安全等级，见表2-2。

滑坡防治工程安全等级 表2-2

滑坡危害程度	安全等级		
	高速公路、一级公路	二级公路	三、四级公路
轻	Ⅰ	Ⅲ	Ⅲ
中等	Ⅰ	Ⅱ	Ⅲ
严重	Ⅰ	Ⅱ	Ⅲ
特严重	Ⅰ	Ⅰ	Ⅱ

注：1. 滑坡防治工程安全等级由高到低依次为Ⅰ级、Ⅱ级、Ⅲ级。

2. 滑坡影响区有桥梁、隧道、高压输电塔、油气管道等重要建筑物，以及村庄和学校的二、三、四级公路，滑坡防治工程安全等级宜提高一级。

3. 区域内唯一通道的二、三、四级公路，滑坡防治工程安全等级宜提高一级。

《建筑边坡工程技术规范》(GB 50330—2013)[6]根据其损坏后可能造成的破坏后果(危及人的生命、造成经济损失、产生社会不良影响)的严重性、边坡类型和坡高等因素划分建筑边坡工程安全等级，见表2-3。

建筑边坡工程安全等级 表2-3

<table>
<tr><th colspan="2">边坡类型</th><th>边坡高度H(m)</th><th>破坏后果</th><th>安全等级</th></tr>
<tr><td rowspan="8">岩质边坡</td><td rowspan="3">岩体类型为Ⅰ或Ⅱ类</td><td rowspan="3">$H \leq 30$</td><td>很严重</td><td>一级</td></tr>
<tr><td>严重</td><td>二级</td></tr>
<tr><td>不严重</td><td>三级</td></tr>
<tr><td rowspan="5">岩体类型为Ⅲ或Ⅳ类</td><td rowspan="2">$15 < H \leq 30$</td><td>很严重</td><td>一级</td></tr>
<tr><td>严重</td><td>二级</td></tr>
<tr><td rowspan="3">$H \leq 15$</td><td>很严重</td><td>一级</td></tr>
<tr><td>严重</td><td>二级</td></tr>
<tr><td>不严重</td><td>三级</td></tr>
</table>

续上表

边坡类型	边坡高度 H(m)	破坏后果	安全等级
土质边坡	$10 < H \leqslant 15$	很严重	一级
		严重	二级
	$H \leqslant 10$	很严重	一级
		严重	二级
		不严重	三级

注:1. 一个边坡工程的各段,可根据实际情况采用不同的安全等级。
2. 对危害性极严重、环境和地质条件复杂的边坡工程,其安全等级应根据工程情况适当提高。
3. 很严重表示造成重大人员伤亡或财产损失,严重表示可能造成人员伤亡或财产损失,不严重表示可能造成财产损失。

2.2.2 边坡稳定性分析

影响边坡稳定性的因素多且复杂,其主要因素可概括为三类:①工程地质环境因素,包括地形地貌特征、地下水状态、水文地质条件、地应力场分布等;②岩体结构条件,包括岩体结构特性和岩体结构面特征;③各种触发因素,包括大量降雨、地震、工程开挖或堆载等。在影响边坡稳定性的各种因素中,前两类因素属于内因,是地质因素,是发生边坡失稳的条件因素;后一类是外因,是非地质因素,是发生边坡失稳的触发因素。

正是由于岩土边坡存在诸多不利因素,具有多维度、非线性、信息不完整等特征,导致边坡工程呈现多样性、复杂性。边坡稳定性分析是边坡工程研究的重要内容,合理的稳定性分析可以确定边坡的安全系数,其结果直接影响边坡的后期处治方案,在边坡的维护与治理过程中发挥着至关重要的作用。针对不同的边坡破坏类型,在边坡变形破坏机理研究的基础上,需要通过多种方法和手段对边坡稳定性做出定性分析或定量评价。目前,边坡稳定性评价方法很多,归结起来主要有以下6类[7]。

(1)地质分析法

根据边坡的工程地质条件定性分析、判断边坡的稳定性。这种方法仅适用于地质结构简单的边坡。

(2)经验类比法

通过大体相似的两个或多个边坡进行比较,根据他们的属性推出其他属性的相似性。这种方法实际应用较广,但需要工程人员具有大量的边坡设计经验。

(3)结构分析法

通过大量结构面统计,应用图解法(赤平投影、实体比例投影和摩擦圆)判断边坡稳定性。这种方法仅适用于结构面产状清晰的岩质边坡。

(4)极限平衡分析法

此方法将边坡岩土体假设为刚体,忽略岩土体自身变形给边坡稳定性造成的影响,根据不同的假设条件对边坡进行稳定性分析,包括瑞典条分法(Fellenius 法)、简化毕肖普法(简化 Bishop 法)、简化简布法(简化 Janbu 法)、罗厄法(Lowe-Karafiath 法)、不平衡推力法、摩根斯坦-

普赖斯法(Morgenstern-Price 法)、斯宾塞法(Spencer 法)、通用条分法、萨尔玛法(Sarma 法)等。

目前工程实践应用中多采用极限平衡方法,主要优点是简便,缺点是:①把岩土体作为刚体处理,不能反映岩土体内部真实的应力-应变关系;②稳定系数是滑动面上的平均值,带有一定的假定性,也无法考虑累进性破坏对稳定的影响;③各种计算方法本身还有不同的假设,但都是把超静定问题变为静定问题处理,具有一定的适用范围和局限性。

(5)数值分析法

数值分析方法即应力应变方法,是目前岩土力学计算中使用较为普遍的一种分析方法。采用数值分析方法确定边坡的位移场和应力场,再采用超载法、强度储备法等使边坡达到极限状态,从而间接地得到边坡安全系数。这种方法不仅考虑了滑移体力的平衡,而且考虑了位移协调条件和岩体本构关系等。

与极限平衡法不同的是,数值计算是以弹性(塑性)理论为基础,需要首先弄清楚岩土体的本构关系,同时还要考虑岩土体的破坏准则。由于岩土体应力-应变关系是非线性的,它使边坡的数值计算变得十分复杂。归纳起来,数值分析方法主要有有限元法(FEM)、有限差分法(FLAC)、离散元法(DEM)、边界元法(BEM)、块体理论(BT)与不连续变形分析(DDA)、无界元法(IDEM)等,这些数值分析方法本身有较高的精度,但受地质模型、简化的力学模型和力学参数等的影响,“高精度”的计算难以做出“高准确度”的评价。

(6)概率分析法

该方法是在极限平衡原理的基础上建立状态方程,求解安全系数,计算安全系数的概率分布,从而确定边坡不稳定性概率的方法。优点是解决边坡稳定性中的不确定性问题,缺点是:①需要大量的统计样本;②由于是在极限平衡方法基础上建立起来的,也包含极限平衡法的缺陷和局限性。

此外,非连续介质理论、非线性科学理论、可靠性分析理论以及计算机技术的发展,为边坡稳定性问题的研究提供了新的途径和方法,多学科、多专业的交叉渗透研究已成为边坡研究的发展方向。在边坡失稳的突变模型和灰色系统模型、滑面形成的自组织临界过程描述、边坡岩体的分形描述以及人工神经网络等方面也成为边坡研究的开创性方向。

一直以来,边坡稳定性分析都是边坡工程研究的热点,国内外学者也取得了令人瞩目的成果,但由于边坡工程的多样性、复杂性,至今,边坡稳定性分析仍不能完全依赖于理论分析和数值计算,在许多情况下,仍主要依赖于工程类比和专家经验[7],一些新的边坡稳定性评价方法还多停留在定量分析辅助定性分析或理论分析研究的阶段,距离工程界定量计算还有一定的距离[8]。鉴于此,中铁二院结合工程实践,对不同边坡工程的稳定性分析和评价方法进行系统研究,不断改进,积淀了丰富的道路边坡工程设计的经验[9~16]。

2.2.3 边坡安全风险识别与管理

在进行工程设计时,为了使边坡更安全,往往根据规范选择较高的安全系数。然而,实践证明安全系数的高低并不能定量表征边坡风险程度的大小,也无法明确边坡工程抵抗风险的能力与水平。边坡安全风险研究由此展开,边坡风险可定义为边坡破坏产生不良后果的可能性。

工程风险管理(Risk Management)是将经济学、结构系统可靠性原理、管理学、行为和运筹学、概率统计、计算机科学、系统论、控制论以及信息论等多种学科和现代工程技术,运用于现代工程建设项目的风险控制而形成的边缘性学科,在风险识别的前提下开展工程项目管理工作,其内容包括风险分析、风险评价、风险处置和风险监控[17]。国外工程领域的相关研究最早开始于20世纪60年代,而我国对这一领域的研究起步相对较晚,相关研究尚不系统,工程应用也未普及。

在边坡工程领域,风险分析研究取得了一定的发展。边坡风险分析方法从传统的灾害动力学,发展为与多种数理理论(概率分析、数值分析、相关分析、趋势分析等)和社会经济评价(工程分析、价值分析等)相结合的分析方法[18-23],同时随着计算机技术和现代高科技手段[遥感技术、地理信息系统(GIS)技术等][24-27]的发展,风险分析也逐渐引入智能分析的方法,风险评估软件(如3DSlope GIS、RASlope等)[28,29]也相继被研发并应用于工程实践。虽然边坡工程风险分析理论不再局限于定性分析,已向定量分析发展,但对边坡进行全面的风险分析,还应包括边坡稳定性失效发生概率评价、边坡稳定性失效易损性评价、边坡允许风险标准确定、边坡失效损失量估计等方面。

随着我国经济的快速增长,铁路、公路建设的高速发展对路基工程的安全性提出了更高的要求,复杂的地质情况和成灾原因多样性使路基工程存在各种风险[30-33]。铁路路基工程中边坡的安全关系着铁路工程的可靠性,边坡的风险识别与管理的根本目的是有效预防和应对边坡风险所带来的危害[34,35]。

边坡风险识别与管理一般包括以下两个过程[17]:

1)风险识别

风险识别是指对边坡工程所面临的潜在风险事件及风险因素进行梳理、调查和分析,对风险发生的可能性及后果进行分析,并在此基础上对风险进行分类和重要性排序,建立风险清单的过程。常用的风险识别方法有:专家调查法、分解分析法、核对表法、头脑风暴法、故障树分析法、图解法、敏感性分析法、蒙特卡罗模拟技术分析法、影响图分析法、层次分析法、专家打分法、仿真分析法、模型试验法等。

影响路堑边坡稳定的因素主要是地质构造、地下水条件、边坡的地层和岩性,如边坡岩、土的结构和构造及其密实度、潮湿程度、破碎或风化程度等。路堑边坡高度也是影响其稳定性的一个重要因素。边坡越高,暴露面越大,坡脚压力也越大,边坡越难保持稳定。而有关坡面的汇水情况,边坡的朝向,以及当地的水文气候、地震条件和各种人为活动等,也都是影响边坡稳定的重要条件。综合运用专家调查法、核对表法、分解分析法等方法,对路堑边坡存在的风险事件进行识别,其结果见表2-4。

挖方地段路堑边坡存在的风险[17] 表2-4

挖方断面形式或边坡支挡措施	风险事件
高边坡路堑	边坡失稳、垮塌、塌滑
	边坡变形

续上表

挖方断面形式或边坡支挡措施	风险事件
岩土类别不同地段路堑	土质边坡溜塌、失稳
	碎石类土边坡垮塌、失稳
	岩质顺层滑动
路堑地段重力式挡土墙	倾覆、水平滑动、沿墙背滑动、墙身断裂、基底整体失稳
	外倾、墙身开裂
路堑地段桩板墙	桩板墙断桩、倒伏
	桩顶位移超限、板开裂等
路堑地段预加固桩	桩身弯折、剪断、变形过大、倾倒、施工期间滑动等
	土体从桩间流出、施工期间滑动
路堑地段锚索桩	桩身开裂或折断
	锚索拔除、失效、断丝
	锚头腐蚀、开裂、失效
路堑地段锚杆墙	顶部锚杆被拔出、锚头失效、锚杆钢筋断裂、出现群锚现象
	立柱、挡土板横向开裂或剪断
	开挖时边坡垮塌
路堑地段土钉墙	钉头失稳破坏、塌落、垮塌
	墙面变形、开裂、脱落；脚墙破坏
	土钉墙开挖过程中垮塌
路堑地段 U 形槽	U 形槽地表水、地下水渗入槽内
	边墙变形过大、差异沉降
	墙体开裂、滑动、上浮
路堑地段一般加固工程	路堑地段一般加固工程如混凝土护坡坡面坍塌混凝土开裂；基床加固不均匀沉降、翻浆冒泥等

2）风险管理

风险管理是指对识别出的工程风险进行分析、评价、处置及监测。

（1）风险分析

风险分析是在风险识别的基础上，通过对所收集的大量资料的研究、分析，运用各种风险分析技术，估计和预测风险发生的可能性和相应损失的大小。风险分析的目的，是采用定性或定量方法，尽量量化描述各种风险对项目的影响程度，反映出各种风险事件之间的相互作用，便于风险管理者全面理解，为选择正确的风险管理措施提供依据。

（2）风险评价

风险评价是在风险分析的基础上，综合考虑风险属性、风险管理的目标和风险主体的风险承受能力，确定工程风险和风险处置措施对系统的影响程度的工作。风险评价的目的，是依据一定的标准，对风险发生的概率、损失程度和其他因素进行综合考量，得到描述风险的综合指标——风险度，以便对工程的单个风险因素进行重要性排序和评价工程项目的总体风险。风险评价一般包括定性评价和定量评价。

(3)风险处置

风险处置是指对经过风险识别、风险分析和风险评价的风险问题采取行动或不采取行动的活动,它是风险管理过程的一个关键性阶段。风险管理人员在弄清了风险的性质和大小(或等级)之后,必须要用合理而有效的方法对风险加以处理。这一阶段的核心是风险处理手段的选择。针对具体的工程风险事件,依据风险发生的可能性和风险发生后果的严重程度选择工程风险处置对策。工程风险处置应尽可能规避、减小风险损失,以实现工程预期目标。

(4)风险监测

对具有潜在风险的边坡进行监测,主要是对边坡的变形和破坏进行监测。风险监测的目的是核对风险管理策略和措施的实际效果是否与预期的相同,寻找机会改善和细化风险处置计划,获取反馈信息,以使将来的决策更符合实际。

然而,目前边坡风险识别与管理尚有许多待研究和完善的地方,实际工程应用时,仍然存在诸多问题,包括:①风险因素难以识别;②边坡稳定性评价方法多采用力学平衡法,但当稳定性计算较为复杂时,计算结果准确度有所降低;③国内的研究并没有形成较为完善的边坡风险理论体系;④边坡可允许的风险水平值无规范可参考;⑤定性分析评价时,设计人员的主观因素对结果的影响较大;⑥对边坡失稳的危险性评价模型、边坡失效易损性评价模型和边坡失效破坏损失评价模型的研究,目前还没有提出一个确定可靠的评价模型。

2.2.4 我国各行业边坡设计规范的差异分析

针对不同类型的具体边坡,边坡工程设计需要考量和侧重的因素可能有所差异,体现在不同领域或行业的边坡设计规范,其对边坡的定义、边坡稳定分析、边坡设计等有不同的要求。

1)边坡定义

《铁路路基设计规范》(TB 10001—2016)[4]、《铁路路基设计规范(极限状态法)》(Q/CR 9127—2018)[3]和《公路滑坡防治设计规范》(JTG/T 3334—2018)[5]适用于铁路和公路建设形成的路堤边坡、路堑边坡及支护工程的设计。道路工程建设中把填筑而形成的路基斜坡称为路堤边坡,开挖路堑形成的斜坡称为路堑边坡,如图2-5所示。

图2-5 道路工程边坡

《建筑边坡工程技术规范》(GB 50330—2013)[6]适用于建(构)筑物或市政工程开挖和填方形成的人工边坡、工程滑坡、基坑边坡以及破坏后危及建(构)筑物安全的自然斜坡的支护设计。建筑边坡指在建筑场地及其周边,由于建筑工程和市政工程开挖或填筑施工所形成的人工边坡和对建(构)筑物安全或稳定有不利影响的自然斜坡[6]，如图 2-6 所示。

《非煤露天矿边坡工程技术规范》(GB 51016—2014)[36]适用于黑色金属、有色金属、建材、化工非煤露天矿边坡工程。露天矿边坡指在露天矿采场或其周边，因采矿作业形成的人工边坡及对矿山安全有影响的自然边坡，如图 2-7 所示。

图 2-6 建筑边坡

图 2-7 露天矿边坡

《水利水电工程边坡设计规范》(SL 386—2016)[37]适用于大、中型水利水电工程中的1～5 级边坡的设计。水利水电工程边坡指在水利水电工程形成的、因修建水利水电工程有可能影响其稳定的以及对水利水电工程安全有影响的边坡，如图 2-8 所示。

图 2-8 水利水电工程边坡

2)边坡稳定性分析

常用的边坡稳定性分析方法可大体分为两种：一是定性分析，如工程地质类比法、结构分析法(极射赤平投影法和实体比例投影法)；二是定量分析，如极限平衡法、数值分析法。定量分析以极限平衡法为主，根据边坡情况可选择不同的计算方法，当边坡破坏机制复杂时，可采用数值分析法。

不同行业规范推荐的边坡稳定性计算方法有所不同，见表 2-5。

各行业常用边坡稳定性计算方法 表 2-5

边坡类型	常用的边坡稳定性计算方法
道路边坡	瑞典条分法(铁路)、简化毕肖普法(公路)、平面滑动法、传递系数法(隐式、显式)
建筑边坡	简化毕肖普法、平面滑动法、传递系数法(隐式)
露天矿边坡	简化毕肖普法、传递系数法(隐式)、萨尔玛法、楔体法
水利水电工程边坡	简化毕肖普法、摩根斯坦-普赖斯法、萨尔玛法、传递系数法(隐式)、楔体法

3)边坡设计

不同行业工程边坡设计的差异性主要体现在以下几个方面：

(1)边坡高度

道路路堤边坡不宜超过20m,路堑边坡不宜超过30m;建筑边坡一般不超过30m;而露天矿超高边坡可超过500m。

(2)外部条件

道路边坡设计时,路堤边坡需考虑列车荷载或汽车荷载对边坡的影响;水利水电工程边坡则需侧重考虑水文气象环境对边坡的影响,比如降雨、集水面积及地面径流、极端气温及温差。

(3)边坡工程安全等级

铁路、建筑和露天矿边坡工程安全等级均分为三级,水利水电边坡工程安全等级分为四级,划分标准存在差异。

(4)边坡设计安全系数

不同行业的设计安全系数不尽相同,以一般工况永久边坡为例,铁路边坡设计安全系数为1.15~1.25,公路边坡为1.35~1.45,建筑边坡为1.25~1.35,露天矿边坡为1.10~1.25。确定边坡设计安全系数前,一般需确定边坡变形破坏的类型、边坡高度及边坡工程安全等级等因素。

此外,各行业规范给出的边坡设计计算方法具有明显的差异性。比如,稳定性计算的传递系数法,铁路行业、建筑行业和地矿行业采用隐式法,但公路行业却选用显式法,计算结果也存在一定差异。区别于结构设计的标准化、流程化,边坡工程的设计以具体工点为对象,而工点的地形、地质等环境条件千差万别,具有显著的多样性和复杂性,加之国内的边坡设计均以各行业规范为依据,导致边坡设计的统一性较差。

鉴于此,在进行具体边坡设计时,缺乏经验的设计人员往往无从下手或存在选用规范不当的问题,若无法明确边坡类型,更是束手无策。而规范中给出的设计方法并不适用于所有边坡,特别是非典型的或复杂的边坡,边坡设计安全则更依赖于设计人员的工程经验。道路工程边坡具有的地质条件复杂、边坡类型众多、成灾机理多样化、防治难度大等特点更是加大了边坡设计的难度。边坡工程实践急需一本基于边坡类型、统一设计方法的边坡设计指南。本书总结道路边坡工程设计经验,归纳出13类常见道路边坡,针对每一类边坡类型详细论述其基本特征、破坏机理及设计对策,可指导设计人员高效地、正确地进行道路边坡工程设计,尤其对初入本行业的设计人员具有重要指导性意义。

2.3 边坡加固防护

边坡地质灾害是人类改造自然中遇到的地质灾害中最常见的一类[38]。由边坡失稳带来的地质灾害危害极大,因此边坡灾害的防治也是边坡工程的研究重点。

目前,国内外对边坡灾害防护的研究较多,但多集中在边坡稳定性评价、边坡失稳模式及其影响因素、边坡灾害预警问题等方面,对抗滑挡墙、抗滑桩和预应力锚索(杆)等边坡加固技术的研究仍在不断进步和完善中。

边坡加固防护的手段种类繁多,按侧重点不同可分为解决裸露边坡表层稳定问题的坡面防护工程和增加边坡稳定性防止滑塌的边坡加固工程(包括挡土墙、锚固、抗滑桩等)。除岩土体本身的稳定性外,水对边坡稳定性的影响同样不容忽视,因此边坡排水也是边坡加固防护工作中的重点。

2.3.1 边坡防护工程

边坡防护包括坡面防护、落石防护及边坡排水。

(1)坡面防护

边坡坡面防护主要是解决与人类工程活动(如公路、铁路、电站建设等)有关的裸露边坡表层稳定问题。坡面防护本质上虽不属于边坡防治的主体工程,但却是在保证边坡稳定的前提下,使边坡坡面免受风化、侵蚀、雨水冲刷等因素的影响,成为确保边坡稳定必不可少的一种辅助防护工程,是我国边坡防治工程的重要组成部分。

根据边坡稳定性分析,若边坡处于不稳定状态,可对边坡坡面进行防护,坡面防护的结构物并不需要考虑底层或土的侧向压力。坡面防护措施通常有:①植被防护,如图 2-9 所示;②喷浆及喷射混凝土,如图 2-10 所示;③圬工护面,如图 2-11 所示;④植物防护与圬工护面相结合的骨架护坡,如图 2-12 所示;⑤植草固土与新型土工合成材料相结合的植草护坡,挂三维网喷播植草绿化、土工(网)格栅植草绿化、土工格室植草绿化等均是将土工合成材料与植物防护相结合的新型护坡技术,如图 2-13、图 2-14 所示。

图 2-9　植被防护

图 2-10　喷射混凝土防护

圬工护面是我国各类边坡工程中使用最广泛的坡面防护形式,但随着人们对景观认识的提高,这种灰色防护工程的景观性很差,在可以采取绿色植物防护的条件下,应优先采取植物防护或客土植草措施。坡面防护工程需遵守因地制宜、就地取材、经济适用、兼顾景观的原则。因此,将土工合成材料与植物防护相结合的新型护坡技术在工程建设中备受青睐。

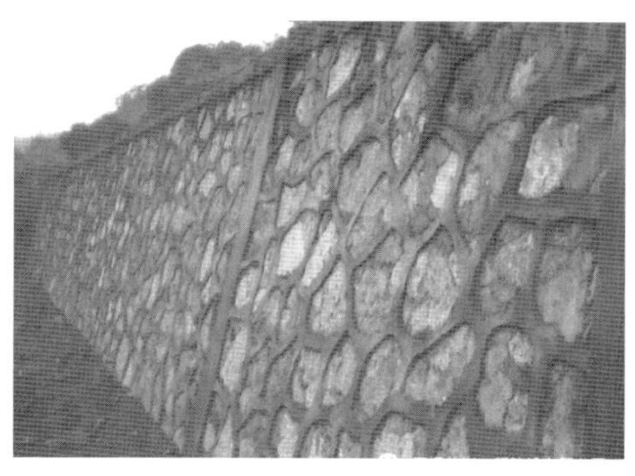

图 2-11　圬工护面

图 2-12　骨架护坡

图 2-13　挂三维网喷播植草

图 2-14　土工格栅植草

20 世纪中期以后，土工合成新材料广泛应用于现代岩土工程，被誉为继木材、钢材和水泥之后的第四大工程材料，主要包括土工织物、土工膜、土工格栅、土工格室、土工网、防水材料、排水材料、土工发泡材料及复合土工材料等。土工合成材料一般具有多种功能，在实际应用中，往往是一种功能起主导作用，而其他功能则不同程度地发挥作用，其功能包括加筋、防渗、排水、隔离、反滤和防护 6 大类，解决岩土工程结构的稳定、变形和防渗排水等方面的系列工程问题[39,40]。

土工合成材料相关产品在道路工程领域的应用较广[41]，比如在路基基底垫层中经常采用高强度、低延伸率的土工格栅与土工格室，以协调受力、减小沉降、提高地基承载力、增加路堤的稳定性；加筋土挡土墙通过土体与筋材的相互作用提高筋材在土中的抗拔能力和对土的加固效果，保证挡墙的外部稳定和复合结构的稳定，具有稳定、经济、美观、施工简单等特点。为了规范我国道路工程土工合成材料产品质量和应用，我国已形成了较为完善的土工合成材料标准体系[42-52]。其中，中国国家铁路集团有限公司（原中国铁路总公司）在企业标准体系中纳入了土工合成材料系列标准[44-52]，于2016—2017 年发布了包括土工格室、土工格栅、土工膜、土工网、土工布、防沙材料、排水材料、防水材料和保温材料等 9 项技术标准，填补了我国铁路领域土工合成材料产品技术标准的空白。

（2）落石防护

地质灾害柔性防护系统是阻止或延缓灾害性地质作用的发生，避免或减轻其带来的危害的防护系统。该系统以柔性网为主要特征承力构件，通过加固（如主动系统）、拦挡（被动系统）和引导（如维护系统）等基本形式来防止或减少落石、浅表层滑动或泥石流等坡面地质灾害的发生，如图 2-15 所示。

图 2-15　主被动网

主动防护系统是指采用系统化排列布置的锚杆或其与支撑绳相配合的固定方式，将柔性网覆盖在具有潜在地质灾害的边坡上，从而实现边坡上潜在不稳定体加固的一种柔性防护系统，简称主动系统。主动系统可实现坡面危石及浅表层岩土体的加固，避免落石或局部崩塌的发生，抑制浅表层岩土体的变形移动或运动，阻止或缓解各种自然营力对坡面的侵蚀作用。

被动防护系统是指由柔性网、钢柱、连接构件构成的用于拦挡落石的栅栏式承载结构，简称被动系统。

维护系统是指采用上沿或边沿锚杆和支撑绳固定方式，将柔性网悬挂在具有潜在落石的边坡上，从而实现限制落石运动轨迹的一种柔性防护系统。

（3）边坡排水

水对边坡稳定性会产生不利影响，因此，需尽量减少地表水向坡体渗透，同时排出坡体内的地下水。边坡排水工程包括排出地表水、地下水和减少坡面水下渗等措施。地表排水措施通常有排水沟、截水沟、急流槽、跌水等，如图 2-16 所示。地下排水措施通常有渗沟、盲沟、排水涵、集水井等，如图 2-17 所示。

a)排水沟

b)截水沟

图　2-16

c)急流槽

d)跌水

图 2-16 地表排水措施

a)渗沟

b)盲沟

c)排水涵

d)集水井

图 2-17 地下排水措施

2.3.2 边坡支挡及锚固工程

边坡支挡及锚固工程可分为挡土墙、边坡锚固、抗滑桩三大类。

1)挡土墙

挡土墙主要依靠挡土墙的自重来抵抗边坡土体的推力。挡土墙一般设置在边坡体的前缘或坡脚部位。一般情况下,抗滑挡土墙需有足够的进入稳定基岩的深度,从而保证挡土墙的下部不会产生新的滑动面,以致失去抗滑作用;同时,还需要保证不会产生超越挡土墙顶部的滑体。

挡土墙是目前整治中小型滑坡中应用最为广泛且较为有效的措施之一。挡土墙发展至今已有多种类型,工程上往往因不同的使用目的和用途,根据不同原则和标准对其进行种类划分。如按结构形式可分为:重力式挡土墙、悬臂式和扶壁式挡土墙、锚杆挡土墙、加筋土挡土墙、土钉墙、桩墙复合结构、预应力锚索(杆)挡土墙等,如图 2-18 所示;按材料类型可分为:浆砌条石(块石)挡土墙、混凝土挡土墙、钢筋混凝土挡土墙等。

a)重力式挡土墙

b)扶壁式挡土墙

c)加筋土挡土墙

d)土钉墙

图 2-18

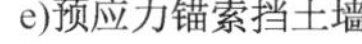
e)预应力锚索挡土墙

f)桩墙复合结构

图 2-18　抗滑挡土墙

2)边坡锚固

锚杆(索)加固边坡是通过锚孔注浆、锚杆加筋提高岩土体的自身强度和自稳能力,从而可以有效地承受结构荷载和防止边坡变形失稳,如图 2-19 所示。因其具有减轻结构物自重、节约工程材料、社会经济效益显著等特点,在国内外边坡工程中应用广泛。岩土锚固作为边坡加固防护的一个重要方面,也是边坡工程课题的研究热点。

图 2-19　锚杆(索)

锚杆(索)加固边坡的主要作用为:

(1)形成复合结构,提高岩土体自身强度。用锚杆(索)加固边坡后,可使锚杆骨架和边坡岩体连锁在一起,形成一个共同工作的复合结构。

(2)抗剪作用。当边坡滑动时,锚杆(索)在滑面位置受剪,起到抗剪作用。

(3)锚固作用。靠深入滑面以下的锚固段起作用,可提供边坡承受外荷载的抗力。

(4)加固作用。通过锚孔注浆,增强地层的强度,改善地层的力学性能。

(5)加强作用。使锚固地层产生压应力,并可对加固地层起到加筋作用。

3)抗滑桩

抗滑桩是我国铁路部门在 20 世纪 60 年代率先开发研究的一种抗滑支挡结构,20 世纪

90 年代抗滑桩在南昆铁路滑坡治理、边坡加固中得到大规模应用,成为铁路滑坡治理和边坡加固的重要手段。

边坡处治工程中的抗滑桩通过桩身将上部承受的坡体推力传给桩下部的侧向土体或岩体,依靠桩下部的侧向阻力来承担边坡的下推力,从而使边坡保持平衡或稳定,如图 2-20 所示。若为埋式桩,桩间不需要其他构件或结构;若为悬臂桩,桩间设置挡土板称作桩板墙,桩间设置重力式挡土墙或土钉墙,称为桩墙复合结构,桩和桩间墙共同抵抗侧向土压力。桩与锚索的组合为锚索桩,由于桩板墙仅靠桩来承担土压力,当侧向土压力较大时,可在桩上设置锚索以改善桩的受力状况,达到加固边坡、减小桩截面和锚固段长度的目的。

图 2-20　抗滑桩加固边坡

本章参考文献

[1] 郑颖人,陈祖煜,王恭先,等.边坡与滑坡工程治理[M].北京:人民交通出版社,2007.
[2] 吴顺川,等.边坡工程[M].北京:冶金工业出版社,2017.
[3] 中国铁路总公司.铁路路基设计规范(极限状态法):Q/CR 9127—2018[S].北京:中国铁道出版社,2018.
[4] 国家铁路局.铁路路基设计规范:TB 10001—2016[S].北京:中国铁道出版社,2016.
[5] 中华人民共和国交通运输部.公路滑坡防治设计规范:JTG/T 3334—2018[S].北京:人民交通出版社股份有限公司,2018.
[6] 中华人民共和国住房和城乡建设部.建筑边坡工程技术规范:GB 50330—2013[S].北京:中国建筑工业出版社,2014.
[7] 叶万军.边坡工程[M].徐州:中国矿业大学出版社, 2017.
[8] 廖小平,朱本珍,王建松.路堑边坡工程理论与实践[M].北京:中国铁道出版社, 2011.
[9] 中国中铁二院工程集团有限责任公司.铁路工程地质实例(西南及相邻地区分册)[M].北京:中国铁道出版社, 2011.
[10] 中铁二院工程集团有限责任公司.内昆铁路[M].成都:西南交通大学出版社, 2008.
[11] 邱永平,刘菀茹,张东卿,等.边坡稳定性分析中传递系数法显式解和隐式解安全系数

的对应关系探讨[J]. 高速铁路技术,2019,10(05):5-8.
[12] 王识,王卫斌,聂文峰,等. 铁路路堤高边坡稳定性三维数值模拟分析[J]. 路基工程,2019(04):69-73+83.
[13] 甘跃明. 斜长花岗岩边坡稳定性研究[J]. 高速铁路技术,2019,10(01):87-90.
[14] 李炼,徐骏,姚裕春. 基于 GGSO 和有限元的土坡稳定性计算研究[J]. 水利水电技术,2019,50(01):162-168.
[15] 蒋楚生,罗强,吴迪,等. 大轴重下铁路路堤边坡稳定性分析及设计优化[J]. 铁道工程学报,2018,35(08):32-37.
[16] 文翠英. 顺层岩质路堑边坡稳定性分析[J]. 高速铁路技术,2015,6(05):14-17.
[17] 魏永幸, 罗一农, 左德元. 路基工程风险识别与防范[M]. 北京: 人民交通出版社, 2014.
[18] 邱向荣,袁仁茂,许伟文. 公路边坡灾害危险性预测模糊综合评判法[J]. 水土保持研究,2003(03):26-28+36.
[19] 谢全敏. 滑坡灾害风险评价及其治理决策方法研究[D]. 武汉:武汉理工大学, 2004.
[20] 韩华,孙保卫,王峰. 不稳定边坡地质灾害危险性评估技术探讨[J]. 勘察科学技术,2007(01):48-50.
[21] 张永兴,陈云,文海家,等. 边坡灾害风险评估系统研究及应用[J]. 重庆建筑大学学报,2008(01):30-33.
[22] 黄远亮. 铁路工程建设地质灾害危险性评估技术探讨[J]. 路基工程,2010(S1):1-4.
[23] 虢柱,聂春龙. 基于 AHP 分析的二级模糊综合评价模型及在边坡风险易损性评价中的应用[J]. 铁道科学与工程学报,2012,9(05):50-53.
[24] 高山. 铁路遥感地质勘察技术体系研究[J]. 铁道工程学报,2014(04):6-10.
[25] 宁锐. 基于 RS 和 GIS 的铁路选线设计及综合评价模型初探[J]. 铁道勘察, 2006,6:28-30.
[26] 朱代强. 基于 GIS 的地质灾害风险评估研究[J]. 中国科技博览,2009 (29): 19-20.
[27] 朱良峰,殷坤龙,张梁,等. 基于 GIS 技术的地质灾害风险分析系统研究[J]. 工程地质学报,2002,10(4):428-433+348.
[28] 谢谟文, 蔡美峰. 信息边坡工程学的理论与实践[M]. 北京:科学出版社, 2005.
[29] 梁涛, 王浩. 公路边坡风险评估软件 RASlope 的研发与应用[J]. 中国地质灾害与防治学报, 2016, 27(1):62-68.
[30] 魏永幸. 路基工程风险识别与管理研究[J]. 铁道工程学报, 2013, 174(3):91-96.
[31] 魏永幸, 罗一农, 左德元. 山区铁路路基工程风险识别与管理研究[J]. 铁道工程学报, 2013,176(5) :102-106.
[32] 魏永幸, 罗一农, 廖凇, 等. 软土地区铁路路基风险评估与管理研究[J]. 铁道工程学报, 2012, 29(12): 63-68.
[33] 魏永幸, 丁兆锋, 罗一农. 铁路路堤风险管理研究与实例分析[J]. 铁道工程学报, 2013, 180(9) :101-106.

[34] 魏永幸，丁兆锋，罗一农．滑坡风险识别与评价的研究[J]．铁道工程学报，2013,178(7):95-99.

[35] 罗一农，魏永幸，丁兆锋．路堤边坡溜坍风险因素分析[J]．铁道工程学报，2013,174(3):97-100.

[36] 中华人民共和国住房和城乡建设部．非煤露天矿边坡工程技术规范：GB 51016—2014[S]．北京：中国计划出版社,2014.

[37] 中华人民共和国水利部．水利水电工程边坡设计规范：SL 386—2016[S]．北京：中国水利水电出版社,2016.

[38] 魏永幸,杨建国．边坡地质灾害防治技术综述[J]．路基工程,2000(6):4-7.

[39] 杨广庆，徐超，张梦喜，等．土工合成材料加筋土结构应用技术指南[M]．北京：人民交通出版社股份有限公司,2016.

[40] 杨广庆．土工格栅加筋土结构物理论与工程应用[M]．北京：科学出版社,2010.

[41] 周诗广，姚洪锡．铁道行业“十三五”期间土工合成材料技术创新与工程应用[J]．中国铁路，2021，11:123-129.

[42] 中华人民共和国住房和城乡建设部．土工合成材料应用技术规范：GB/T 0290—2014[S]．北京：中国计划出版社 2014.

[43] 中华人民共和国交通运输部．公路土工合成材料应用技术规范：JTG/T D32—2012[S]．北京：人民交通出版社,2012.

[44] 中国铁路总公司．铁路工程土工合成材料　第 1 部分：土工格室：Q/CR 549. 1—2016[S]．北京：中国铁道出版社,2016.

[45] 中国铁路总公司．铁路工程土工合成材料　第 2 部分：土工格栅：Q/CR 549. 2—2016[S]．北京：中国铁道出版社,2016.

[46] 中国铁路总公司．铁路工程土工合成材料　第 3 部分：土工膜：Q/CR 549. 3—2016[S]．北京：中国铁道出版社,2016.

[47] 中国铁路总公司．铁路工程土工合成材料　第 4 部分：土工网：Q/CR 549. 4—2016[S]．北京：中国铁道出版社,2016.

[48] 中国铁路总公司．铁路工程土工合成材料　第 5 部分：土工布：Q/CR 549. 5—2016[S]．北京：中国铁道出版社,2016.

[49] 中国铁路总公司．铁路工程土工合成材料　第 6 部分：排水材料：Q/CR 549. 6—2016[S]．北京：中国铁道出版社,2016.

[50] 中国铁路总公司．铁路工程土工合成材料　第 7 部分：防水材料：Q/CR 549. 7—2016[S]．北京：中国铁道出版社,2016.

[51] 中国铁路总公司．铁路工程土工合成材料　第 8 部分：保温材料：Q/CR 549. 8—2016[S]．北京：中国铁道出版社,2016.

[52] 中国铁路总公司．铁路工程土工合成材料　第 9 部分：防沙材料：Q/CR 549. 9—2016[S]．北京：中国铁道出版社,2016.

第3章 边坡工程设计方法

边坡工程设计是为了保持边坡稳定或修复失稳边坡,研究其失稳机理和破坏模式,从而制定相应对策及措施的过程。边坡工程设计是一门实践性很强的学科,随着工程地质、岩土(石)力学等基础学科的发展,以及防护加固、工程施工、检测监测等技术的进步,边坡工程设计的流程、原理、方法、技术在不断地发展和完善中。边坡工程设计的主要内容通常包括:①边坡特征及其失稳模式的判识;②边坡形式及加固防护工程的设计。本章简要介绍边坡工程设计的一般流程及原则,并重点介绍常用的边坡工程设计方法。

3.1 边坡工程设计流程

边坡工程设计一般包括边坡勘察和边坡设计两部分,其工作应按照相关规范或规定进行,边坡工程设计基本流程如图 3-1 所示。

(1)边坡勘察包括边坡特征及其失稳模式的识别。本阶段需根据工程地质、水文地质勘察资料及数据,确定岩土结构、岩土强度以及水文地质等,准确判明边坡的基本特征、破坏机理及其破坏模式。

(2)边坡设计包括边坡形式设计、边坡稳定性检算、边坡加固设计、边坡防护设计和边坡监测设计等。本阶段需结合勘察获得的工程地质、水文地质和气象条件等资料,以定性分析为基础,以定量计算为重要辅助手段,开展边坡稳定性及设计方案研究。根据工程地质条件、边坡可能的破坏模式、已出现的变形破坏迹象做出定性判断,判别边坡的稳定性状态。判别为不稳定的边坡,需对边坡进行进一步分析及设计。在开展边坡设计之前,需对地质参数进行校核,验证参数的正确性,在此基础上进行边坡形式设计,包括边坡坡率、边坡分级高度、边坡台阶宽度等。

边坡稳定性可根据边坡类型及可能的破坏形态,采用极限平衡、数值分析等方法进行分析。针对定性与定量分析得到的结果,结合工程经济评价,进行边坡防护设计、加固设计和监测设计,推荐优化的边坡设计方案。根据边坡监测设计的关键指标,如边坡坡体位移、地下水压力或爆破振动等,对边坡稳定性进行实时分析并预测其稳定发展趋势,为相关工程施工和运营提供安全保障。

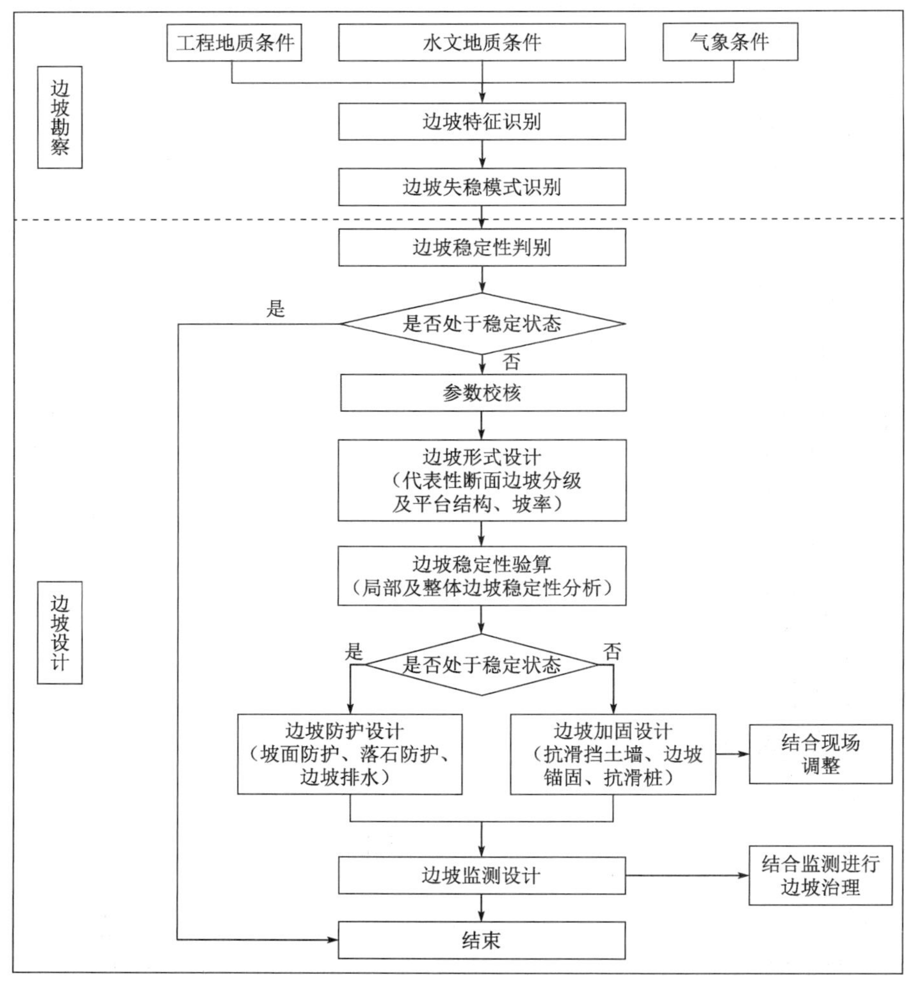

图 3-1　边坡工程设计基本流程图

3.2 边坡设计原则

边坡设计的基本原则总体上可概括为“满足工程功能需求,保证边坡安全稳定,技术可行,经济合理”。一般应结合坡体稳定条件和工程要求,优先选用简单而合理的边坡形式,必要时增加加固防护工程。

1)边坡设计原则

边坡设计要解决的根本问题是合理地平衡边坡稳定性与经济性之间的关系,力求以最经济的工程方案满足边坡稳定性的要求。边坡工程的功能需求是指边坡及其支护结构在规定的时间及条件下，保持自身整体稳定的能力，包括边坡安全性、适用性和耐久性。

(1)安全性。边坡及其支护结构在正常施工和正常使用时能承受可能出现的各种荷载作用，以及在偶然作用发生时及发生后应能保持必需的整体稳定性。

(2)适用性。边坡及其支护结构在正常使用时能满足预定的使用要求。

(3)耐久性。边坡及其支护结构在正常维护下，随着时间的推移，仍能保持自身整体稳定，同时不会因边坡的变形而影响主体建筑物的正常使用。

2)边坡加固防护设计原则

(1)遵循"可行、有效、安全、经济"的原则。

(2)根据边坡类型及可能产生的破坏模式，针对性地选择设计方法和加固防护措施。

(3)设计中应加强防排水措施，尽可能避免地表水渗入坡体，尽快将地表水及坡体内地下水排走。

(4)在保证边坡整体稳定的前提下，综合考虑主体结构、周边建筑物、周边环境的协调、美观、适用、经济等特点进行优化设计。

3.3 定性分析法

目前用于边坡稳定性分析的方法大体上可分为定性分析和定量分析两种。定性分析方法是工程中最常用的方法，主要包括工程地质类比法、坡率法和图解法等。

3.3.1 工程地质类比法

工程地质类比法，也称为工程地质经验法，或工程地质比拟法。该方法主要是将设计边坡与地质条件类似的边坡工程进行对比，从而做出稳定性评价。工程地质类比法需综合考虑以下因素：

(1)工程地质与水文地质条件

设计边坡的地形地貌、岩土力学性质、坡体结构特征、岩体质量指标、风化破碎程度、构造裂隙发育状态、地下水活动状况等。

(2)边坡稳定性的不利因素

邻近地段有滑坡、崩塌等不良地质条件，边坡岩土体存在不良结构，地下水和地表水存在不利影响，边坡处于强震区等。

工程地质类比法在道路边坡工程中的应用较为广泛，但由于该方法多依赖设计人员的设计经验和主观认识，在设计上偏于保守，其合理性和可靠性往往受到质疑，对于高大边坡、地质条件复杂的边坡以及安全等级较高的边坡工程，还需结合其他方法确定边坡的稳定状态。

3.3.2 坡率法

坡率法是在边坡设计中通过控制边坡的高度和坡角使边坡达到自身稳定的边坡设计方法，是一种基于既有边坡工程经验的边坡设计方法，是一种比较经济的人工边坡处理方法，当工程条件允许时，应优先采用。坡率法适用于岩层、塑性黏土和良好砂性土边坡，并要求放坡开挖时有足够的场地。坡率法边坡设计主要是在保证边坡稳定的条件下确定边坡的形状和坡角，其设计内容包括确定边坡的形状、坡角、高度以及坡面防护措施。

《铁路路基设计规范》(TB 10001—2016)[1]、《公路路基设计规范》(JTG D30—2015)[2]和《建筑边坡工程技术规范》(GB 50330—2013)[3]均根据边坡岩土体类型、岩石软硬和风化程度、边坡高度等因素给出了边坡坡率的参考值或允许值。

(1)铁路

根据《铁路路基设计规范》(TB 10001—2016)[1]规定，铁路路堤路堑边坡形式和坡率根据轨道类型和列车荷载、填料的物理力学性质、边坡高度及地基工程地质条件等由稳定分析计算确定。当地基条件良好时，路堤边坡形式和坡率按表3-1采用；当路堑边坡高度小于20m时，土质路堑边坡坡率按表3-2采用，岩质路堑边坡坡率按表3-3采用。

路堤边坡形式和坡率 表3-1

土的类别	边坡高度			边坡坡率		边坡形式
	全部高度	上部高度	下部高度	上部坡率	下部坡率	
细粒土、易风化的软块石土	20	8	12	1:1.50	1:1.75	折线形或台阶形
粗粒土(细砂、粉砂除外)、漂石土、卵石土、碎石土、不易风化的软块石土	20	12	8	1:1.50	1:1.75	折线形或台阶形
硬块石土	8	—	—	1:1.30		直线形
	20	—	—	1:1.50		直线形

注：1. 当路基浸水或填料为粉细砂、膨胀土、盐渍土等时，边坡形式及坡率应符合现行《铁路特殊路基设计规范》(TB 10035)的相关规定。
2. 当边坡高度较高时可采用台阶形。
3. 有可靠的资料和经验时，可不受本表限制。

土质路堑边坡坡率 表3-2

土的类别		边坡坡率
黏土、粉质黏土、塑性指数大于3的粉土		1:1.00~1:1.50
中密以上的中砂、粗砂、砾砂		1:1.50~1:1.75
漂石土、卵石土、碎石土、粗砾土、细砾土	胶结和密实	1:0.50~1:1.25
	中密	1:1.25~1:1.50

注：1. 特殊土路堑边坡形式及坡率应符合现行《铁路特殊路基设计规范》(TB 10035)的相关规定。
2. 当有可靠的资料和经验时，可不受本表限制。

岩石路堑边坡坡率　　表 3-3

岩石类别	风化程度	边坡坡率
硬质岩	未风化、微风化	1:0.10～1:0.50
	弱风化、强风化	1:0.30～1:0.75
	全风化	1:0.75～1:1.00
软质岩	未风化、微风化	1:0.30～1:0.75
	弱风化、强风化	1:0.50～1:1.00
	全风化	1:0.75～1:1.50

注:1. 特殊岩路堑边坡形式及坡率应符合现行《铁路特殊路基设计规范》(TB 10035)的相关规定。
2. 存在不利结构面的岩质边坡应通过稳定性计算确定。
3. 当有可靠的资料和经验时,可不受本表限制。

(2)公路

根据《公路路基设计规范》(JTG D30—2015)[2]规定,公路边坡形式和坡率根据工程地质与水文地质条件、边坡高度、排水防护措施、施工方法等,结合自然稳定边坡和人工边坡的调查综合确定。当地基条件良好,边坡高度小于 20m 时,路堤边坡坡率不陡于表 3-4 允许值,土质路堑边坡坡率不陡于表 3-5 允许值;岩质路堑边坡高度小于 30m,对无外倾软弱结构面的边坡,其边坡坡率按表 3-6 采用。

路堤边坡坡率　　表 3-4

填料类别	边坡坡率	
	上部高度($H \leqslant 8$m)	下部高度($H \leqslant 12$m)
细粒土	1:1.50	1:1.75
粗粒土	1:1.50	1:1.75
巨粒土	1:1.30	1:1.50

土质路堑边坡坡率　　表 3-5

土的类别		边坡坡率
黏土、粉质黏土、塑性指数大于 3 的粉土		1:1.00
中密以上的中砂、粗砂、砾砂		1:1.50
漂石土、卵石土、碎石土、粗砾土、细砾土	胶结和密实	1:0.75
	中密	1:1.00

岩质路堑边坡坡率　　表 3-6

边坡岩体类别	风化程度	边坡坡率	
		$H < 15$m	$15\text{m} \leqslant H < 30$m
Ⅰ类	未(微)风化	1:0.10～1:0.30	1:0.10～1:0.30
	中等风化	1:0.10～1:0.30	1:0.30～1:0.50
Ⅱ类	未(微)风化	1:0.10～1:0.30	1:0.30～1:0.50
	中等风化	1:0.30～1:0.50	1:0.50～1:0.75

续上表

边坡岩体类别	风化程度	边坡坡率	
		$H<15$m	15m≤$H<30$m
Ⅲ类	未(微)风化	1:0.30～1:0.50	—
	中等风化	1:0.50～1:0.75	—
Ⅳ类	中等风化	1:0.50～1:1.00	—
	强风化	1:0.75～1:1.00	—

注:1.当有可靠的资料和经验时,可不受本表限制。
2.Ⅳ类强风化包括各类风化程度的极软岩。

(3)建筑物

根据《建筑边坡工程技术规范》(GB 50330—2013)[3]规定,边坡坡率根据工程经验,按工程类比的原则结合已有稳定边坡的坡率值分析确定。当无经验且土质均匀良好、地下水贫乏、无不良地质作用和地质环境条件简单时,土质边坡坡率允许值按表3-7采用;对无外倾软弱结构面的边坡,岩质边坡坡率允许值按表3-8采用。

土质边坡坡率允许值 表3-7

边坡土体类别	状态	坡率允许值(高宽比)	
		坡高小于5m	坡高5～10m
碎石土	密实	1:0.35～1:0.50	1:0.50～1:0.75
	中密	1:0.50～1:0.75	1:0.75～1:1.00
	稍密	1:0.75～1:1.00	1:1.00～1:1.25
黏性土	坚硬	1:0.75～1:1.00	1:1.00～1:1.25
	硬塑	1:1.00～1:1.25	1:1.25～1～1.50

注:1.碎石土的充填物为坚硬或硬塑状态的黏性土。
2.对于砂土或充填物为砂土的碎石土,其边坡坡率允许值应按砂土或碎石土的自然休止角确定。

岩质边坡坡率允许值 表3-8

边坡岩体类别	风化程度	坡率允许值(高宽比)		
		$H<8$m	8m≤$H<15$m	15m≤$H<25$m
Ⅰ类	未(微)风化	1:0.00～1:0.10	1:0.10～1:0.15	1:0.15～1:0.25
	中等风化	1:0.10～1:0.15	1:0.15～1:0.25	1:0.25～1:0.35
Ⅱ类	未(微)风化	1:0.10～1:0.15	1:0.15～1:0.25	1:0.25～1:0.35
	中等风化	1:0.15～1:0.25	1:0.25～1:0.35	1:0.35～1:0.50
Ⅲ类	未(微)风化	1:0.25～1:0.35	1:0.35～1:0.50	—
	中等风化	1:0.35～1:0.50	1:0.50～1:0.75	—
Ⅳ类	中等风化	1:0.50～1:0.75	1:0.75～1:1.00	—
	强风化	1:0.75～1:1.00	—	—

注:1.H为边坡高度。
2.Ⅳ类强风化包括各类风化程度的极软岩。
3.全风化岩体可按土质边坡坡率取值。

3.3.3 图解法

边坡稳定性分析图解法可以分为两大类：①用一定的曲线和图形表征边坡相关参数之间的定量关系，由此求出边坡安全系数，或已知安全系数及其他参数（岩土体黏聚力、内摩擦角、重度、边坡坡角、坡高以及结构面倾角）仅一个未知的情况下，求出稳定坡角或极限坡高，此类方法相当于力学计算的简化；②利用图解法求边坡变形破坏的边界条件，分析结构面的组合关系，为力学计算创造条件，如赤平极射投影分析法及实体比例投影法。常用图解法包括摩擦圆法、赤平极射投影分析法以及实体比例投影法，其中投影方法用于边坡稳定分析时，可快速、直观地分辨出控制边坡的主要与次要结构面，确定边坡结构的稳定类型，判定不稳定块体的形状、规模及滑动方向。

（1）摩擦圆法

泰勒（Taylor）摩擦圆法是土坡稳定性经典计算方法之一，仅适用于由均质土构成的简单土坡（指坡面为平面，坡顶为水平面的土坡），其物理指标（重度）和强度指标（黏聚力、内摩擦角）等均可视为常数的情况。该方法有两个假定条件：一是假定滑动面为圆弧；二是假定整个底滑动面上摩擦力和正应力的合力与摩擦圆相切。摩擦圆与滑动面圆弧同心，半径为滑动面圆弧半径与内摩擦角正弦的积，故称摩擦圆法。该方法不同于条分法，可做整体分析，因此无须对条间力作任何假定，同时满足力和力矩平衡，有严密的数学推导和解析表达[4]。

（2）赤平极射投影法

赤平极射投影简称赤平投影，是描绘物体三维空间几何要素（点、线、面）的空间方向和它们之间角距关系的一种平面投影。该方法是岩质边坡稳定性分析的一个重要方法，可以确定边坡上结构面和边坡临空面空间组合关系，能够解决边坡结构面空间关系分析等方面的诸多实际问题，确定不稳定结构体的可能变形位移方向，初步作出边坡稳定性评价，见表 3-9。

典型岩质边坡失稳类型及其赤平极射投影[5] 表 3-9

结构面与边坡关系	平 面 图	剖 面 图	赤平投影图	边坡稳定情况
内倾	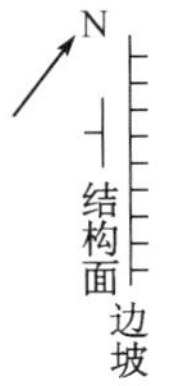 N 结构面 边坡	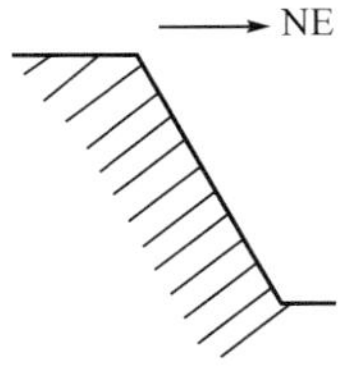 NE	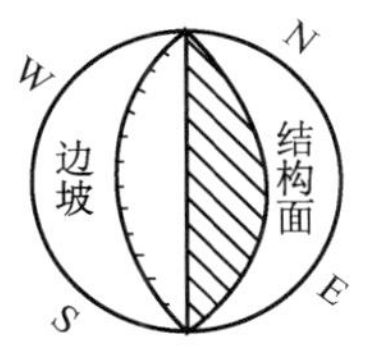 W N 边坡 结构面 E S	稳定，滑动可能性小
外倾结构面倾角 β 小于坡面角 α		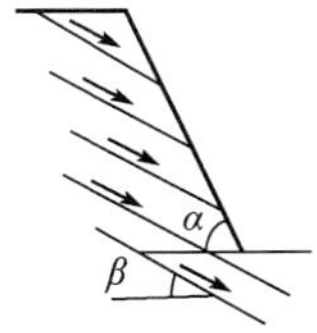 α β	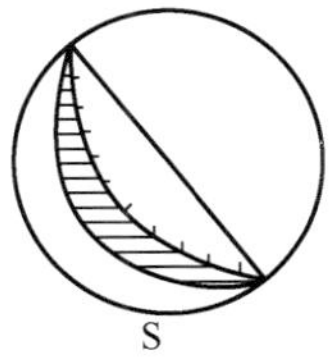 S	不稳定，易滑动

续上表

结构面与边坡关系	平面图	剖面图	赤平投影图	边坡稳定情况
外倾 $\beta > \alpha$		α β		滑动可能性较小，但可能沿软弱结构面产生深层滑动

3.4 安全系数法

基于极限平衡原理的安全系数法已经成为最常用的边坡设计计算方法，对于各种地质环境条件的岩(土)质边坡，安全系数法均具有广泛的应用价值，工程技术人员普遍接受为不同目的而建立的边坡安全系数标准。

边坡安全系数，也称为边坡稳定系数。通常，人们认为边坡稳定系数是指边坡的客观上的稳定程度，而边坡安全系数是指边坡治理后应达到的稳定程度，是一个主观目标值，但两者工程含义是一致的。

边坡稳定(安全)系数 K 按式(3-1)计算。

$$K = \frac{\text{抗滑力(力矩)}}{\text{滑动力(力矩)}} \tag{3-1}$$

极限平衡法能给出物理意义明确的边坡稳定(安全)系数及潜在破坏面，因此被广泛应用于公路、铁路等各类边坡的稳定性分析。极限平衡条分法早期以莫尔-库仑抗剪强度理论为基础，将坡体划分为若干条块(主要为垂直条分法)，对某些多余未知量作出假设，问题变为静定可解，进而求解安全系数。目前土体稳定性分析方法主要有瑞典条分法(Fellenius 法)、简化毕肖普法(简化 Bishop 法)、简布法(Janbu 法)、斯宾赛法(Spencer 法)、摩根斯坦-斯宾赛法(Morgenstern-Spencer 法)等。岩土体均适应的方法：如传递系数法、改进的传递系数法、楔体分析法、萨尔玛法(Sarma 法)，实用递推法、精确递推法等。根据滑动面的不同类型，采用不同的极限平衡法，见表 3-10。

不同滑面类型的极限平衡法选择 表 3-10

滑动面类型	极限平衡法
直线滑动	直线滑动法、简布法、斯宾赛法
折线形滑动	传递系数法、简布法、斯宾赛法
圆弧形滑动	瑞典条分法、简化毕肖普法、简布法、斯宾赛法、摩根斯坦-普赖斯法
块体滑动	萨尔玛法
楔形滑动	楔体分析法

3.4.1 设计安全系数

边坡安全系数表征了边坡的稳定程度，是抗滑力与滑动力荷载效应组合的比值，边坡设计安全系数是使边坡达到预期安全程度需要的最低安全系数。由于边坡的类型、高度、破坏后对工程结构产生的危害程度等各不相同，各行业规定的边坡安全等级也有所差异。边坡设计时，应根据边坡工程的实际情况，选用相关的设计安全系数。

1）铁路

根据《铁路路基设计规范》（TB 10001—2016）[1]，铁路路基边坡稳定性安全系数应符合下列规定：

（1）永久边坡，一般工况边坡稳定安全系数不小于1.15～1.25；地震工况边坡稳定安全系数不小于1.10～1.15。

（2）临时边坡，边坡稳定安全系数不小于1.05～1.10。

2）公路

根据《公路路基设计规范》（JTG D30—2019）[2]，各等级公路高路堤与陡坡路堤稳定系数不应小于表3-11的规定值。

公路高路堤与陡坡路堤稳定安全系数最小值 表3-11

分析内容	地基强度指标	分析工况	稳定安全系数	
			二级及二级以上公路	三、四级公路
路堤的堤身稳定性、路堤和地基的整体稳定性	采用直剪的固结快剪或三轴固结不排水剪指标	正常工况	1.45	1.35
		非正常工况Ⅰ	1.35	1.25
	采用快剪指标	正常工况	1.35	1.30
		非正常工况Ⅰ	1.25	1.15
路堤沿斜坡地基或软弱层滑动的稳定性	—	正常工况	1.30	1.25
		非正常工况Ⅰ	1.20	1.15

注：1. 正常工况：路基投入运营后进场发生或持续时间长的工况。
2. 非正常工况Ⅰ：路基处于暴雨或连续降雨状态下的工况。

3）建筑物

根据《建筑边坡工程技术规范》（GB 50330—2013）[3]，建筑物边坡稳定安全系数不应小于表3-12的规定值。

建筑物边坡稳定安全系数最小值 表3-12

边坡类型		边坡工程安全等级		
		一级	二级	三级
永久边坡	一般工况	1.35	1.30	1.25
	地震工况	1.15	1.10	1.05

续上表

边坡类型	边坡工程安全等级		
	一级	二级	三级
临时边坡	1.25	1.20	1.15

注:1. 地震工况时,安全系数仅适用于塌滑区内无重要建(构)筑物的边坡。
2. 对地质条件很复杂或破坏后果极严重的边坡工程,其稳定安全系数应适当提高。

4)露天矿边坡

根据《非煤露天矿边坡工程技术规范》(GB 51016—2014)[6],边坡设计安全系数不应小于表3-13的规定值。

不同荷载组合下总体边坡的设计安全系数最小值 表3-13

边坡工程安全等级	边坡工程设计安全系数		
	荷载组合Ⅰ	荷载组合Ⅱ	荷载组合Ⅲ
一级	1.25～1.20	1.23～1.18	1.20～1.15
二级	1.20～1.15	1.18～1.13	1.15～1.10
三级	1.15～1.10	1.13～1.08	1.10～1.05

注:1. 荷载组合Ⅰ为自重+地下水;荷载组合Ⅱ为自重+地下水+爆破振动力;荷载组合Ⅲ为自重+地下水+地震力。
2. 对台阶边坡和临时性工作帮,允许一定程度的破坏,设计安全系数可适当降低。

5)岩土锚固边坡

根据《岩土锚杆与喷射混凝土支护工程技术规范》(GB 50086—2015)[7],边坡稳定安全系数不应小于表3-14的规定值。

岩土锚固边坡稳定安全系数最小值 表3-14

边坡工况	边坡安全等级		
	一级	二级	三级
持久工况(天然状态)	1.35～1.25	1.20～1.15	1.15～1.05
短暂工况(暴雨、连续降雨状态)	1.25～1.20	1.15～1.10	1.10～1.05
偶然状态(地震力作用状态)	1.15～1.10	1.10～1.05	1.05

3.4.2 直线滑动法

对一般散体结构或破碎状结构的坡体,以及顺层岩坡的坡体,开挖后容易出现平面滑动面,计算模型如图3-2所示,在直线滑动分析时,垂直边坡走向取断面,计算时沿边坡走向取单位宽度,这样滑动面的面积就可用剖面中滑动面的长度表示,滑体的体积可用剖面中滑体断面积表示,由下式计算其边坡稳定性系数。

$$K=\frac{[(G+G_{\mathrm{b}})\cos\theta-Q\sin\theta-V\sin\theta-U]\tan\varphi+cl}{(G+G_{\mathrm{b}})\sin\theta+Q\cos\theta+V\cos\theta} \tag{3-2}$$

$$V=\frac{1}{2}\gamma_{\mathrm{w}}h_{\mathrm{w}}^{2};U=\frac{1}{2}\gamma_{\mathrm{w}}h_{\mathrm{w}}l \tag{3-3}$$

式中：G——滑体单位宽度自重(kN/m)；

G_b——滑体单位宽度竖向附加荷载(kN/m)；

θ——滑面倾角(°)；

Q——滑体单位宽度水平荷载(kN/m)；地震工况时，含水平地震力 Q_e；

φ——滑面内摩擦角(°)；

c——滑面黏聚力(kPa)；

l——滑面长度(m)；

V——后缘陡倾裂隙面上的单位宽度总水压力(kN/m)；

U——滑面单位宽度总水压力(kN/m)；

γ_w——水的重度(kN/m³)；

h_w——后缘陡倾裂隙充水高度(m)。

需要注意的是，上式中竖向缝中的水压力 V 用静水压力计算，斜向缝中的 U 用渗流水压力计算。在无填充物或填充物相同时，竖向缝宽度大于10倍斜向缝宽度时，可近似如此，否则应进行渗流计算。

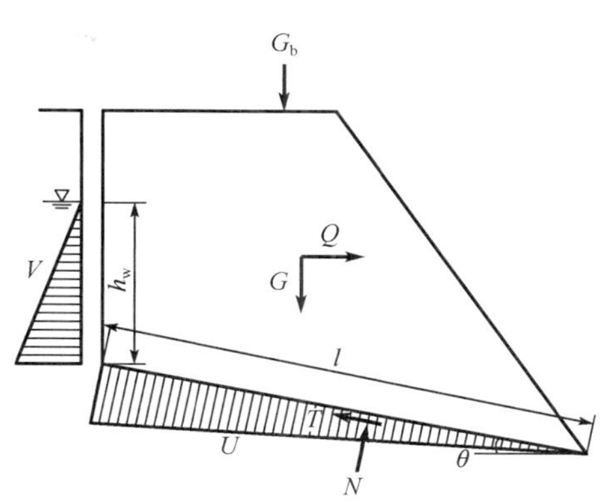

图3-2　平面滑动面计算模型

T-滑动面抗滑力；N-滑动面底部法向力

3.4.3 圆弧滑动法

土坡滑动的滑动面多呈圆弧形，在强风化或非常破碎的岩体中，边坡的破坏面也近于圆弧状。圆弧滑动的分析计算方法在土力学中讨论得比较详尽。岩石边坡的圆弧形滑动，目前同样采用土力学的理论和方法，同时适当考虑岩体的一些特征进行稳定性分析与计算。《铁路路基设计规范》(TB 10001—2016)[1]规定在计算圆弧形滑面边坡稳定(安全)系数时采用瑞典条分法，《公路路基设计规范》(JTG D30—2015)[2]则采用简化毕肖普法，下面简要介绍这两类方法。

(1)瑞典条分法

Hultin 和 Petterson(1916)最初提出采用圆弧法进行稳定性分析，后由 Fellenius(1927)修改，称这种方法为瑞典条分法。该法忽略土条两侧面之间的作用力，将土条底部法向应力简单看作在法线方向上土条重力的投影，并假设滑裂面是圆弧，从而使得计算得以大大简化，如图3-3所示。

对滑动圆心取矩，滑面的安全系数是抗滑力矩之和 $\sum M_{Ri}$ 与下滑力矩之和 $\sum M_{Si}$ 之比，即：

$$K=\frac{\sum M_{Ri}}{\sum M_{Si}} \tag{3-4}$$

$$M_{Si}=(G_i+G_{bi})\sin\theta_i r \tag{3-5}$$

$$M_{Ri}=\{[(G_i+G_{bi})\cos\theta_i-U_i]\tan\varphi_i+c_il_i\}r \tag{3-6}$$

$$K=\frac{\sum\{[(G_i+G_{bi})\cos\theta_i-U_i]\tan\varphi_i+c_il_i\}}{\sum(G_i+G_{bi})\sin\theta_i} \tag{3-7}$$

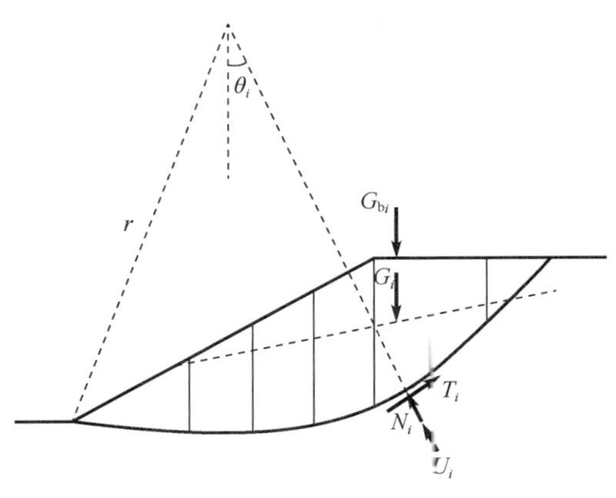

图 3-3　瑞典条分法计算示意图

式中：G_i——第 i 计算条块单位宽度自重(kN/m)；

G_{bi}——第 i 计算条块单位宽度竖向附加荷载(kN/m)；

U_i——第 i 计算条块滑面单位宽度总水压力(kN/m)；

c_i——第 i 计算条块黏聚力(kPa)；

φ_i——第 i 计算条块内摩擦角(°)；

l_i——第 i 计算条块滑面长度(m)；

θ_i——第 i 计算条块滑面倾角(°)；

r——圆弧半径(m)。

(2)简化毕肖普法

由于瑞典条分法忽略了土条侧面的作用力，算出的安全系数可能偏低 10% ~20%，这种误差随着圆弧圆心角、孔隙水压力的增大而增大。另外，滑体在滑动过程中也不能完全作为整体进行刚体运动，在运动过程中滑体还可能发生破裂，在这种情况下条块间存在着相互作用力，包括水平向压力和竖直剪切力，这些力都是未知的，求解时需作某些简化假设。

Bishop(1954)在传统的瑞典条分法的基础上做了重要改进，提出简化 Bishop 法，该法首次定义了安全系数的概念，假设土条之间的作用力均为水平力，而不存在切向力，或者假设两侧的切向力相等，根据整体力矩平衡条件，经迭代试算得出安全系数 K，极大地推动了极限平衡条分法的发展及应用，如图 3-4 所示。

$$K=\frac{\sum\frac{1}{m_i}[c_il_i\cos\theta_i+(G_i+G_{bi}-U_i\cos\theta_i)\tan\varphi_i]}{\sum[(G_i+G_{bi})\sin\theta_i+Q_i\cos\theta_i]}\tag{3-8}$$

$$m_i=\cos\theta_i+\frac{\tan\varphi_i\sin\theta_i}{K}\tag{3-9}$$

$$U_i=\frac{1}{2}\gamma_w(h_{wi}+h_{w.i-1})l_i\tag{3-10}$$

式中：Q_i——第 i 计算条块单位宽度水平荷载(kN/m)；

h_{wi}、$h_{w,i-1}$——分别为第 i、$i-1$ 计算条块滑面前端水头高度(m)。

由于式(3-8)中参数 m_i 包含有安全系数 K，因此不能直接求出安全系数，需要采用试算的方法，迭代计算。试算时，可先假定 $K=1$，代入式(3-9)计算各 θ_i 对应的 m_i 值，再代入式(3-8)中，求得安全系数 K' 值，若 K' 与 K 之差大于规定的误差，用 K' 计算 m_i，再次计算出安全系数 K'_0，如此反复迭代计算，直至前后两次计算的安全系

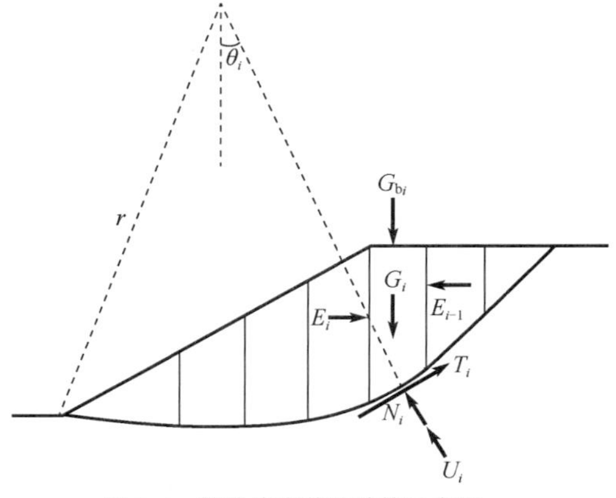

图 3-4　简化毕肖普法计算示意图

E_i、E_{i-1}-第 i 计算条块间的水平作用力

数满足规定精度的要求为止。通常迭代总是收敛的，一般只要 3 或 4 次就可满足精度的要求。

当无水平荷载 Q_i 和水压力 U_i 时，式(3-8)可简化为式(3-11)。

$$K=\frac{\sum\frac{1}{m_i}[c_i l_i\cos\theta_i+(G_i+G_{bi})\tan\varphi_i]}{\sum[(G_i+G_{bi})\sin\theta_i]} \tag{3-11}$$

3.4.4 传递系数法

天然边坡的失稳一般是沿坡体内的软弱面(或软弱带)滑动，滑动面往往不规则。在这种情况下，常根据地质勘察结果，将滑动面简化为折面或其他形式的面，采用不平衡推力传递法来验算边坡的稳定性。对于折线型滑动面的边坡采用的传递系数法，又称不平衡推力法。传递系数法是刚体极限平衡法的一种，是我国铁路与工民建等部门经常采用的边坡稳定性计算方法，该法忽略条块之间的挤压变形，只传递推力不传递拉力，土条间合力方向平行于上一土条的底面，建立力的平衡方程，由上自下逐条推算，最后土条的推力为零，如图 3-5 所示。传递系数法有显式解法与隐式解法之分。

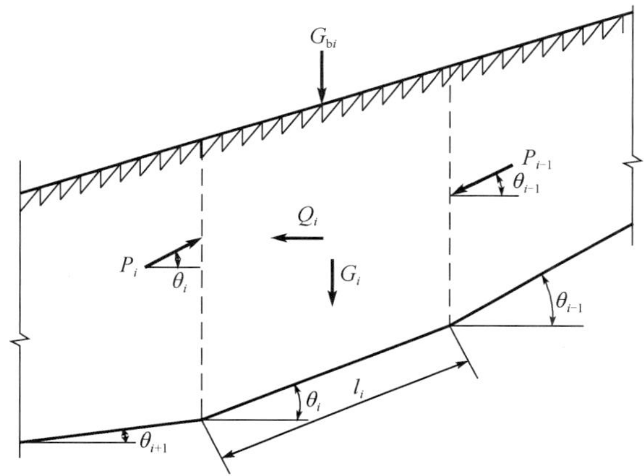

图 3-5 折线形滑面边坡传递系数法计算简图

(1)显式解法又称下滑力增大法，原理是通过增大下滑力 T(由现在的 T 增大到最不利时的 KT，安全系数 $K>1$)以相应提高安全度。

$$P_i=P_{i-1}\psi_{i-1}+KT_i-R_i \tag{3-12}$$

$$\psi_{i-1}=\cos(\theta_{i-1}-\theta_i)-\sin(\theta_{i-1}-\theta_i)\tan\varphi_i \tag{3-13}$$

$$R_i=c_i l_i+[(G_i+G_{bi})\cos\theta_i-Q_i\sin\theta_i-U_i]\tan\varphi_i \tag{3-14}$$

$$T_i=(G_i+G_{bi})\sin\theta_i+Q_i\cos\theta_i \tag{3-15}$$

通过数学归纳式(3-12)～式(3-15)，可以得到显式解法的稳定(安全)系数计算公式，如式(3-16)所示，当不考虑拟设工程的抗滑力 P_n 时，式(3-16)为滑坡治理前的显式解稳定系数计算公式；当考虑拟设工程的抗滑力 P_n 时，式(3-16)为滑坡治理后的显式解安全系数计算公式。

显式解稳定(安全)系数计算公式如下:

$$K=\frac{\sum_{i=1}^{n-1}R_i\prod_{j=i+1}^{n}\psi_j+R_n+P_n}{\sum_{i=1}^{n-1}T_i\prod_{j=i+1}^{n}\psi_j+T_n} \tag{3-16}$$

(2)隐式解法又称强度折减法,其原理是将滑带土的抗剪强度折减至原强度的$\frac{1}{K}$(c、$\tan\varphi$ 分别降为 c/K、$\tan\varphi/K$)以相应提高安全度。

$$P_i=P_{i-1}\psi_{i-1}+T_i-\frac{R_i}{K} \tag{3-17}$$

$$\psi_{i-1}=\cos(\theta_{i-1}-\theta_i)-\frac{\sin(\theta_{i-1}-\theta_i)\tan\varphi_i}{K} \tag{3-18}$$

以上各式中:P_n——第 n 条块单位宽度剩余下滑力(kN/m);

R_n——第 n 计算条块单位宽度重力及其他外力引起的抗滑力(kN/m);

T_n——第 n 计算条块单位宽度重力及其他外力引起的下滑力(kN/m);

P_i——第 i 计算条块与第 $i+1$ 计算条块单位宽度剩余下滑力(kN/m);当 $P_i<0$ ($i<n$)时,取 $P_i=0$;

T_i——第 i 计算条块单位宽度重力及其他外力引起的下滑力(kN/m);

R_i——第 i 计算条块单位宽度重力及其他外力引起的抗滑力(kN/m);

ψ_{i-1}——第 $i-1$ 计算条块对第 i 计算条块的传递系数;

其他符号含义同前。

R_i、T_i见式(3-14)、式(3-15),通过数学归纳式(3-14)、式(3-15)、式(3-17)、式(3-18),可以迭代试算得到传递系数隐式解法的稳定(安全)系数。

3.4.5 楔体分析法

楔体滑动属空间问题的稳定性分析,其力学原理与平面问题无本质差别,但计算较为复杂,发生楔体滑动的条件是边坡岩体中两组结构面与边坡斜交,两组结构面组合交线倾向边坡、倾角大于滑动面的摩擦角而小于坡面角,即组合交线在坡面出露。在进行力学分析时,首先根据结构面在边坡岩体中的分布确定出可能的滑动体,然后再找出滑动体的空间位置和必要的几何参数,诸如两结构面交线的方位角、倾角以及两结构面的夹角等,在此基础上进行力学分析。

当楔形体单面滑动时,只与较陡结构面呈压性接触。对于单面滑动的岩块,其稳定(安全)系数 K 可根据式(3-19)计算,计算示意图如图 3-6 所示。

$$K=\frac{G\cos\theta\tan\varphi}{G\sin\theta} \tag{3-19}$$

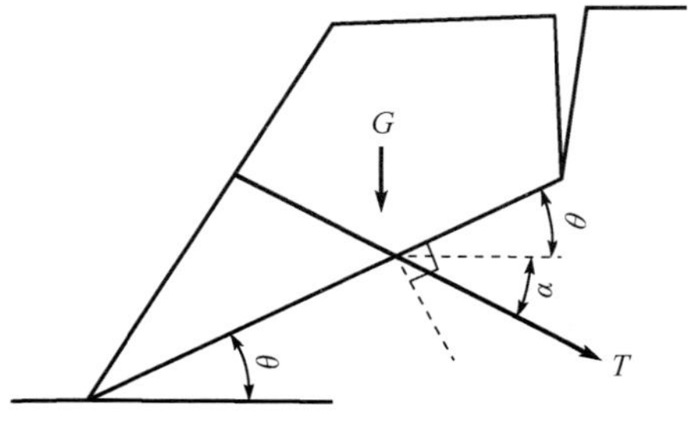

图 3-6 加固力计算示意图

式中:G——楔形体重力(kN/m);

φ——结构面的综合内摩擦角(°);

θ——结构面倾角(°)。

根据式(3-20)可计算相应安全系数条件下的下滑力与锚固力。楔形体剩余下滑力计算公式为：

$$F = GK_S\sin\theta - G\cos\theta\tan\varphi \tag{3-20}$$

考虑到由锚固系统提供的摩擦阻力不能充分发挥，因此引入折减系数 λ，所需锚固力计算如下：

$$T = \frac{F}{\cos(\alpha+\theta) + \lambda\sin(\alpha+\theta)\tan\varphi} \tag{3-21}$$

式中：F——楔形体剩余下滑力(kN/m)；

K_S——设计安全系数；

T——楔形体设计锚固力(kN/m)；

α——锚固力与水平面的夹角(°)；

λ——折减系数，在 0 ~ 1 之间选取。

楔形体双面滑动是最为典型的楔形体破坏形式，双面滑动时楔形体与两结构面均呈压性接触，楔形体沿两结构面的交线滑动。当楔形体只受重力作用时，楔体破坏可分解为平面问题进行极限平衡分析，如图 3-7 所示。

在运用极限平衡法进行分析时，遵循如下假定：①楔形体滑动为刚性滑动；②楔形体与两个结构面都保持压性接触；③忽略力矩的影响，即楔形体滑动时不伴随倾倒或者旋转运动；④滑动面的抗剪强度符合莫尔-库仑(Mohr-Coulomb)强度准则；⑤构成楔形体两结构面的交线在坡面上出露；⑥滑动面上剪力方向与两结构面交线平行。

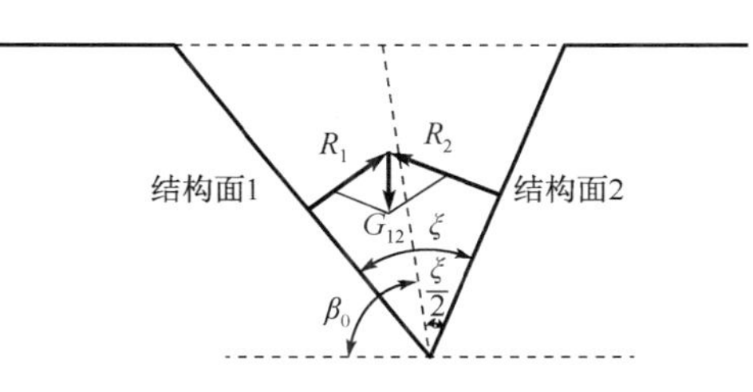

图 3-7 沿交线视图的力的分解示意图

图 3-7 中，R_1、R_2分别为楔形体所受结构面 1、2 的法向作用力，可根据下式计算：

$$R_1 = \frac{G\cos\beta_j\sin\left(\beta_0 + \frac{\xi}{2}\right)}{\sin\xi} \tag{3-22}$$

$$R_2 = \frac{G\cos\beta_j\sin\left(\beta_0 - \frac{\xi}{2}\right)}{\sin\xi} \tag{3-23}$$

G_{12}为楔形体重量在两结构面法向所构成平面的分量，根据下式计算可得：

$$G_{12} = G\cos\beta_j \tag{3-24}$$

由此可得出楔形体的稳定系数为：

$$K = \frac{R_1\tan\varphi_1 + R_2\tan\varphi_2}{G\sin\beta_j} = \frac{\sin\left(\beta_0 + \frac{\xi}{2}\right)\tan\varphi_1 + \sin\left(\beta_0 - \frac{\xi}{2}\right)\tan\varphi_2}{\sin\xi\tan\beta_j} \tag{3-25}$$

以上各式中：R_1、R_2——分别为楔形体所受结构面 1、2 的法向作用力(kN)；

φ_1、φ_2——分别为结构面 1、2 的内摩擦角(°)；

G——楔形体重力(kN)；

β_j——结构面交线倾角(°)；

β_0——两结构面夹角中线与较缓结构面一侧水平面的夹角(°)；

ξ——两结构面夹角(°)。

当楔形体受其他因素如裂隙水压力及地震等外部荷载作用时，楔形体的力学方程较为复杂，可采用三维极限平衡方法、有限单元法等进行稳定性分析，此处不再叙述。

3.5 分项系数法

岩土工程设计向极限状态设计方向演进是发展趋势。以铁路行业为例，自 2011 年以来，相关研究人员大力开展了基于概率论的极限状态设计研究，在相关科研工作的基础上，中国铁路总公司发布了《铁路路基设计规范(极限状态法)》(Q/CR 9127—2018)[8]。

目前我国各行业极限状态法转轨的步伐不尽一致，如公路行业的边坡整体稳定性仍然采用总安全系数法进行设计，铁路行业边坡工程已经开始采用分项系数法设计，但仍仅限于基本组合，地震组合设计表达式及分项系数仍在研究中。

3.5.1 铁路路基边坡分项系数法

(1)铁路路堤边坡分项系数设计

当作用组合为基本组合时，滑面形态为圆弧的土质边坡和较大规模的破碎结构岩质边坡的稳定分析应符合式(3-26)的规定，抗力 R_d 和作用效应 S_d 按式(3-27)和式(3-28)计算，如图 3-8 所示。

$$\gamma_0 S_d \leqslant R_d \tag{3-26}$$

$$R_d = \frac{1}{\gamma_1}\sum c_i l_i + \frac{1}{\gamma_2}\sum W_i \cos\theta_i \tan\varphi_i + \frac{1}{\gamma_3}\sum Q_i \cos\theta_i \tan\varphi_i \tag{3-27}$$

$$S_d = \gamma_4 \sum W_i \sin\theta_i + \gamma_5 \sum Q_i \sin\theta_i \tag{3-28}$$

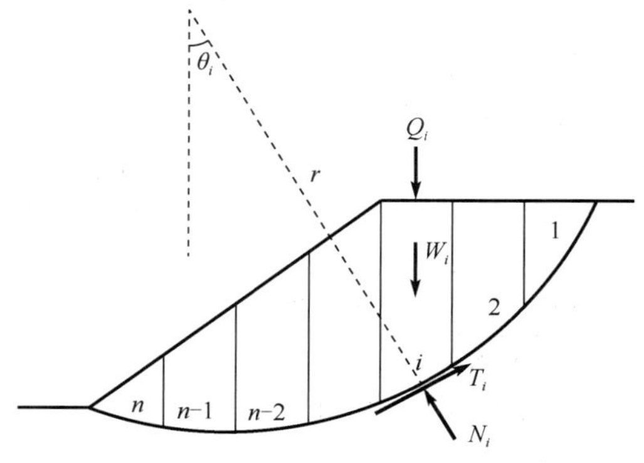

图 3-8　圆弧形滑面边坡条分计算示意图

以上各式中：γ_0——结构重要性系数；

S_d——结构作用效应设计值(kN)；

R_d——结构抗力设计值(kN)；

c_i——土条 i 的土体黏聚力标准值(kPa)，可采用快剪指标；

l_i——土条 i 的底边长度(m)；

W_i——土条 i 的重力标准值(kN)；

Q_i——土条 i 上的可变荷载标准值(kN)；

φ_i——土条 i 的土体快剪内摩擦角

标准值(°),可采用快剪指标;

θ_i——土条 i 的底面法向力与铅直轴的夹角(°);

γ_1、γ_2、γ_3——抗力分项系数,可按表 3-15 取值;

γ_4、γ_5——作用效应分项系数,可按表 3-15 取值。

持久设计状况下圆弧滑动法路堤边坡极限状态设计分项系数 表 3-15

作用效应(下滑力)		抗力(抗滑力)		
$\sum W_i\sin\theta_i$	$\sum Q_i\sin\theta_i$	$\sum c_i l_i$	$\sum W_i\cos\theta_i\tan\varphi_i$	$\sum Q_i\cos\theta_i\tan\varphi_i$
作用效应分项系数		抗力分项系数		
γ_4	γ_5	γ_1	γ_2	γ_3
1.06	1.1	1.25	1.17	1.25

(2)铁路路堑边坡分项系数设计

当路堑边坡高度大于 20m 时,边坡形式、坡率应按式(3-26)承载力极限状态进行设计。当采用圆弧滑动法进行边坡稳定性分析计算时,持久设计状况下的作用效应 S_d 和抗力 R_d 可按式(3-29)和式(3-30)计算。

$$S_d = \gamma_3 \sum W_i \sin\theta_i \tag{3-29}$$

$$R_d = \frac{1}{\gamma_1}\sum c_i l_i + \frac{1}{\gamma_2}\sum W_i \cos\theta_i \tan\varphi_i \tag{3-30}$$

以上各式中:c_i——土条 i 的土体黏聚力标准值(kPa),可采用快剪指标;

l_i——土条 i 的底边长度(m);

W_i——土条 i 的重力标准值(kN);

φ_i——土条 i 的土体内摩擦角标准值(°),可采用快剪指标;

θ_i——土条 i 的底面法向力与铅直轴的夹角(°);

γ_1、γ_2——抗力分项系数,按表 3-16 取值;

γ_3——作用效应分项系数,按表 3-16 取值。

持久设计状况下圆弧滑动法黏性土路堑边坡极限状态设计分项系数 表 3-16

作用效应(下滑力)	抗力(抗滑力)	
$\sum W_i\sin\theta_i$	$\sum c_i l_i$	$\sum W_i\cos\theta_i\tan\varphi_i$
作用效应分项系数	抗力分项系数	
γ_3	γ_1	γ_2
1.2	1.25	1.17

注:本表给出的分项系数不适用于地震设计状况及短暂设计状况。

3.5.2 铁路路基边坡分项系数法需注意的问题

通过对比路基边坡的总安全系数法与极限状态法,见表 3-17,发现《铁路路基设计规范(极限状态法)》(Q/CR 9127—2018)[8]在铁路边坡(路堤、路堑)稳定性极限状态设计表达式、分项系数及设计验证校准等方面仍存在问题,需要进一步改善,具体如下。

安全系数法与极限状态法对比[9] 表 3-17

<table>
<tr><td>计算方法</td><td colspan="2">安全系数法</td><td colspan="2">极限状态法</td></tr>
<tr><td>边坡形式</td><td colspan="2">路堤及路堑</td><td>路堤</td><td>路堑</td></tr>
<tr><td>设计表达式</td><td colspan="2">$K=\dfrac{\sum_{i=1}^{n}c_il_i+W_i\cos\theta_i\cdot\tan\varphi_i}{\sum_{i=1}^{n}W_i\sin\theta_i}$</td><td>$R_d=\dfrac{1}{\gamma_1}\sum c_il_i+\dfrac{1}{\gamma_2}\sum W_i\cos\theta_i\tan\varphi_i+\dfrac{1}{\gamma_3}\sum Q_i\cos\theta_i\tan\varphi_i$
$S_d=\gamma_4\sum W_i\sin\theta_i+\gamma_5\sum Q_i\sin\theta_i$</td><td>$R_d=\dfrac{1}{\gamma_1}\sum c_il_i+\dfrac{1}{\gamma_2}\sum W_i\cos\theta_i\tan\varphi_i$
$S_d=\gamma_3\sum W_i\sin\theta_i$</td></tr>
<tr><td rowspan="3">总安全系数或分项系数</td><td>250km/h≤v≤350km/h</td><td>K≥1.3</td><td rowspan="3">抗力分项系数:$\gamma_1=1.25$、$\gamma_2=1.17$、$\gamma_3=1.25$。
作用分项系数:$\gamma_4=1.06$、$\gamma_5=1.1$</td><td rowspan="3">抗力分项系数:$\gamma_1=1.25$、$\gamma_2=1.17$。
作用分项系数:$\gamma_3=1.20$</td></tr>
<tr><td>120km/h<v≤200km/h</td><td>K≥1.25</td></tr>
<tr><td>v≤120km/h</td><td>K≥1.20</td></tr>
</table>

注:v 为列车设计速度。

1)设计表达式

当铁路路堤及路堑边坡按照传统总安全系数法设计时,采用统一设计表达式,而按照极限状态法设计时却采用两种设计表达式,不便于使用。且在路堤边坡的无荷载验算时,路堤边坡表达式与路堑边坡表达式完全一致,但作用分项系数却不一致。

2)分项系数

(1)《铁路路基设计规范(极限状态法)》(Q/CR 9127—2018)[8]提出的一般工况下路堤、路堑边坡的分项系数只按照列车设计速度 250km/h≤v≤350km/h(K≥1.3)的情况,制定了分项系数,未考虑速度 120km/h<v≤200km/h(K≥1.25)及 v≤120km/h(K≥1.20)的情况。

(2)一般工况下路堤边坡的分项系数共有 5 项,分别为 γ_1、γ_2、γ_3、γ_4、γ_5,且均不小于 1,若将总安全系数 K≥1.3 分解到这 5 项分项系数 γ_i 上,则平均每项分项系数 $\gamma_i\approx1.05$;若将 K≥1.20 均分,则平均每项分项系数 $\gamma_i\approx1.04$;若将地震工况下的边坡总安全系数 K≥1.15 按条文说明中给出的 7 项分项系数进行分解,则平均每项分项系数 $\gamma_i\approx1.02$。因此,是否有必要将分项系数分解如此之细,值得研究。

(3)铁路路堤边坡分项系数采用 γ_1、γ_2、γ_3、γ_4、γ_5 进行表示,每项分项系数的物理定义尚不明确。

3)设计验证校准

《铁路路基设计规范(极限状态法)》(Q/CR 9127—2018)[8]提出的一般工况下路堤、路堑边坡的极限状态设计分项系数,在银西、阳安、大张、哈佳及商合杭铁路的路基边坡工点进行了总安全系数法和极限状态法两种方法的试设计对比,发现两种设计方法的设计结果仍存在一定偏差,部分路堑边坡偏差较大。

综上,仍需对《铁路路基设计规范(极限状态法)》(Q/CR 9127—2018)[8]中所提出的一般工况下路堤、路堑边坡的极限状态设计表达式和分项系数体系做进一步理论研究。

3.5.3 铁路路基边坡极限状态设计的改进

针对现行《铁路路基设计规范(极限状态法)》(Q/CR 9127—2018)[8]关于路基边坡设

计所存在的问题，文献[9]研究提出铁路路基边坡极限状态设计表达通式；其次，通过考虑变量相关性的方法计算出不同设计速度下的路基边坡分项系数；最后，通过大量的铁路路基(路堤、路堑)边坡算例进行设计验证。研究表明，所提出的设计表达通式和分项系数，能够统一路堤、路堑极限状态设计表达式并有效减小设计偏差。研究结果可进一步完善铁路路堤、路堑边坡的极限状态设计表达式和分项系数计算体系。

(1)一般设计状况下的边坡极限状态设计表达通式及分项系数

一般设计状况下，铁路路堤及路堑边坡稳定性极限状态设计表达通式如下：

$$\begin{cases} R_{\mathrm{d}} = \dfrac{1}{\gamma_{\mathrm{c}}}\sum c_i l_i + \dfrac{1}{\gamma_{\mathrm{f}}}\sum W_i\cos\theta_i\tan\varphi_i \\ S_{\mathrm{d}} = \gamma_{\mathrm{s}}\sum W_i\sin\theta_i \end{cases} \tag{3-31}$$

式中：γ_{c}——黏聚抗力分项系数，可按表3-18取值；

γ_{f}——摩擦抗力分项系数，可按表3-18取值；

γ_{s}——重力作用分项系数，可按表3-18取值。

一般设计状况下铁路路基边坡极限状态设计分项系数 表3-18

设计速度(km/h)	总安全系数[K]	γ_{c}	γ_{f}	γ_{S}
$250 \leqslant v \leqslant 350$	1.30	1.15	1.15	1.15
$120 < v \leqslant 200$	1.25	1.15	1.15	1.10
$v \leqslant 120$	1.20	1.15	1.15	1.05

采用推荐的一般工况下铁路边坡极限状态设计表达式，将分项系数缩减为3项，并且每项分项系数的定义均十分明确，可将铁路路堤及路堑边坡稳定性极限状态设计表达式及分项系数统一；采用推荐的一般设计状况下铁路路基边坡极限状态设计分项系数能将设计偏差控制在5%以内。

(2)地震设计状况下的边坡极限状态设计表达通式及分项系数

地震设计状况下，铁路路堤及路堑边坡稳定性极限状态设计表达通式如下：

$$\begin{cases} R_{\mathrm{d}} = \dfrac{1}{\gamma_{\mathrm{c}}}\sum c_i l_i + \dfrac{1}{\gamma_{\mathrm{f}}}\sum W_i\cos\theta_i\tan\varphi_i - F_i\sum\sin\theta_i\tan\varphi_i \\ S_{\mathrm{d}} = \gamma_{\mathrm{s}}\sum W_i\sin\theta_i + \sum F_i\cos\theta_i \end{cases} \tag{3-32}$$

式中：γ_{c}——黏聚抗力分项系数，可按表3-19取值；

γ_{f}——摩擦抗力分项系数，可按表3-19取值；

γ_{s}——重力作用分项系数，可按表3-19取值。

地震设计状况下铁路路基边坡最优分项系数 表3-19

总安全系数	分项系数		
K	γ_{c}	γ_{f}	γ_{s}
1.15	1.12	1.10	1.05

采用推荐的地震设计状况下铁路边坡极限状态设计表达式，将分项系数缩减为3项，并且每项分项系数的定义均十分明确，可将铁路路堤及路堑边坡稳定性极限状态设计表达式

及分项系数统一；采用推荐的地震设计状况下铁路路基边坡极限状态设计分项系数能将设计偏差控制在5%以内。

3.6 有限元强度折减法

近年来数值模拟法得到快速发展，尤其是真实反映结构面空间状态的非连续介质应力应变分析方法，已广泛应用于各类地质条件下的边坡稳定性分析。数值模拟法一般无法得到边坡安全系数，但结合极限平衡理论的数值模拟法可消除这一不足，即强度折减理论。其原理是通过不断降低边坡岩土体抗剪强度参数直至达到极限平衡状态为止，根据弹塑性理论计算结果可得到滑动破坏面，同时得到边坡的强度储备安全系数。

目前用于边坡稳定性分析的有限元方法大都应用强度折减法计算边坡安全系数。这是因为当复杂的岩土边坡有多于两个潜在滑动面(大部分实际情况)时，传统方法已经无法计算出安全系数。有限元强度折减法的思路是通过降低强度参数，使系统达到不稳定状态，将边坡安全系数定义为使边坡刚好处于临界破坏状态时，对岩土体的抗剪强度进行折减的程度，即定义安全系数是岩土的实际剪切强度与折减后的达到临界破坏时的剪切强度之比，具有强度储备系数的概念。它综合了有限元和强度折减法对边坡进行稳定性分析[10]。

有限元强度折减法的原理是逐步降低岩土体强度参数 c、φ 值，直至发生破坏。

$$\begin{cases} c' = \dfrac{1}{F_{\text{trial}}} c \\ \varphi' = \arctan\left(\dfrac{1}{F_{\text{trial}}} \tan\varphi\right) \end{cases} \tag{3-33}$$

式中：φ、c——分别为滑动面的内摩擦角、黏聚力；

φ'、c'——分别为折减后的内摩擦角、黏聚力；

F_{trial}——折减系数。

至发生临界破坏状态时的折减系数 F_{trial} 就是安全系数。

有限元强度折减法分析边坡稳定时，根据不同强度折减系数下边坡内部任意点位移的变化情况，判断边坡是否失稳。边坡的失稳判据概括如下：

1)收敛判据

以力或位移的迭代收敛性作为边坡失稳标志。一般情况下，判断边坡破坏的收敛判据主要有两种：

(1)指定迭代的次数，当超过设定值时，则意味着岩土体破坏；

(2)以节点不平衡力和外荷载的比值超过设定值作为边坡失稳标志。

2)塑性区贯通判据

以等效塑性应变或广义塑性应变从坡底到坡顶的贯通情况作为边坡失稳标志。

3)突变性判据

以边坡内部滑动面或某点位移发生突变且无限发展作为边坡失稳标志。

总体来看,有限元强度折减法的优点是能充分考虑计算区域形状的复杂性及边界条件、岩土体的非均质和不连续性、本构关系及应变与应力的相互影响,岩土体的应力和应变的大小均能通过计算得到。其规避了极限平衡分析法过于简单化地将滑体视为刚体的缺点,同时可以通过计算得到的应力-应变规律去分析岩土体的变形破坏机制。但是其缺点是在求解大变形和位移不连续等问题时存在不足,且在无限域应力集中等问题的求解方面尚不成熟。

本章参考文献

[1] 国家铁路局. 铁路路基设计规范:TB 10001—2016[S]. 北京:中国铁道出版社,2016.

[2] 中华人民共和国交通运输部. 公路路基设计规范:JTG D30—2015[S]. 北京:人民交通出版社股份有限公司,2015.

[3] 中华人民共和国住房和城乡建设部. 建筑边坡工程技术规范:GB 50330—2013[S]. 北京:中国建筑工业出版社,2014.

[4] 高晓雯,李萍,李同录,等. Taylor 摩擦圆法在浸水边坡稳定性计算中的拓展[J]. 建筑科学与工程学报,2017,34(3):119-127.

[5] 常士骠,张苏民. 工程地质手册[M]. 4 版. 北京:中国建筑工业出版社,2007.

[6] 中华人民共和国住房和城乡建设部. 非煤露天矿边坡工程技术规范:GB 51016—2014[S]. 北京:中国计划出版社,2014.

[7] 中华人民共和国住房和城乡建设部. 岩土锚杆与喷射混凝土支护工程技术规范:GB 50086—2015[S]. 北京:中国计划出版社,2015.

[8] 中国铁路总公司. 铁路路基设计规范(极限状态法):Q/CR 9127—2018[S]. 北京:中国铁道出版社,2018.

[9] 郭海强,王占盛,李安洪,等. 基于瑞典条分法的铁路边坡极限状态设计研究[J]. 铁道标准设计,2021,65(01):1-5.

[10] 李宁,郭双枫,姚显春. 再论岩质高边坡稳定性分析方法[J]. 岩土力学,2018,39(2):397-408.

第4章　基于破坏模式的道路边坡分类

准确判明边坡破坏机理、边坡破坏模式，并有针对性地采取相应的加固防护措施，是道路边坡勘察与设计的技术关键。本章在总结经验的基础上，基于边坡破坏机理与破坏模式，归纳总结出5种13类常见道路边坡，并对各类边坡的基本特征、破坏机理与破坏模式等进行探讨[1]。

4.1 道路边坡分类

道路边坡设计需要根据边坡所处的环境以及地质情况，识别边坡稳定的影响因素，潜在破坏模式，并针对可能出现的破坏模式进行计算分析，以及设计必要的加固防护工程。道路边坡设计的关键是准确判明边坡破坏机理、边坡破坏模式，这也是进行边坡稳定性分析和工程设计的基础。

边坡破坏机理与破坏模式的研究由来已久，相关研究成果相当丰富。Baker 等[2]提出边坡的6种破坏模式：圆弧滑动、整体岩石与非连续节理破坏、平面破坏、块状破坏、楔形破坏和倾倒式破坏。Hoek 和 Bray[3]将边坡失稳破坏总结为4种类型：平面破坏、楔体破坏、圆弧破坏和倾倒破坏。Varnes[4]将斜坡移动归纳为6种变形模式：崩塌、倾倒、滑动、侧向扩展、流动和复合型。孙玉科[5]提出了5种地质模式：反倾边坡的倾倒破坏、沿水平软弱夹层的整体性滑动破坏、顺层边坡的快速滑动破坏、座落式平推滑移和具滑移倒坍特点的山崩。孙广忠[6]将边坡破坏分为8种类型：圆弧滑动、沿层面滑动、块体滑动、追踪节理面破坏、倾倒变形、溃屈破坏、崩塌和水平层滑动。张倬元[7]提出斜坡变形机制的6种模式：蠕滑-拉裂、滑移-压致拉裂、滑移、滑移-弯曲、弯曲-拉裂、塑流-拉裂。黄润秋等[8]提出了边坡破坏的5种机理：滑移-拉裂-剪断三段式机理、阶梯状蠕滑-拉裂机理、高应力-强卸荷深部破碎机理、倾倒变形的压缩-倾倒-拉裂机理、压缩-倾倒-错动机理。

准确把握边坡破坏机理及边坡破坏模式的基础，需要详细细致的边坡勘察，明确边坡的基本特征、地质模型、岩土结构强度等。但由于地质环境的复杂性和破坏机理的多样化，破坏机理与破坏模式的研究成果缺乏系统性，工程设计人员难以完全掌握，在实际工程设计中难以选择应用。同时道路属于带状工程，道路边坡具有工点多、地质复杂多样，勘察工作量大等特点，如何高效率完成道路边坡勘察,是道路边坡设计工作的实际问题,道路边坡分类的需求由此而来。

边坡分类的相关研究较多,由于分类目的不同,分类的原则和标准各异。边坡的工程地质分类,一般是根据岩土结构类型和边坡变形破坏的力学机制来划分[9-13]。而在工程建设角度,边坡的分类,一般是根据边坡的强度、结构和稳定状态来分类分级[14-18]。

根据大量的工程实践经验,道路边坡不良地质现象及其边坡基本特征和地质岩土结构间具有很大的关联性,受此启发,本书以方便从事道路边坡勘察设计的工程师在工程实践中快速识别判断边坡破坏模式为目的,从勘察阶段容易获取的边坡基本特征和岩土结构入手,在常见道路边坡变形破坏机理分析的基础上,将道路边坡进行分类,满足以下需求:

(1)能基本覆盖常见道路边坡类型。

(2)能使勘察设计人员准确判明边坡破坏机理与破坏模式,提高设计的针对性。

(3)能方便勘察设计人员有针对性地收集满足工程设计的相关资料,提高生产的效率。

(4)能系统性地反映边坡潜在变形破坏模式,方便勘察设计人员选用合适的设计方法,提高工程设计的质量。

按以上需求,首先根据边坡基本特征和基础岩土结构,将道路边坡分为5种。再从边坡破坏机理与破坏模式的角度,结合边坡岩土特征和破坏关键因素,将道路边坡分为13类,如图4-1所示。基于本文的道路边坡分类,可方便勘察人员"按图索骥",有针对性地收集相关资料,显著提高生产效率和设计质量。

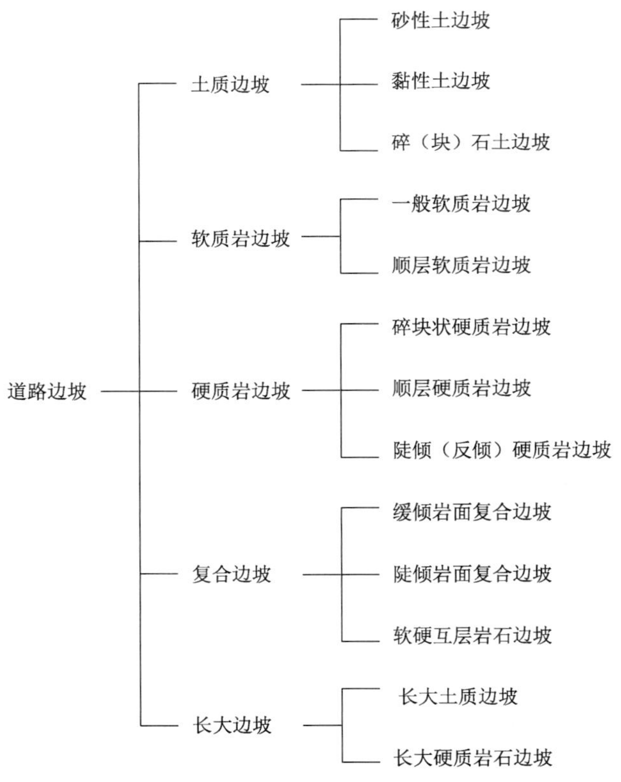

图4-1 基于破坏模式的道路边坡分类

4.2 各类边坡基本特征与破坏模式

4.2.1 土质边坡

土质边坡是一种常见的道路边坡类型，当黏性土成分较多时，通常称为黏性土边坡；当砂性土成分较多时则称为砂性土边坡。土质边坡通常因边坡坡角较大而出现坍塌、失稳，或因坡面受雨水冲蚀形成冲沟引起冲沟溯源侵蚀而形成局部边坡坍塌或失稳，也有因为边坡潜水作用引起边坡坍塌或失稳的情况。均质的黏性土边坡，边坡多出现圆弧破裂失稳；均质的砂性土边坡，边坡则可能出现圆弧破裂失稳，或直线破裂破坏。因此，土质边坡从破坏机理和破坏模式角度，大致可以分为两类：均质砂性土边坡和均质黏性土边坡。均质砂性土边坡和均质黏性土边坡破坏模式示意图如图 4-2 所示。

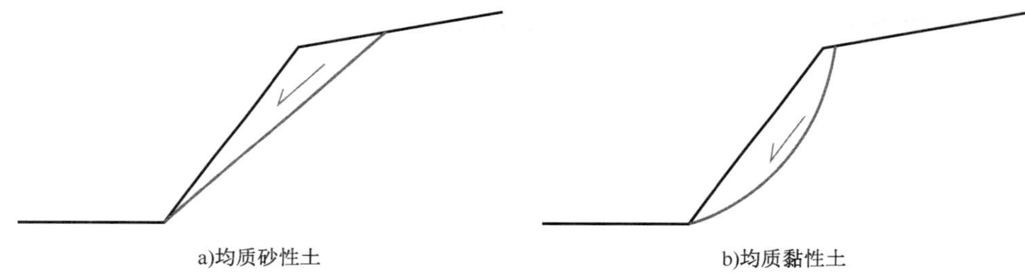

图 4-2　均质砂性土边坡和均质黏性土边坡破坏模式示意图

土质边坡还有一种类型，其物质组成为碎(块)石及土，其中碎(块)石含量较高，具有一定级配，结构较为紧密，通常称为碎(块)石土边坡。碎(块)石土边坡，通常因边坡坡角较大而出现坍塌、失稳，多出现局部折线坍塌，或直线破裂失稳。图 4-3 为碎(块)石土边坡破坏模式示意图。

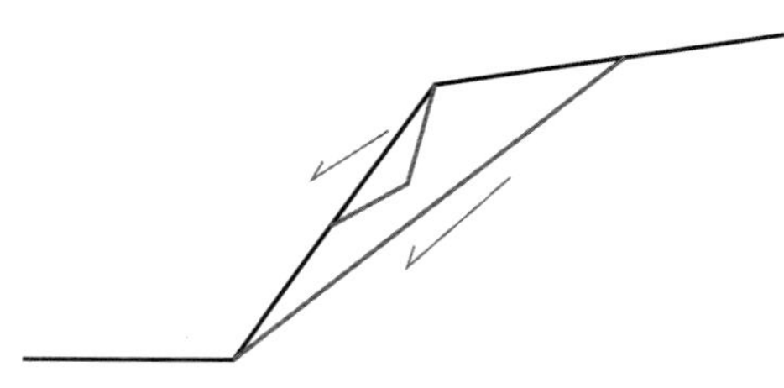

图 4-3　碎(块)石土边坡破坏模式示意图

4.2.2 软质岩边坡

软质岩通常是指岩石饱和抗压强度小于 30MPa 的岩体。影响软质边坡稳定的因素，除岩石强度外，还有岩层结构面、破碎程度、风化程度等。其中，是否具有不利于边坡稳定的结构面，对边坡稳定影响较大。因此，软质岩边坡，从破坏机理和破坏模式角度，可分为一般软质岩边坡和顺层软质岩边坡。

一般软质岩边坡稳定性主要受岩石强度以及岩层破碎程度、风化程度等因素的影响，其破坏模式包括直线破裂破坏、圆弧破裂破坏和折线破裂破坏。折线破裂破坏的破裂面后缘与边坡岩体竖向节理结构面连通，形成折线形式的破裂面。图 4-4 为一般软质岩边坡破坏模式示意图。

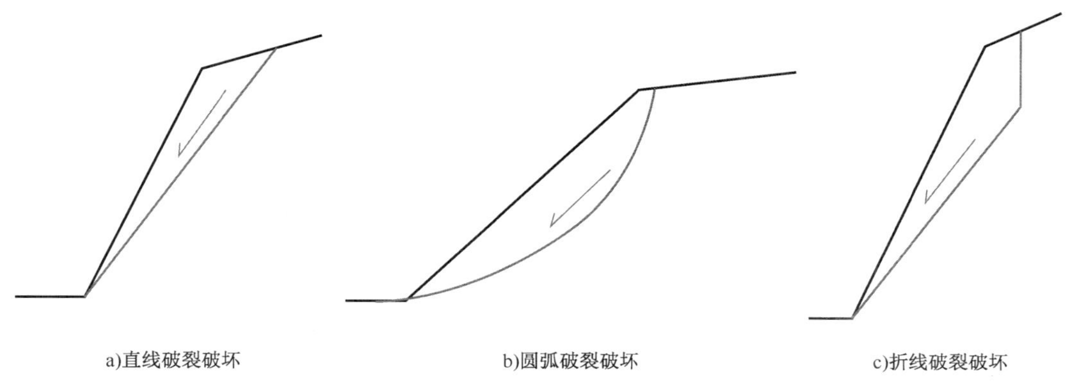

图 4-4　一般软质岩边坡破坏模式示意图

顺层软质岩边坡，除受岩石强度以及岩层破碎程度、风化程度等因素的影响外，还受岩层不利结构面的控制。其破坏模式，包括直线破裂破坏、圆弧破裂破坏，以及折线破裂破坏，其中岩层不利结构面是潜在破裂面。图 4-5 为顺层软质岩边坡沿岩层不利结构面破坏模式示意图。

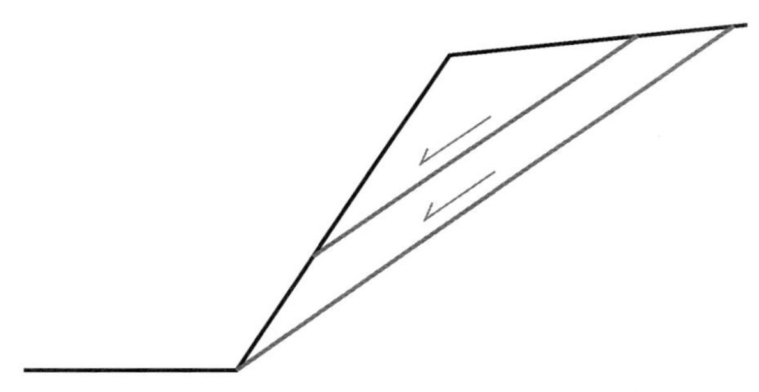

图 4-5　顺层软质岩边坡沿岩层不利结构面破坏模式示意图

4.2.3　硬质岩边坡

影响硬质岩边坡稳定性的因素，主要有岩层破碎程度、岩层结构面发育程度以及结构面与边坡的相互关系等。岩层破碎程度,可以按照岩层被切割后的块体大小进行划分,如碎石状、块石状,对于较完整的岩质岩层,其稳定性主要受控于不利的结构面(层理面、节理面以及卸荷裂隙)。其破坏模式,主要是直线破裂,或折线破裂(破裂面的后缘与边坡岩体竖向节理结构面联通,形成折线形式的破裂面)。图 4-6 为一般碎块状硬质岩边坡破坏模式示意图。

当存在顺向的不利结构面时,如软弱夹层或贯通的泥化层面,则存在沿结构面产生崩塌、滑动的可能。其破坏模式,主要是沿结构面的直线破裂或折线破裂。图 4-7 为顺层硬质岩边坡破坏模式示意图。

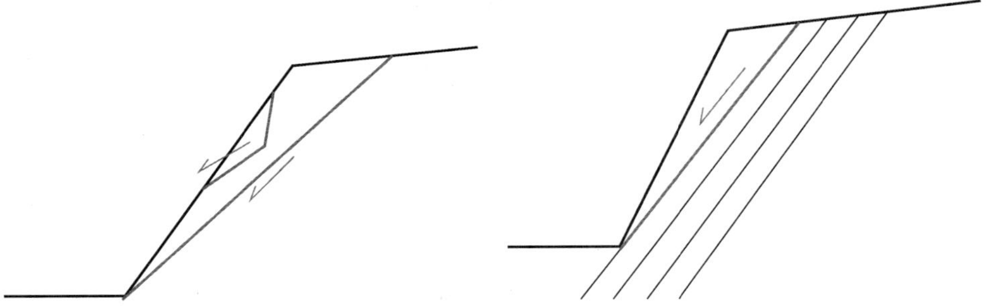

图 4-6　碎块状硬质岩边坡破坏模式示意图　　图 4-7　顺层硬质岩边坡破坏模式示意图

当结构面陡倾或反倾时,则存在岩层崩塌、倾倒、落石等破坏的可能。图 4-8 为陡倾(反倾)硬质岩边坡破坏模式示意图。

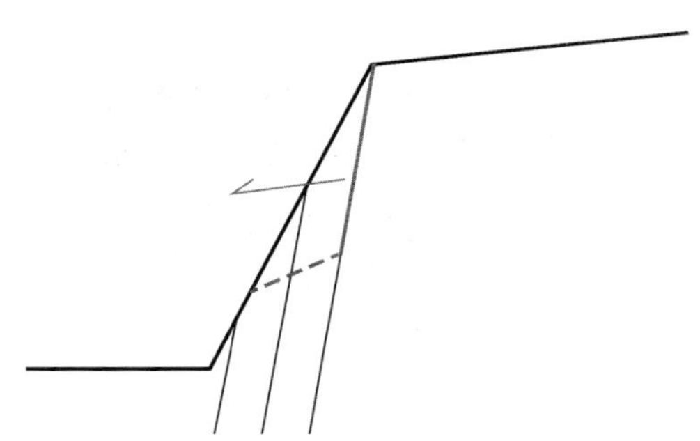

图 4-8　陡倾(反倾)硬质岩边坡破坏模式示意图

4.2.4　复合边坡

所谓复合边坡,一类是土 + 石边坡,即上部为土层,下部为岩层的边坡。这类土石复合边坡也是常见的道路边坡类型,特别在山区道路中。从土层与岩层的接触面形态看,该类边坡可分为缓倾岩面和陡倾岩面。缓倾岩面土石复合边坡指土层与岩层的接触面倾角小于 20°,从工程角度可以忽略岩面倾角的不利影响,其破坏模式主要有:土层部分边坡因边坡坡率过大、地表水冲蚀或地下水潜蚀而引起边坡坍塌或失稳,下部岩层坍塌引起上部土层边坡失稳等。当岩面倾角较大时,陡倾岩面土石复合边坡可能存在上部土层沿土石接触面的滑动破坏。图 4-9 为缓倾岩面土石复合边坡和陡倾岩面土石复合边坡破坏模式示意图。

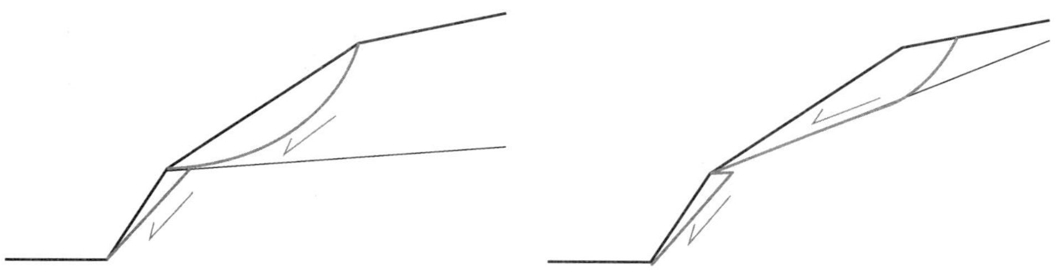

图 4-9 缓倾岩面土石复合边坡和陡倾岩面土石复合边坡破坏模式示意图

还有一类复合边坡是软硬互层岩石边坡。川东红层砂泥岩互层边坡是典型的软硬互层岩石边坡。软硬互层岩石边坡多由沉积岩构成,其层面多为近水平状。这类边坡,软质岩石受风化等自然营力作用,产生剥落、坍塌等破坏;其上部的硬质岩石,因丧失支撑而出现岩体开裂,继而发生局部脱离母岩的岩体产生倾倒、坍塌。此外,硬质岩石边坡也会因为岩石强度、不利结构面、裂隙水压力、地震作用等因素产生坍塌、滑移等破坏。图 4-10 为软硬互层岩石边坡破坏模式示意图。

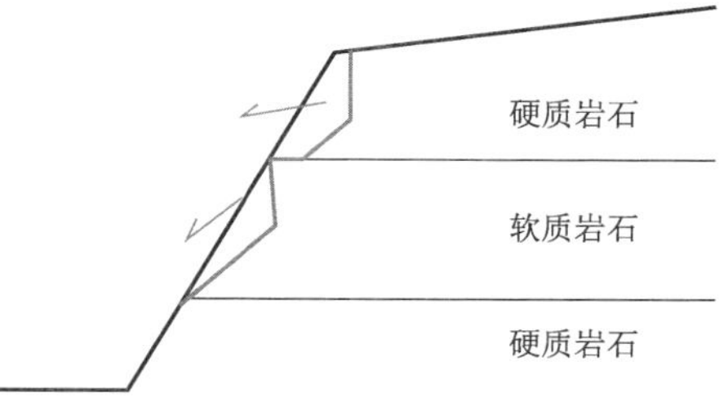

图 4-10 软硬互层岩石边坡破坏模式示意图

4.2.5 长大边坡

长大边坡指边坡的坡长较长,边坡规模较大的边坡,工程设计人员一般将长大边坡分为多级,采用阶梯形边坡形式进行设计。长大边坡的破坏机理与破坏模式与一般边坡不同,主要表现在:长大边坡存在分级失稳、渐次失稳现象,既存在单级边坡破坏或失稳,也存在多级边坡整体破坏失稳的可能。影响长大边坡稳定性的因素主要有边坡岩土体性质以及边坡形式等。长大边坡分为长大土质边坡和长大硬质岩石边坡,软质岩石边坡归为长大土质边坡。长大土质边坡可能出现某级边坡圆弧破坏或多级边坡整体圆弧破坏,长大硬质岩石边坡可能出现某级边坡局部直线或折线破坏、多级边坡折线或直线破坏。图 4-11 为长大土质边坡和长大硬质岩石边坡破坏模式示意图。

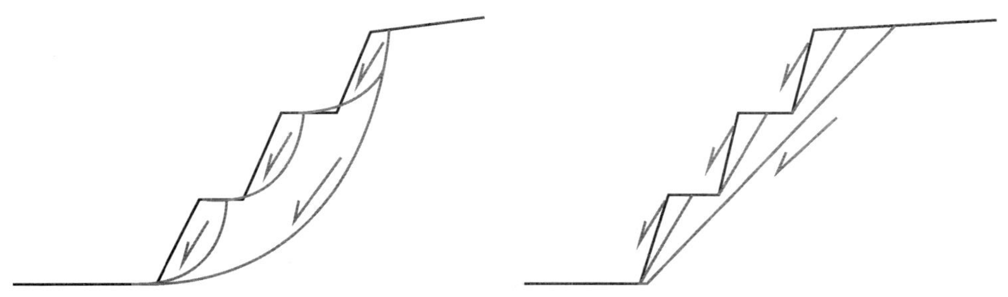

图 4-11 长大土质边坡和长大硬质岩石边坡破坏模式示意图

4.3 边坡设计方法选用

不同类型的边坡破坏机理和破坏模式差异性较大，故而选用的设计方法也不同。本节根据第 4.2 节的边坡分类，简述其设计方法的选用，见表 4-1，后面将分章节详细论述。

不同边坡类型的设计方法选择　　表 4-1

边坡类型		破坏模式	设计方法
土质边坡	砂性土边坡	直线破裂	(1)工程类比法； (2)极限平衡法(平面滑动法、传递系数法、简化毕肖普法)； (3)工程可靠性分析法； (4)数值分析法
	黏性土边坡	圆弧破裂	
	碎(块)石土边坡	直线破裂、局部折线坍塌	
软质岩边坡	一般软质岩边坡	直线破裂破坏、圆弧破裂破坏、折线破裂破坏	(1)工程类比法； (2)极限平衡法(瑞典条分法、简化毕肖普法、简布法、萨尔玛法、楔体分析法)； (3)数值分析法
	顺层软质岩边坡		
硬质岩边坡	碎块状硬质岩边坡楔形体破坏	楔形体破坏	楔体分析法
	顺层硬质岩边坡	顺层滑移	平面滑动法
	陡倾(反倾)硬质岩边坡	溃屈破坏	采用弹性理论中的压杆稳定理论
复合边坡	缓倾岩面复合边坡	直线破坏、圆弧破坏、折线破坏	极限平衡法(平面滑动法、简化毕肖普法、传递系数法)
	陡倾岩面复合边坡	直线破坏、圆弧破坏、折线破坏	极限平衡法(平面滑动法、简化毕肖普法、传递系数法)
	软硬互层岩石边坡	滑移-拉裂、滑移-压致拉裂、滑移-弯曲、滑移-前缘剪出、滑劈	极限平衡法(平面滑动法、楔体分析法)
长大边坡	长大土质边坡	弧形或圆弧形破坏	极限平衡法、数值分析法
	长大硬质岩石边坡	滑动破坏(折线或楔形体)、倾倒破坏	极限平衡法、数值分析法

本章参考文献

[1] 魏永幸，邱燕玲. 基于破坏机理与破坏模式的道路边坡分类浅析[J]. 中国勘察设计，2019(02)：80-82.

[2] Baker R. Determination of critical slip surface in slope stability computations[J]. International Journal for Numerical & Analytical Methods in Geomechanics, 1980, 4(4):333-359.

[3] Hoek E, Bray J W. Rock slope engineering[M]. 2nd ed. London: The Institution of Mining and Metallurgy, 1977.

[4] Varnes D J. Slope movement types and processes[R]. 1978.

[5] 孙玉科,等. 边坡岩体稳定性分析[M]. 北京:科学出版社,1988.

[6] 孙广忠. 工程地质与地质工程[M]. 北京:地震出版社,1993.

[7] 张倬元,等. 工程地质分析原理[M]. 成都:成都科技大学出版社,1997.

[8] 黄润秋. 中国西部地区典型岩质滑坡机理研究[J]. 地球科学进展,2004(3).

[9] 金德濂. 水利水电工程边坡的工程地质分类(上)[J]. 西北水电,2000(01):10-15+67.

[10] 金德濂. 水利水电工程边坡的工程地质分类(中)[J]. 西北水电,2000(02):10-12+36.

[11] 金德濂. 水利水电工程边坡的工程地质分类(下)[J]. 西北水电,2000(04):6-13+66.

[12] 姜良华. 高速公路工程边坡的工程地质分类[J]. 黑龙江交通科技,2017,40(02):46-47.

[13] 姜德义,王国栋. 高速公路工程边坡的工程地质分类[J]. 重庆大学学报(自然科学版),2003(11):113-116.

[14] 宋胜武,严明. 一种基于稳定性评价的岩质边坡坡体结构分类方法[J]. 工程地质学报,2011,19(01):6-10.

[15] 叶恩立,王国进,宁宇. 水电工程边坡分类分级及安全系数取值统计分析[J]. 云南水力发电,2016,32(05):101-103.

[16] 郝立新,陈伟明,马宁. 岩质边坡坡体结构分类及其工程意义[J]. 公路工程,2014,39(03):19-24.

[17] 张世殊,徐光黎,宋胜武,等. 水电工程环境边坡概念及其工程地质分类[J]. 水力发电,2012,38(08):17-21.

[18] 尹志东. 边坡生态防护工程中的边坡分类和调查工作[J]. 西部探矿工程,2007(07):121-123.

第5章　土质边坡设计

土质边坡是最为常见的边坡类型，因土质不同而具有不同的工程特性，可分为黏性土边坡、砂性土边坡和碎(块)石土边坡。特殊土质边坡中，软土边坡属黏性土边坡，因土体强度低，挖方边坡极易坍塌失稳；黄土边坡因多具有竖向空隙，低矮自然边坡常呈直立现象，破坏模式与黏性土边坡或砂性土边坡相近；膨胀土边坡具有“遇水软化，失水开裂”的特性，常呈渐进的圆弧塌滑破坏。本章讨论土质边坡的破坏模式及设计对策。

5.1 土质边坡的基本特征

一般而言，土质边坡是指由土体组成的边坡，且边坡内无大块、成片岩层。土质边坡的变形特征和破坏模式因土质条件而异。化建新等编写的《工程地质手册(第5版)》按边坡组成土的类型不同将土质边坡分为黏性土边坡、碎石土边坡、黄土边坡等[1]；金德濂等依照水利水电工程特征，将土质边坡分为黏性土边坡、砂性土边坡、黄土边坡、软土边坡、膨胀土边坡和碎石土边坡[2-4]；姜良华、姜德义等将高速公路工程土质边坡划分为黄土边坡、砂性土边坡、黏性土边坡、软土边坡、膨胀土边坡[5,6]；陈志平等认为公路工程除了包含以上五种分类，还应包含土和坚硬岩石混合组成的边坡[7]。可见，土质边坡的分类方法多以土的类别为依据。本书第4章根据边坡破坏机理与破坏模式将土质边坡分为砂性土边坡、黏性土边坡和碎(块)石土边坡，本节主要介绍这三类边坡的基本特征。

图5-1　砂性土边坡

5.1.1　砂性土边坡

砂性土边坡是指主要由砂或砂性土组成的边坡，主要分布于我国西北地区如新疆、甘肃、宁夏、内蒙古、青海的山前平原以及各地河流两岸、滨海平原一带。如图 5-1 所示,砂性土边坡的黏粒含量相对较少,其基本特征是边坡结构较疏松、黏聚力低、透水性大。饱和含水的均质砂性土边坡在振动力作用下,易于液化发生滑动,因此,砂性土边坡在地震力或施工爆破等动荷载作用时可能产生失稳。影响砂性土边坡稳定的主要因素包括砂性土的颗粒均匀程度、密实程度和含水率,地下水活动有时导致管涌和流砂现象。

5.1.2 黏性土边坡

黏性土边坡主要由黏土组成,基本特征是颗粒成分以细密的黏土颗粒为主,在我国分布广泛,如图 5-2 所示,根据黏土成分可分为一般黏土边坡、红土边坡、裂隙性硬黏土边坡等。

图 5-2 黏性土边坡

一般来说,各类黏土的组织结构和物理力学特性差别较大,干燥时易开裂,遇水后膨胀呈软塑状。裂隙黏土的干湿效应明显,有些黏土在堆积过程中或因土体膨胀收缩,或因风化、构造作用形成光滑裂隙面;某些红黏土具有大孔隙特征,且节理发育,土块强度高而土体强度低;南方分布的网纹状红土风化状态较松散,但未风化状态甚为坚固;在西北黄河上游分布的内陆湖相沉积的黏土,有些呈半成岩状,可溶盐含量高达 20%,易崩解,但干燥时抗压强度可达 30~40MPa;在淮河下游沉积的下草湾系湖相黏土或砂质黏土,含水平层理及构造裂隙结构,易出现干缩现象所含矿物以蒙脱石、高岭石和水云母为主,亲水膨胀性强。

黏性土边坡由于组织结构、矿物成分及沉积环境不同,具有不同的物理力学性质。黏土边坡的破坏模式以滑动变形破坏为主,其中裂隙性黏土可沿光滑裂隙面形成滑面;在巨厚层沉积的半岩性黏土高边坡,由于坡脚蠕变可使顶部开裂,并逐渐形成贯通性滑面发生高速滑坡;含有膨胀亲水性矿物的黏土,则极易产生滑坡;网纹红土边坡一般较稳定,在高寒或干湿效应显著地区,黏土边坡可能发生剥落变形。影响黏性土边坡稳定的主要因素包括黏土的矿物成分,亲水、膨胀、溶滤性矿物的含量,节理裂隙的发育状况以及水和冻融情况等。

5.1.3 碎(块)石土边坡

碎(块)石土边坡主要分布在我国川、陕、滇、甘、青、黔、鄂等省,是指由土和坚硬岩石碎块以及砂石碎屑细颗粒物质混合组成的边坡类型,如图 5-3 所示。按其形成条件,可分为堆积型(包括沉积、堆积等)和残积型。

堆积型土石碎屑经搬运作用土石混杂,如坡积体及变形边坡残留体等;残积型则为基岩原位风化而成,岩土未经搬运,如残积层。按结构形态又可分为土石混合结构和土石叠置结构,前者整个坡体皆由土石混杂物组成,边坡的特性决定于土石混合体自身的特性,后者土石混合体的下部有基岩分布,边坡的特性除决定于土石体本身外,尚与土石体-基岩接触面的特性有关。呈叠置结构的岩土混合边坡还有上部为全风化土层,下部为未风化岩层;或上部为岩层,中部为全风化土层,下部为坚硬岩石,即上岩-中土-下岩的边坡。堆积型碎石土边坡的形成与早期基岩边坡的变形破坏有关,多由于基岩边坡的崩塌、滑动、塌陷或坡积而形成,边坡的颗粒组成差别较大。由崩塌形成的边坡,岩块多经滚动导致距离长,有时有自然分选及架空现象,且细颗粒较少。由基岩滑动形成的边坡(岩质滑坡残体),岩块沿滑面有一定的距离,土石体结构视滑动特征而定,有时岩块未发生显著滚动。由塌陷形成的边坡多见于岩溶发育的碳酸盐类地区,堆积物多巨大岩块,有时被钙质局部胶结。由坡积形成的堆积土边坡,细颗粒较多、土石体较密实,架空现象较少见。影响碎(块)石土边坡稳定的主要因素有其形成条件、土石体结构形态、颗粒组成、黏土颗粒含量、地下水渗流情况以及下伏基岩面产状等。

图 5-3 碎(块)石土边坡

5.2 土质边坡破坏模式

5.2.1 砂性土和黏性土边坡破坏模式

均质土边坡基本无节理、裂隙及贯通性结构面,均质砂性土边坡发生滑坡破坏时,一般表现为直线破裂破坏,如图 5-4 所示;而存在黏聚力的均质黏性土边坡发生滑坡破坏时,一般表现为圆弧破坏失稳,滑坡实例如图 5-5 所示。

图 5-4 滑坡直线破裂破坏

图 5-5 秭归县千将坪滑坡圆弧破坏[8]

(1)直线破裂破坏

直线破裂破坏一般指土体沿某一弱面或朝向坡外的结构面整体向下滑动,如图5-6所示。其破坏机理为拉裂、剪切-滑移,层面或贯通性结构面形成滑动面,表现为结构面临空,坡脚土层被切断或坡脚土层挤压剪切坍塌[9]。

(2)圆弧破坏失稳

圆弧破坏失稳一般指土体沿圆弧形滑动面滑移,如图5-7所示。其破坏机理为剪切-滑移,人工开挖后坡角增大,或地下水入渗使内摩擦角和黏聚力降低,达到极限平衡状态后沿圆弧形滑面滑动[9]。

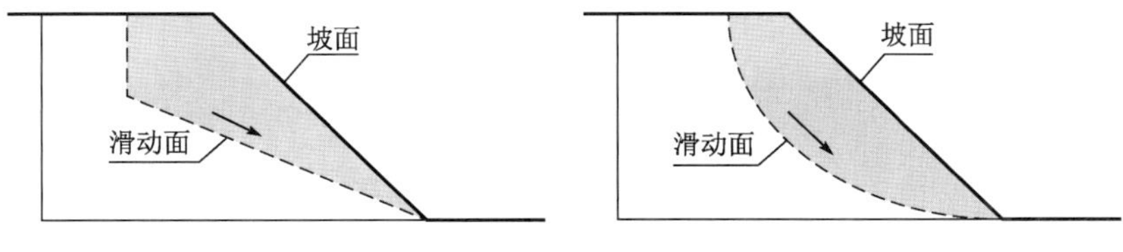

图5-6 直线形滑动示意图　　图5-7 圆弧形滑动示意图

滑动破坏后的形态如图5-8所示,在滑坡后缘会形成滑坡后壁、滑坡洼地、滑坡台、滑坡台坎,在滑坡前部会形成滑坡鼓丘。

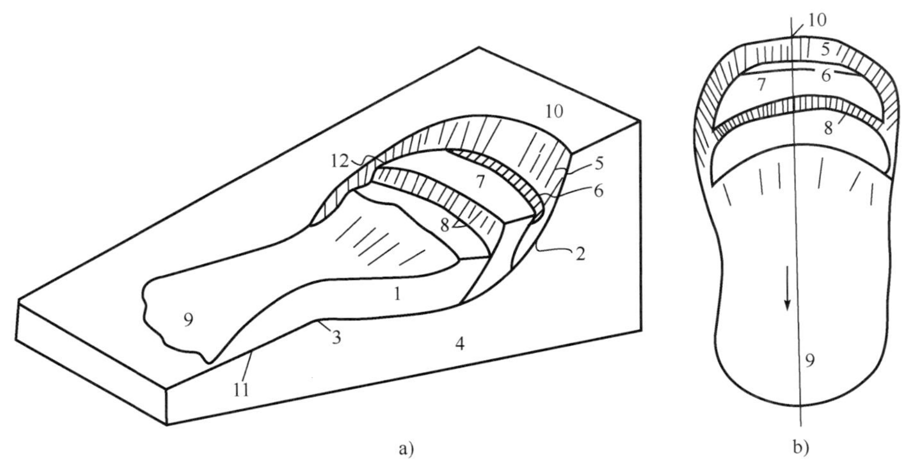

图5-8 滑坡形态特征示意图

1-滑坡体;2-滑动面;3-剪出口;4-滑坡床;5-滑坡后壁;6-滑坡洼地(滑坡湖);7-滑坡台;8-滑坡台坎;9-滑坡前部(滑坡鼓丘);10-滑坡顶点;11-滑垫面;12-滑坡侧壁

5.2.2 碎(块)石土边坡破坏模式

碎(块)石土边坡中碎(块)石含量较高,通常因边坡坡角较大而出现坍塌、失稳,边坡多出现局部折线坍塌或直线破裂失稳,当边坡上部岩土体松动、脱落时,可出现崩塌。

(1)坍塌

坍塌一般指因自重应力超过岩土体强度而产生的边坡破坏,由坡顶向坡内逐渐扩展,其破坏机理为张拉、剪切、弯折。坍塌破坏在土质边坡中较为常见,以碎(块)石土边坡为主,砂性土边坡和黏性土边坡也易发生。

在雨雪水和上层滞水影响范围内的坡体松弛带的岩土,受震动、侧向卸荷、坡面加载、四季干湿循环等因素影响,其密实度在不断变化,特别雨季中或融雪后,岩土自重增大且强度降低,极易产生坍塌,如图5-9所示。边坡坍塌最主要影响因素是降雨,降雨会软化土体,降低下部土体强度,增大土体重度,使下部土体的支撑力不足,造成土质边坡坍塌破坏。图5-10为某公路路基边坡受降雨影响坍塌的情况。

图5-9　坍塌

图5-10　路堑边坡坍塌

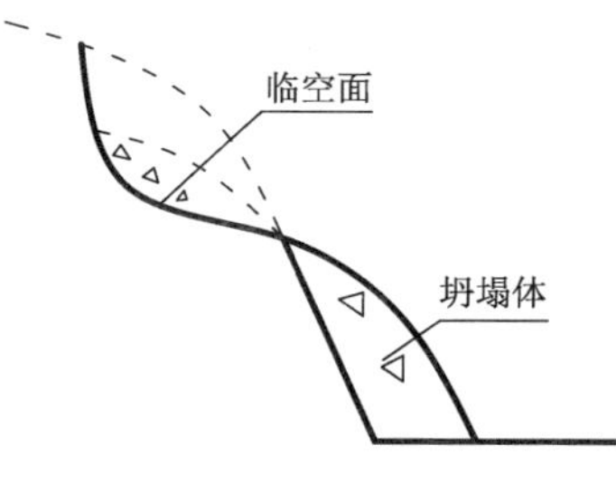

图5-11　坍塌示意图

坍塌后,土体前缘堆积大量松散体,土体后部形成临空面(图5-11),在降雨等作用下会进一步失稳直至再次形成稳定坡体为止。

边坡岩土具有膨胀性的残积土、块碎石土时,容易产生边坡坍塌;另外,在雨水较多的季节,易于汇水的凹形边坡,容易出现坍塌现象;此外,因施工不当、施工防护不足等人为因素影响,在道路工程建设期间也容易出现坍塌问题;如果现场施工过程中,未按设计要求分级开挖防护,未采取有效的防护措施,造成土质边坡长期裸露在空气中,一旦遭受风蚀或水土流失,易出现坍塌现象。

(2)崩塌

崩塌指边坡局部岩土体松动、脱落,主要运动形式为自由坠落或滚动。其破坏机理为弯曲-拉裂、剪切-滑移。当存在临空面,结合力小于重力时,常发生滚动或崩落。

土质边坡发生崩塌破坏的主要原因为:①开挖引起边坡岩土体向临空面发生位移,并可能在坡顶或体内产生顺坡面向的裂隙;②其出口为上大下小的楔状体的楔尖先压碎破坏,上部土体在失去承托和支顶下失稳,见图5-12和图5-13。崩塌破坏以陡坡上部土体的张拉破坏为主,表现为倾倒和倒塌变形。崩塌的破坏边界一般为陡立的构造或者卸荷裂面。

图 5-12 崩塌

图 5-13 土质边坡崩塌

崩塌破坏从力学特性来看分为 5 类：倾倒式崩塌、滑移式崩塌、鼓胀式崩塌、岩块流动和岩层曲折；形式上主要表现为岩土体的翻转、滚动、弯曲折断。崩塌体翻倒时，在空间的方位是随时改变的（图 5-14）。当黄土边坡坡角大于 70°时，基本不发生滑坡，主要破坏模式为崩塌；砂性土边坡和黏性土边坡发生崩塌的情况比较少见。

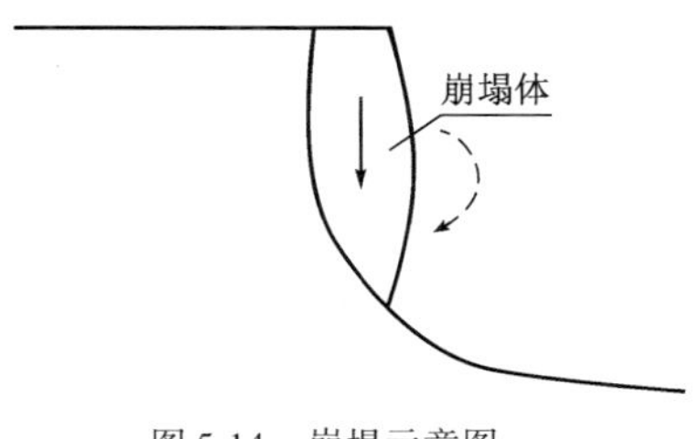

图 5-14 崩塌示意图

5.3 土质边坡设计对策

5.3.1 设计原则

1）一般土质边坡设计原则

一般土质边坡设计应遵循下列原则[10]：

（1）严格控制坡高

土质边坡高度不宜大于 30m，且应注意控制单级坡高；较高土质边坡需根据工程地质条件，采用分层开挖、分层稳定和坡脚预加固技术。

（2）放缓坡率

当边坡高度小于 20m 时，边坡坡率可按表 3-5 和 3-6 确定；当边坡高度大于 20m 时，边坡坡率、形式等需通过稳定性分析计算确定。

（3）加强排水

边坡坡顶外应设截水沟，防止水流进入坡面；边坡平台宜设截水沟，并引排到边坡外。

2)特殊土质边坡设计原则

(1)黄土边坡

黄土主要化学成分为二氧化硅、倍半氧化物和碳酸盐类。一旦浸水甚至增湿会发生强度骤降和变形突增。黄土边坡破坏模式与黏性土边坡或砂性土边坡相近,应注意黄土边坡坡角、坡高和平台约束的设计,并加设防护措施。

黄土边坡最优边坡坡角的确定,主要考虑两个方面:第一,确定最优坡角及边坡稳定的设计临界坡角;第二,确定坡面冲刷破坏的临界坡角,即避免坡面流冲刷量最大的坡角。

黄土边坡坡高的确定:根据西北农林科技大学水利系编制的边坡稳定图表可以求得台阶式各单级坡的最大高度为:

$$H = \frac{c}{0.11K\gamma} \tag{5-1}$$

式中:c——边坡范围内土的平均黏聚力(kPa);

K——边坡稳定安全系数;

γ——边坡范围内土的平均天然重度(kN/m^3)。

黄土高边坡宜修建大平台,能降低坡脚的应力集中,方便施工,有利于排水、生物防护等。当平台宽12~15m时,基本能消除上部传递的应力集中。

(2)软土边坡

软土边坡具有含水率高、压缩性大、强度低、透水性差等特征。由于其压缩性高、透水性差,软土边坡很容易出现承载力不足、沉降量大、不均匀沉降大和固结完成时间长等问题,边坡破坏模式有滑坡、坍塌,坡面变形、破坏也是软土地区边坡常见的现象。软土边坡工程设计时应注意以下几点[11]:

①放缓坡率,控制坡高。

边坡坡率1:2~1:5,坡高6~8m。

②边坡加固防护与支挡措施。

当边坡软弱层较薄时,可采用水泥土搅拌桩、旋喷桩等复合地基处理措施进行边坡加固,坡面可采用生态袋柔性防护、浆砌片石或骨架护坡防护;边坡不高时,坡脚宜设矮挡墙或片石垛加固;边坡较高或软弱层较厚时,坡脚宜采用钢筋混凝土排桩L形挡墙、U形槽结构或综合措施等进行支挡。

(3)膨胀土边坡

膨胀土是指黏粒成分主要由强吸水性矿物质组成,并且具有显著胀缩性的黏性土。膨胀土具有吸水膨胀、失水收缩并反复变形的性质。由于膨胀土的液限、塑限和塑性指数较大,压缩性偏低,在天然含水率的情况下处于较坚硬的状态,所以易被工程技术人员忽视,但其对工程建设存在着严重的破坏性,膨胀土边坡易产生溜塌、坍塌、滑坡等严重事故,还会产生收缩开裂、膨胀、松散、剥落等病害,一旦出现问题,治理难度很大。因此在膨胀土边坡设计中应注意以下几点[11]:

①严格控制边坡高度。

边坡采用台阶形,单级边坡高度以6~8m为宜,路堑边坡高度不宜超过15m。

②边坡设计时应遵循“缓边坡、宽平台、加固坡脚和适宜的坡面防护相结合”的原则。

膨胀土路堑边坡的破坏形式多样,但从破坏深度上可大体归纳为浅层破坏与深层破坏两种类型。浅层破坏是指发生在气候影响层内的边坡变形,超过这层厚度的边坡变形便是深层破坏。在考虑边坡稳定时,应针对这两种破坏类型分别处理。

浅层边坡受气候变化、风化程度、裂隙发育程度等因素的影响,其抗剪强度明显低于深部土体的强度。因此,对于整体边坡(包括浅层及深部)的稳定分析,要考虑边坡浅层强度参数降低的影响,一般应采用支撑渗沟、骨架护坡进行加固。

③合理选择边坡开挖的方式。

膨胀土边坡宜采用台阶形,这样把高边坡降低为矮边坡的组合形式,不仅减轻了高边坡土体对坡脚的压力,而且减弱了地面水对坡面的冲蚀作用,同时平台也对坡脚有一定支撑作用。

5.3.2 设计方法

土质边坡设计主要包含 4 类设计方法:①工程类比法,为目前土质边坡设计中最常用方法;②极限平衡法[12-16],采用刚体分析理论,求解土坡内某一滑面上滑动土体的抗滑安全系数 K;③工程可靠性分析法[17],采用统计方法处理计算安全系数的各种参数,用概率表示边坡的稳定性和可靠性;④数值计算的方法[18-20],用于复杂边坡或存在建筑与边坡协同作用的边坡,考虑土体内部应力应变关系,可计算边坡位移。

(1)极限平衡法

采用极限平衡法对土质边坡进行稳定性分析的具体步骤包括:

①调查工程概况,确定地层岩性(土质边坡或岩质边坡)。

②确定土体特性,包括确定土体黏聚力 c 和内摩擦角 φ,并确定是砂性土还是黏性土。

③确定滑动面和滑动类型。

④计算安全系数。

⑤如果安全系数不满足要求,需要添加支挡结构并重新验算直至满足为止。

(2)工程可靠度分析法

工程可靠度分析法的步骤是:首先通过现场调查,获得边坡稳定性影响因素的多个样本;然后进行统计分析,求出它们各自的概率分布及其特征参数;再利用可靠性分析方法,如蒙特卡罗法、可靠指标法、统计矩法、随机有限元法等来求解边坡岩土体的破坏概率即可靠度。

把在规定条件下和规定使用期限内,安全系数或安全储备大于或等于某一规定值的概率,即边坡保持稳定的概率定义为可靠度。用可靠度比用安全系数在一定程度上更能客观、定量地反映边坡的安全性。《岩土工程勘察规范》(GB 50021—2001)[21]指出,大型边坡设计宜进行边坡稳定的可靠性分析,并对影响边坡稳定性的因素进行敏感性分析。当求出的可靠度足够大,即破坏概率足够小,达到人们可以接受的程度,可认为边坡工程的设计是可靠的。可靠度分析法的缺点是:计算前所需的大量统计资料难以获取,各因素的概率模型及其数字特征等的合理选取问题还没有得到很好解决,另外,其计算通常也较一般的极限平衡法更困难和复杂[22]。

5.3.3 土质边坡的特性和设计对策

针对不同类型的土质边坡,总结归纳出边坡主要特征、影响稳定的主要因素、可能的主要破坏模式和设计对策,见表5-1。

各类土质边坡的特性和设计对策　　表5-1

边坡类型	主要特征	影响稳定的主要因素	可能的主要破坏形式	设计对策
砂性土边坡	由砂或砂性土组成的边坡,黏粒含量相对较少,边坡结构较疏松,黏聚力低,透水性大,饱和含水的均质砂性土边坡在振动力作用下,易于液化发生滑动	(1)颗粒成分及均匀程度; (2)含水情况; (3)振动; (4)地表水及地下水作用	(1)饱和均质砂性土边坡,在振动力作用下,易产生液化滑坡; (2)管涌、流土; (3)坍塌和剥落	(1)以直线形失稳为主; (2)低角度(放坡); (3)边坡分级; (4)防水; (5)分层开挖、分层稳定、坡脚预加固
黏性土边坡	以黏粒为主,一般干时坚硬,遇水膨胀崩解。某些黏土具大孔隙性(如山西南部的黏土),某些黏土很坚固(如南方网纹红土),某些黏土呈半成岩状,但含可溶盐量高(如黄河上游的黏土),某些黏土具水平层理(如淮河下游的黏土)	(1)矿物成分,特别是亲水、膨胀、融滤性矿物含量; (2)节理裂隙的发育状况; (3)水的作用; (4)冻融作用	(1)裂隙性黏土常沿光滑裂隙面形成滑面,含膨胀性亲水矿物黏土易产生滑坡,巨厚层半成岩黏土高边坡,因坡脚蠕变可导致高速滑坡; (2)因冻融产生剥落; (3)坍塌	(1)以圆弧形失稳为主; (2)防水; (3)分级; (4)支挡加固
碎(块)石土边坡	由坚硬岩石碎块和砂土颗粒或砾质土组成的边坡,可分为堆积、残坡积混合结构、多元结构	(1)黏土颗粒的含量; (2)坡体含水情况; (3)下伏基岩面产状	(1)土体滑坡; (2)坍塌; (3)崩塌	失稳形式介于直线形与圆弧形之间,根据构成形式尤其是结构面形状具体分析,设置边坡防护或支挡加固

同时,表5-2给出黄土、软土和膨胀土三类特殊土质边坡的基本特征,并对边坡设计中的特殊情况进行补充说明。

特殊土质边坡的特性和设计对策　　表5-2

边坡类型	主要特征	影响稳定的主要因素	可能的主要破坏形式	设计对策
黄土边坡	以粉粒为主、质地均一。一般含钙量高,无层理,但柱状节理发育,天然含水量低,干时坚固,部分黄土遇水湿陷,有时呈固结状,有时呈多元结构	主要是水的作用,因水湿陷,或水对边坡浸泡,水下渗使下垫隔水黏土层泥化等	(1)崩塌; (2)张裂; (3)湿陷; (4)高或超高边坡可能出现高速滑坡	(1)以圆弧形失稳为主; (2)边坡分级; (3)排水及坡脚加固; (4)防护加固

续上表

边坡类型	主要特征	影响稳定的主要因素	可能的主要破坏形式	设计对策
软土边坡	以淤泥、泥炭、淤泥质土等抗剪强度极低的土为主,塑流变形严重	(1)土性软弱(低抗剪强度高压缩性); (2)外力作用,振动	(1)滑坡; (2)塑流变形; (3)塌滑、边坡难以形成	(1)以圆弧形失稳为主; (2)边坡支撑渗沟; (3)边坡分级防护
膨胀土边坡	具有特殊物理力学特性,因富含蒙脱石等易膨胀矿物,内摩擦角很小,干湿效应明显	(1)干湿变化; (2)水的作用	(1)浅层滑坡; (2)浅层崩解	(1)以圆弧形失稳为主; (2)边坡分级; (3)排水及坡脚加固; (4)防护加固

5.4 土质边坡工程案例

案例1 膨胀土边坡——"缓边坡+限坡高+宽平台+固坡脚"

(1)工程概况

以巴东某客运专线铁路膨胀土边坡为例,路基中心最大挖深约15m,最大填高约15m。该路段属溶蚀槽谷地貌,地形受河谷切割强烈,两侧沟坡相对较陡,槽谷谷底较平坦,地面高程240~280m,相对高差5~40m,局部横坡较陡,地表植被较为发育,多为灌木。坡脊覆土层较薄,可见基岩出露,槽谷低洼地带上覆土层较厚,地表多被垦为旱地、水田,其工程现场如图5-15所示。沿线路两侧村庄民房零星分布,省道公路和线路多次相交,交通较为便利。

图5-15 实例工点工程现场

上覆第四系坡洪积(Q_4^{dl+pl})粉质黏土为黄褐色、褐黄色,硬塑,成分以黏粒为主,土质不均,含少量砾石。经取样试验分析发现该黏土具弱膨胀性,自由膨胀率为35%~64%,阳离子交换量[CEC(NH_4^+)mmol/100g土]为130.3~266.6,蒙脱石含量(M%)为4.97~17.38,分布于沟槽地带,厚2~10m。下伏三叠系中统巴东组一段(T_2b^1)岩溶角砾岩。

测区地震动峰值加速度为0.05g(g为重力加速度),地震动反应谱特征周期为0.35s。

(2)稳定性分析

边坡岩土具有膨胀性,易产生坍塌破坏。选取代表性断面进行分析计算,左侧边坡高度约 12m,边坡土层力学参数见表 5-3。

各岩土层在正常工况下的力学参数　　表 5-3

岩　土　层	γ(kN/m³)	c(kPa)	φ(°)	[σ](kPa)
〈1〉粉质黏土(Q_4^{dl+pl})	19	15	15	150
〈2〉碎石土(Q_4^{dl+pl})	24	—	48	320
〈3〉岩溶角砾岩(强风化)(T_2b^1)	21	—	30	200
〈4〉岩溶角砾岩(弱风化)(T_2b^1)	22	—	40	300

路堑边坡采用阶梯形,边坡分级高度不宜大于 6m,级间平台宽度不应小于 2m。

采用圆弧法进行稳定性验算,计算结果见表 5-4,边坡稳定安全系数均不满足《铁路特殊路基设计规范》(TB 10035—2018)[11]的要求,图 5-16 为稳定性分析设计验算示意图。

边坡稳定安全系数计算结果　　表 5-4

验 算 方 法	工 程 措 施	正常工况稳定安全系数	暴雨工况稳定安全系数
瑞典条分法	正常放坡(边坡坡率 1:1.5)	1.15	0.76
毕肖普法	正常放坡(边坡坡率 1:1.5)	1.18	0.78
《铁路特殊路基设计规范》(TB 10035—2018)规定值		≥1.25	≥1.25

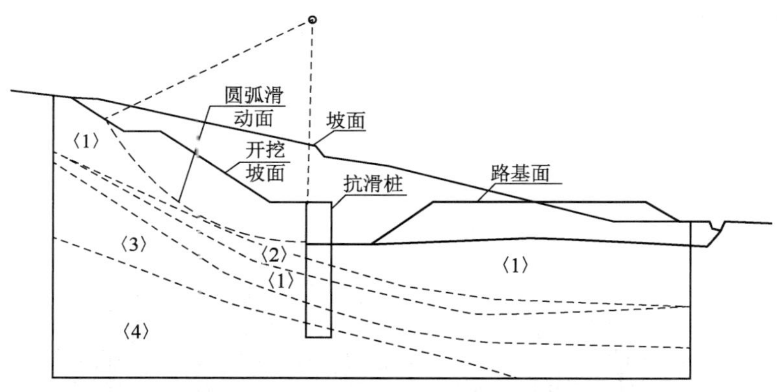

图 5-16　断面边坡稳定性验算图

(3)工程措施

稳定性计算表明,开挖后未施作支挡情况下,边坡处于不稳定状态;设计安全系数为 1.25,按传递系数法计算出口推力(显式)为 199.9kN。综合考虑土压力和膨胀力的作用,选用桩板墙加固路堑坡脚。

如图 5-17 所示,在线路左侧路堑坡脚设置路堑桩板墙,桩间距为 6m,桩截面尺寸为 1.5m×2.0m,桩长 7～11.5m。锚固桩桩间设置 C40 钢筋混凝土矩形挡土板,桩间最大挂板高度 3.5m;板后设置复合排水网及 0.5m 厚编织袋袋装砂夹卵石反滤层,反滤层底部设混凝土封闭层,采用挡土板吊装孔作为泄水孔。桩间设置深层排水孔,排水孔设置在侧沟平台上或土岩分界面处，用预制挡土板泄水孔设置。

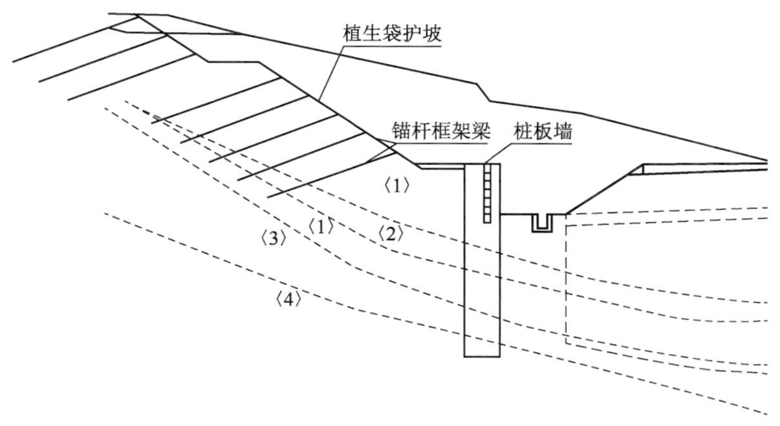

图 5-17　工程措施代表性横断面图

在左侧桩顶二级边坡，坡面设置锚杆，在框架梁内设置植生袋护坡。

案例 2　黄土边坡——"大台阶 + 分级防护"

(1)工程概况

以太原某公路黄土路堑边坡为例，左侧边坡长 335m，最大边坡高度 68.81m。该路段地处剥蚀构造基岩低中山区，地表冲沟发育，地形起伏较大，坡体地面高程为 1104.9 ~ 1139.6m，自然坡角为 5° ~ 50°。坡体覆盖层较厚，无基岩出露，区内植被较少，以灌木为主，其工程现场如图 5-18 所示。

图 5-18　实例工点工程现场

本路段地层主要有第四系上更新统风积(Q_3^{eol})及中更新统冲洪积(Q_2^{al+pl})黄土。

〈1〉第四系上更新统风积(Q_3^{eol})粉土：黄褐色，稍湿 ~ 湿，稍密，土质较均匀，表层含少量植物根系，层厚 5 ~ 10m。

〈2〉第四系中更新统冲洪积(Q_2^{al+pl})粉土：黄褐色，稍湿，密实，土质成分较均匀，结构较紧密，小孔隙发育，具垂直节理，局部夹薄层粉质黏土。

项目区地震动峰值加速度为0.15g，相应地震基本烈度Ⅶ度，地震动反应谱特征周期为0.40s。

(2)稳定性分析

路堑边坡岩土为黄土，易产生冲蚀、坍塌破坏。选取代表性断面进行分析计算，左侧边坡高度约68.81m，边坡均位于土层中，采用简化Bishop法进行边坡稳定性分析计算，各土层力学参数见表5-5。

各土层力学参数　　表5-5

土　层	正常工况			暴雨或连续降雨状态		
	γ(kN/m^3)	c(kPa)	φ(°)	γ(kN/m^3)	c(kPa)	φ(°)
〈1〉粉土(稍密、湿陷)(Q_3^{eol})	15.5	22	18	16.5	20	15.5
〈2〉粉质黏土(硬塑)(Q_2^{al+pl})	16.5	27	25	17	25	22

边坡增设宽平台，计算结果见表5-6，边坡稳定安全系数均满足《黄土地区公路路基设计与施工技术规范》(JTG/T D31-05—2017)[23]表5.4.4的相关要求，图5-19为稳定性分析设计验算示意图。

边坡稳定安全系数计算结果　　表5-6

位　置	工程措施	正常工况稳定安全系数	暴雨或连续降雨状态稳定安全系数
左侧	正常放坡坡率(边坡坡率1:1)	0.85	0.66
左侧	每两级增加20m宽平台(边坡坡率1:1)	1.31	1.22
《黄土地区公路路基设计与施工技术规范》(JTG/T D31-05—2017)规定值		≥1.30	≥1.20

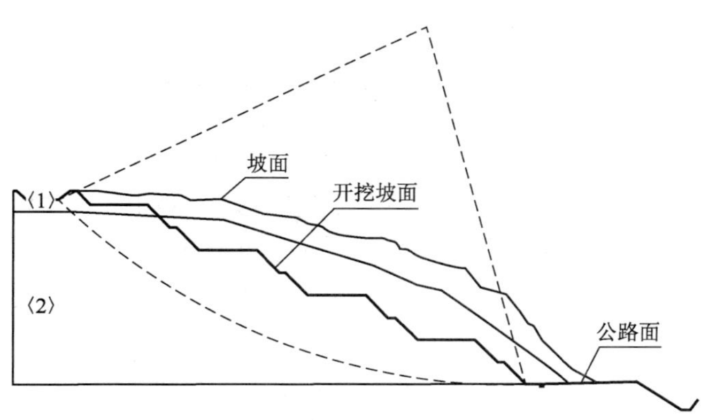

图5-19　断面边坡稳定性验算图

(3)工程措施

结合工程经验和边坡稳定性分析，路堑边坡由下往上每隔两级设置一个大平台，平台宽度为20m。最终设计的整体稳定性系数为1.31，满足规范要求。具体措施见表5-7和图5-20。

各级边坡坡高、边坡坡率、边坡防护措施及平台宽度设计 表 5-7

位　置	坡高(m)	坡　率	防护形式	平台宽度(m)
第 1 级	8	1∶1	护脚 + 穴栽植生护坡	2
第 2 级	8	1∶1	穴栽植生	20
第 3 级	8	1∶1	穴栽植生	2
第 4 级	8	1∶1	穴栽植生	20
第 5 级	8	1∶1	穴栽植生	2
第 6 级	8	1∶1	穴栽植生	20
第 7 级	8	1∶1	穴栽植生	2
第 8 级	8	1∶1	穴栽植生	20
第 9 级	4.81	1∶1	穴栽植生	—

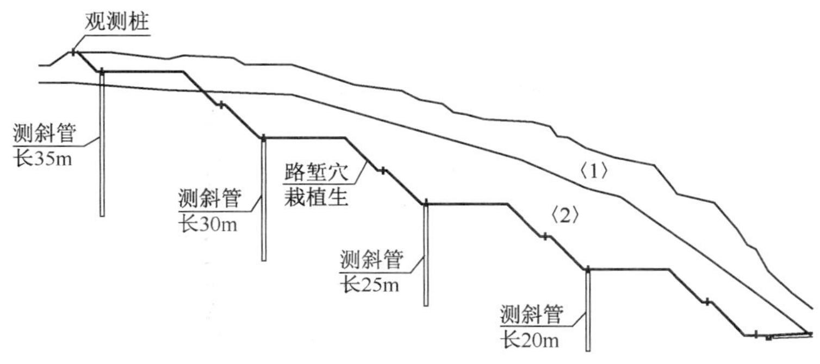

图 5-20　工程措施代表性横断面示意图

边坡施工中还采取了以下措施：

①各级平台设置平台排水沟。

②开挖土石方采用自上而下的施工工序,确保高边坡稳定。

③沿坡顶及平台设置位移兼沉降监测点,施工期间一般至少每 3d 监测一次,竣工后半年内每半个月监测一次,其后 2 年内每个季度监测一次。

本章参考文献

[1] 化建新,郑建国. 工程地质手册[M]. 5 版. 北京:中国建筑工业出版社,2018.

[2] 金德濂. 水利水电工程边坡的工程地质分类(上)[J]. 西北水电,2000(01):10-15 + 67.

[3] 金德濂. 水利水电工程边坡的工程地质分类(中)[J]. 西北水电,2000(02):10-12 + 36.

[4] 金德濂. 水利水电工程边坡的工程地质分类(下)[J]. 西北水电,2000(04):6-13

[5] 姜良华. 高速公路工程边坡的工程地质分类[J]. 黑龙江交通科技,2017,40(02):46-47.

[6] 姜德义,王国栋. 高速公路工程边坡的工程地质分类[J]. 重庆大学学报,2003,26(11):113-116.

[7] 陈志平. 公路边坡地质的分类问题探讨[J]. 价值工程,2011,30(29):87-88.

[8] 廖秋林,李晓,李守定,等. 三峡库区千将坪滑坡的发生、地质地貌特征、成因及滑坡判据

研究[J]. 岩石力学与工程学报,2005,24(17):3146-3153.

[9] 倪武杰. 土质边坡破坏机理及稳定性研究[D]. 西安:长安大学,2010.

[10] 国家铁路局. 铁路路基设计规范:TB 10001—2016[S]. 北京:中国铁道出版社,2016.

[11] 国家铁路局. 铁路特殊路基设计规范:TB 10035—2018[S]. 北京:中国铁道出版社,2018.

[12] 张静辉. 浅谈土质边坡稳定分析方法之极限平衡法[J]. 水电科技进展,2003(1):73-75.

[13] 赵志星,严明,王宝国. 土质边坡稳定性极限分析[J]. 水土保持研究,2005,12(03):187-189.

[14] 何丽平,陈胜,梅涛涛,等. 考虑土体剪胀特性的土质边坡稳定性极限分析[J]. 水运工程,2018(2):164-168.

[15] 刘锋,芮勇勤. 非线性破坏准则下考虑剪胀性影响的土质边坡稳定性极限分析[J]. 中外公路,2016(06):34-39.

[16] 王玉民. 基于极限分析的土质和岩质边坡稳定性研究[D]. 长沙:中南大学,2013.

[17] 魏雨露,韩霁昌. 土质边坡稳定性及可靠度分析方法研究[J]. 陕西水利,2016(S1):24-26.

[18] 文瑜. 强度折减法在高填方土质边坡稳定分析中的应用[J]. 西部探矿工程,2013,25(4):23-26.

[19] 郑涛,张玉灯,毛新生. 基于 Geo-Slope 软件的土质边坡稳定性分析[J]. 水利与建筑工程学报,2008,6(1).

[20] 苏利军. 基于极限平衡法和有限元法的土质边坡稳定分析研究[D]. 成都:西华大学,2012.

[21] 中华人民共和国建设部. 岩土工程勘察规范:GB 50021—2001[S]. 北京:中国建筑工业出版社,2001.

[22] 刘楚乔,梁开水. 岩质高边坡稳定性监测与评价方法研究综述[J]. 工业安全与环保,2008(03):19-21.

[23] 中华人民共和国交通运输部. 黄土地区公路路基设计与施工技术规范:JTG/T D31-05—2017[S]. 北京:人民交通出版社股份有限公司,2017.

第6章 软质岩边坡设计

软质岩是指单轴饱和抗压强度小于30MPa的岩石，包括黏土岩、页岩、泥岩、大部分千枚岩、片岩、膨胀岩、软质的泥灰岩等。根据边坡破坏模式和岩土特性，软质岩边坡分为一般软质岩边坡、顺层软质岩边坡和特殊软质岩边坡，其中特殊软质岩边坡主要有膨胀岩边坡、碳质页岩边坡、红层泥岩边坡等。本章基于软质岩边坡分类，讨论其破坏模式及设计对策。

6.1 软质岩边坡基本特征

6.1.1 一般软质岩边坡

软质岩的分类方法较多，按成因分类包括原生软岩、风化软岩、断层破碎软岩等[1]。原生软岩主要为沉积岩，由松散堆积物在温度不高、压力不大的条件下形成，黏土矿物含量高，亲水性强，胶结程度差。

黏土矿物是原生矿物长石及云母等硅酸盐类矿物经化学风化而成，主要有高岭石、伊利石、蒙脱石等。黏土矿物具有很高的物理化学活性，其中蒙脱石的物理化学活性最为活跃，蒙脱石等黏土矿物的含量极明显地影响软质岩的物理力学性质，蒙脱石含量越高，软质岩力学强度就越低。

由于以上原因，软质岩边坡具有易风化、易崩解、强度低、水稳性差等特点，软质岩抗外界环境扰动的能力极差，对卸荷松动、施工振动等扰动极为敏感。

软质岩的分布与生物、气候、地形以及地质构造等因素密切相关[2]。原生软质岩常见于新生代海相沉积或陆相沉积的碎屑岩中，如泥岩、页岩、泥灰岩和泥质砂岩等。其岩性在水平方向与垂直方向常不稳定，常见泥岩与砂岩互层（图6-1）或泥岩呈夹层分布。在古气候干旱的山间盆地则为红色碎屑岩系，如图6-2所示的西南地区的红层泥岩。

图 6-1 泥岩和砂岩互层

图 6-2 红层泥岩

图 6-3 顺层软质岩边坡

6.1.2 顺层软质岩边坡

顺层边坡通常发育在层状结构岩体中。常见的层状结构岩体主要为页岩和泥岩类软质岩,此类岩体包含受过明显扰动的层面、裂隙、原生软弱夹层、层间相对错动等结构面,切割岩体造成不连续的结构体以及不连续的岩性组合[3]。

当软质岩边坡结构面与边坡具有相同的倾向,通常称为顺层软质岩边坡,一般认为属于不稳定边坡。其主要特点包括岩性软弱、薄层状、岩层平直、光滑、层间结合性较差、易于风化[4],如图 6-3 所示。

6.1.3 特殊软质岩边坡

1)膨胀岩

膨胀岩是软质岩中非常特殊的一类,具有以下工程特性:

(1)胀缩性。膨胀岩中含有大量黏土矿物,导致其有很强的亲水性和膨胀性,具有遇水膨胀、软化、崩解和失水收缩、干裂等工程特性,如图 6-4 所示。表 6-1 给出了百色盆地典型膨胀岩的膨胀性指标。浸水后细粒的剥离及胶结物的溶解是膨胀性软岩崩解的重要原因。膨胀岩膨胀的实质是其所含黏土矿物的亲水性造成的,不同成分黏土矿物的亲水能力大小不一,主要由蒙脱石含量控制,含蒙脱石矿物成分为主的膨胀岩比含伊利石为主的膨胀岩的膨胀性更强。

a)干燥状态　b)浸泡在水中0.5min　c)浸泡在水中2min　d)浸泡在水中15min　e)浸泡在水中60min

图 6-4　膨胀性泥岩浸水崩解[5]

百色盆地膨胀岩胀缩性指标[6]　表 6-1

岩层名称	自由膨胀率 δ_{ef}(%)	干燥饱和吸水率(%)	膨胀力 p_e(kPa)	极限膨胀力 p_{emax}(kPa)	膨胀量 S_e(%)	蒙脱石含量(%)	阳离子代换量(mmol/100g ±)	比表面积(m^2/g)
那读组泥岩	53 ~ 100	45.1	68	350	7.6	27.4	26.8	232
百岗组泥岩	26 ~ 94	44.5	52	298	21.1	18.9	22.8	171
伏平组泥岩	50 ~ 84	—	84	26.4	24.7	22.3	26.8	169
伏平组粉砂岩	18 ~ 30	—	12	4.3	4.3	5.4	8.4	36.4

(2)裂隙性。由于卸荷、风化等作用,膨胀岩会产生大量裂隙。裂隙的存在破坏了岩体结构面的连续性,使岩体局部应力集中而且加剧了其风化作用。因此,膨胀岩体中裂隙的存在,使其更易发生破坏。

(3)低强度性。膨胀岩矿物以黏土矿物为主,胶结程度差,加上岩体碎裂,含水量高,导致强度低。以广西地区膨胀岩为例,单轴抗压强度集中在 0.08 ~ 13.8MPa,平均值为 12.5MPa。

2)炭质页岩

炭质页岩也是一种特殊的软岩,有如下工程特点:

(1)极易风化。炭质页岩成岩程度差,抗风化能力差。在干湿循环条件下,能在极短的时间内变得疏松、松散,抗压强度严重下降,甚至风化成为泥炭土,见图 6-5。

(2)强度低、遇水崩解严重。微风化的炭质页岩单轴抗压强度能够达到 30MPa,中风化为 10 ~ 20MPa,强风化炭质页岩则完全变为泥岩土,强度全失。在炭质页岩中,由于伊利石、高岭石等黏土矿物颗粒较小,亲水性很强,当水灌入岩石的孔隙、裂隙时,细小岩粒的吸附水膜便会增厚,引起岩石体积的膨胀,而不均匀的体积膨胀在岩石内部就产生不均匀应力,部分胶结物会被稀释、软化或溶解,从而导致岩石颗粒的破碎裂解,形成崩解[7]。

图 6-5　强风化炭质页岩[7]

(3)炭质页岩岩层间裂隙发育。节理面大多已经张开,路堑边坡岩体破碎,出现脱空现象,各岩体存在不同程度的松动,雨水能够直接深入到边坡的岩体内部造成开挖后的坡面凹凸不平,岩块临空,在雨水的侵蚀作用下,岩体极易出现破坏。

3)红层泥岩

红层泥岩是一种特殊的软岩,具有以下工程特性:

(1)易崩解。红层泥岩浸水后黏土颗粒吸收大量水分,黏土胶结物崩解,而碎屑颗粒之间失去连接造成重力解体。另外,吸湿力的作用可使岩样产生新的软弱面,并沿软弱面产生破坏,从而造成岩石的崩解,如图6-6所示。

图6-6 红层泥岩边坡剥落

(2)易软化。在降水及地下水的长期作用下,岩石易发生软化,强度降低。当水浸入岩石内部时,常顺着裂隙进入,润湿岩石全部自由面上每个矿物颗粒。水分子的介入改变了岩石的物理状态,削弱了颗粒间的联系。

(3)易膨胀。在红层泥岩中起膨胀作用的黏土矿物主要为蒙脱石和伊利石,经结构破坏作用后又长期与水接触,导致红层泥岩具有膨胀性。红层泥岩的膨胀是矿物晶胞间吸收不定量水分子造成的"粒内膨胀"和矿物颗粒扩散层厚度增大造成的"粒间膨胀"的综合表现。

6.2 软质岩边坡破坏模式

6.2.1 一般软质岩边坡破坏模式

软质岩路堑边坡的变形失稳,除与其固有的物理力学性质密切相关外,还与风化作用、水的活动、节理裂隙、岩体结构面、岩体产状、坡高与坡角、地形地貌、地质构造、震动、地应力、人类工程活动以及上述因素的组合形态等有直接关系。软质岩路堑边坡的破坏形式一般包括风化剥落、溜塌以及滑坡等。这些滑动多沿软弱结构面产生,如层面、节理裂隙贯通面、风化界面、层面与节理裂隙的组合面等,也有均质体沿最危险滑动面滑动的,并且可能出现多个滑动面。

本书第 4 章从工程角度出发,将一般软质岩边坡破坏模式总结为直线破裂破坏、圆弧破裂破坏以及折线破裂破坏三种模式。

(1)直线破裂破坏

这是软质岩边坡常见的破坏模式,一般发生在风化块状结构软质岩中,路堑边坡开挖后,由于结构面临空,坡脚岩层被剪断,沿层面或贯通性结构面形成滑动面,从而上部岩体沿此滑动面滑动破坏,如图 6-7 所示。

(2)圆弧破裂破坏

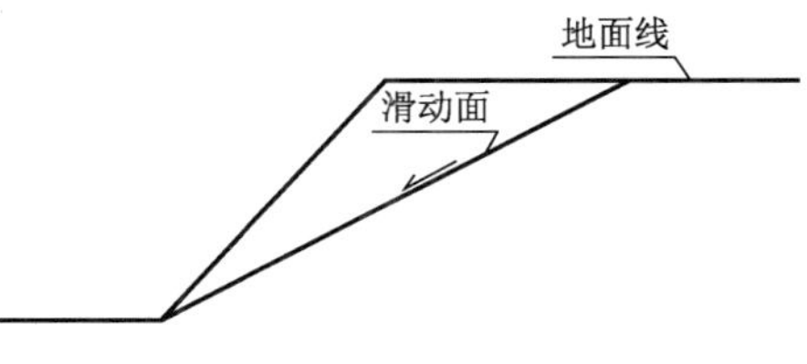

图 6-7　直线破裂破坏

圆弧破裂破坏主要发生在均质软质岩中,以及风化严重、节理发育、结构松散的碎裂或散体结构软质岩中。路堑边坡开挖后,坡面具有临空条件,坡体可能会缓慢蠕动,后缘在拉力作用下产生张性拉裂隙,裂隙与结构面将滑体切割,当其抗剪阻力不足以支撑上覆岩体的下滑力时,坡体就会迅速滑落,滑移面被完全剪断,则滑坡贯通,如图 6-8 所示,此类边坡易发生弧形的切层滑坡。

(3)折线破裂破坏

岩体由三组以上结构面切割成可分离块体组成,在块体不是很小且结构较紧密时,多呈追踪裂隙滑动。折线破坏主要发生在破碎岩体裂隙发育的边坡,整体强度低,滑面由多个相互连接的较短结构面组成,剖面上呈雁列式,其间以若干截交裂隙或无截交裂隙相连,形成构造意义上的软弱岩体,当边坡角大于结构面平均倾角,且倾角大于摩擦角时,多发生滑动,如图 6-9 所示。开挖卸荷作用致使裂隙进一步发展乃至贯通,易产生沿贯通裂隙面的折线型整体剪切滑动破坏。

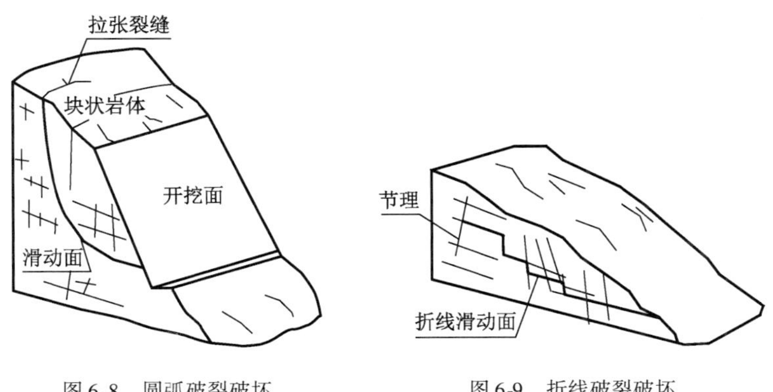

图 6-8　圆弧破裂破坏　　图 6-9　折线破裂破坏

6.2.2　顺层软质岩边坡破坏模式

顺层软质岩边坡由于优势结构面与边坡的倾向相同,其稳定性主要受岩层的走向、夹角

图 6-10 襄渝线 DK647 + 300 ~ DK647 + 600 红层泥岩顺层滑坡

大小、坡角与结构倾角组合关系、结构面的发育程度及强度所控制。

顺层软质岩边坡破坏模式以顺层滑移为主，见图 6-10。顺层软质岩边坡的破坏都是由软弱结构面的强度过低造成的，滑面的位置通常是岩体的软弱结构面。当路堑边坡坡角大于岩层倾角时，边坡沿着层间软弱夹层发生整体滑移破坏[图 6-11a)]，滑面较平滑，一般呈直线形。如果顺层沿着边坡延伸得很远，有可能斜坡岩体沿下伏软弱层面向临空面方向滑动，并使滑移体拉裂解体[图 6-11b)]。

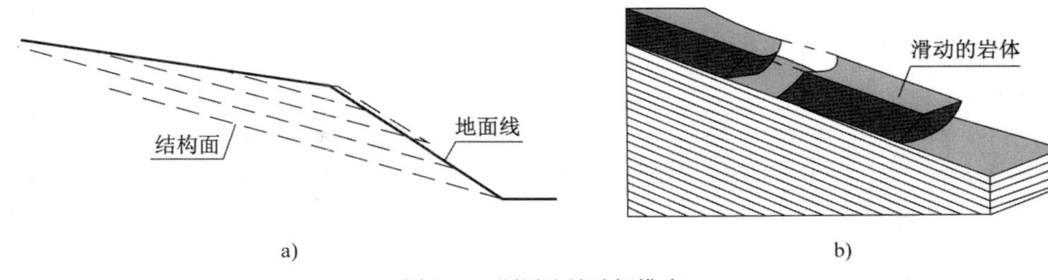

图 6-11 顺层边坡破坏模式

6.2.3 特殊软质岩边坡破坏模式

(1)膨胀岩

膨胀岩是一种特殊岩层，具有显著的膨胀性、胀缩性，在吸水膨胀、失水收缩的反复作用下，岩体力学强度会迅速降低，直至失稳而破坏。

膨胀岩边坡开挖后，在大气作用下，岩体会发生反复胀缩，岩石表面裂隙逐渐发展，岩体强度不断衰减，而且因开挖产生卸荷裂隙，更加促进边坡岩体裂隙的进一步发展，裂隙的发育为水进入坡体内部提供了良好的通道，导致边坡干湿循环的范围进一步加大，进一步加剧了岩体强度的衰减，在边坡局部软弱带表层发生剪切破坏，当局部破坏位置越多，最后导致边坡的完全破坏。膨胀岩边坡浅表层病害主要包括剥落、溜塌、局部溜塌及冲蚀等；深层病害主要包括坍塌(塌滑)、滑坡等[6]。

膨胀岩路堑边坡的破坏过程见图 6-12。

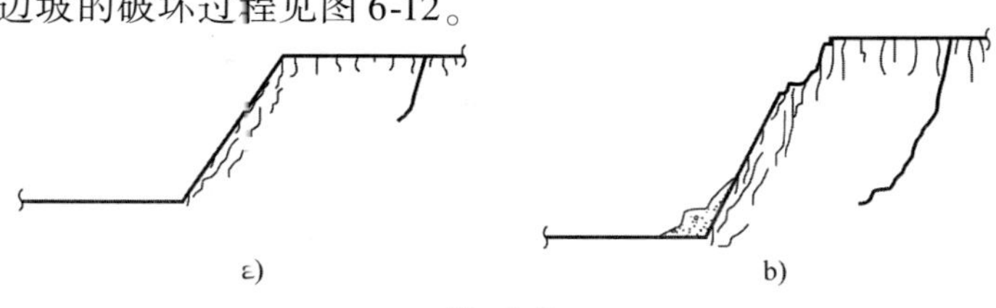

图 6-12

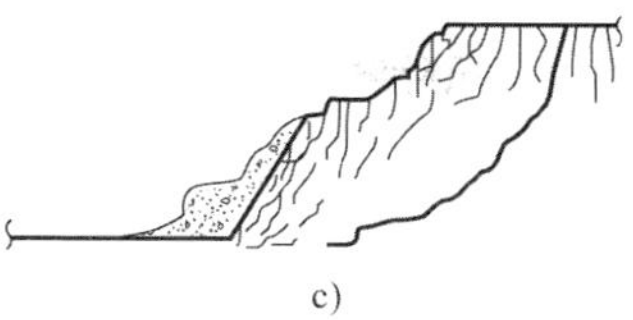
c)

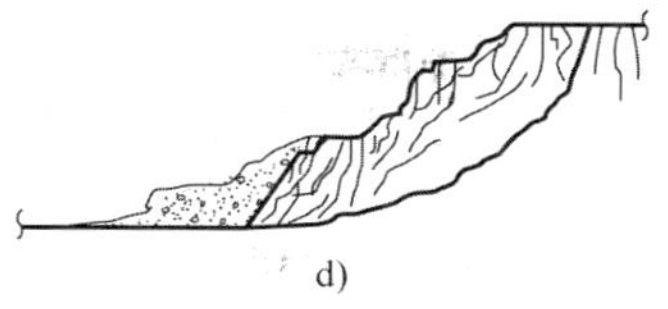
d)

图 6-12 膨胀岩边坡破坏模式[6]

膨胀岩边坡工程病害主要是由其胀缩特性造成的,膨胀产生的膨胀压力往往导致支护结构开裂失效,见图 6-13,在支护结构设计中必须充分考虑膨胀力的影响。

a)南昆线K119+750～K119+875右侧路堑滑坡

b)南昆线K132+700～K132+785路堑边坡溜坍

图 6-13 膨胀岩边坡破坏

(2)炭质页岩

炭质页岩具有明显的薄层状构造,岩质脆、岩性软,节理发育,含伊利石、高岭石等亲水矿物,与水作用易软化崩解而丧失稳定性,易形成滑坡[7]。

路堑边坡开挖初期,炭质页岩尚具有较好的力学性能,边坡会短暂处于稳定状态。但如不及时封闭,开挖扰动边坡岩体,在雨水作用下,会产生软化、崩解,进而发生崩坍和滑坡等失稳破坏现象,见图 6-14。

张宗战[8]通过崩解试验发现,炭质页岩崩解破坏过程主要包括两个方面,首先岩体裂隙持续扩展,炭质页岩中的黏土矿物吸水后黏结力变弱,细小裂隙直径渐渐增大;然后岩体裂隙全部贯通,岩体中细小裂隙逐渐增大到连续贯通,并发生大块崩解。水从细小裂缝通道进入后,被内部亲水性物质吸收,进而在岩体内产生不均匀膨胀及不均匀应力,是炭质页岩崩解破坏的根本原因。

图 6-14 黔桂铁路炭质页岩塌滑

(3)红层泥岩

红层泥岩是指红色陆相沉积的泥岩、泥质砂岩,在我国广泛分布。红层泥岩具有水平层理,节理裂隙发育,具有易崩解、易风化、遇水易软化的显著特点,开挖边坡易出现剥落、冲蚀、坍塌甚至滑坡现象。

红层泥岩以及砂、泥岩互层的边坡,其破坏模式主要有剥落、冲蚀、坍塌、滑坡四种类型(图 6-15),由于边坡岩体特性及环境的复杂和多样,边坡破坏形式并非都是单一的,一般为一种或多种破坏形式的组合。

a)剥落　b)冲蚀　c)坍塌　d)滑坡[9]

图 6-15　红层泥岩边坡破坏

泥岩边坡剥落,是由其岩石特性决定的。泥岩边坡表层岩体或由于温度和湿度的变化,或由于应力的松弛作用,破坏了岩石结构而出现的碎裂解体形成岩屑或小岩块的现象,在泥质易风化岩体中表现较为显著。

泥岩边坡表层土体在降雨及其形成的坡面水流作用下,易产生坡面冲刷或坡面冲蚀现象,严重冲蚀则会引起边坡局部坍塌或滑坡。

泥岩边坡,因裂隙发育,在持续降雨条件下,裂隙水压不断加大,可能导致局部边坡沿水平层理滑移。此外,上覆堆积层在重力、雨水、外荷载或其他因素作用下,可能产生沿基岩面的滑动。

6.3 软质岩边坡设计对策

6.3.1 设计原则

1)一般软质岩边坡设计原则

一般软质岩边坡设计应遵循以下设计原则:分层稳定原则、固脚强腰原则、坡面防冲蚀原则。固脚即稳固坡脚,常用的措施包括路堑挡墙、抗滑桩、锚索桩、桩间土钉墙、桩板墙等。强腰措施包括锚索、锚杆、预应力锚索等。软质岩一般易风化、剥落,雨水冲蚀易引起坍塌,需设置防冲蚀的坡面防护措施。

软质岩路堑边坡分层开挖高度一般以 8 ~10m 为宜,对道路工程中一般软质岩而言,可根据软岩种类、特征、风化破碎程度以及边坡高度等因素确定。

在施工时应注意,因为软质岩具有初期变形增长快、强度降低快等特点,直接开挖会使软质岩边坡产生过大变形,使强度本已很低的软质岩中的裂隙发生扩容,力学性质恶化;此外边坡开挖以后如果不及时挡护,还会使软质岩直接暴露在大气中,空气中的水汽和施工用水沿裂隙浸入边坡内部,对边坡稳定产生不利影响。因此施工时应遵循"快速封闭、快速支护"的原则,避免软质岩边坡开挖后,因封闭不及时造成风化剥落,进而导致边坡失稳。

对高度大于 20m 的深路堑高边坡,尤其是 30m 以上的边坡,南昆铁路在最初的设计中大量采用了上护下挡的支护形式,路堑边坡下部采用 12 ~ 15m 高的挡墙,但是多数工点出现边坡滑塌等病害。主要原因在于软质岩节理发育,风化严重,在路堑边坡开挖过程中,常难以保持边坡自身的临时稳定而出现塌滑。尤其是在高度机械化施工的情况下,深路堑拉槽的开挖很快,但后续支挡防护工序间隔大,软质岩边坡开挖后暴露时间长,边坡的临时稳定受各种因素的影响尤为突出。为解决软质岩深路堑边坡加固问题,中铁二院以南昆铁路广西田林县 DK311 为试验工点,开展了软弱岩质路堑高边坡防护支挡技术的试验研究,提出"分层开挖、分层稳定、坡脚预加固"的设计观念[10-14]。

当坡面陡峭时,则采用桩墙复合结构,降低整个边坡高度,减少边坡开挖。下部设桩墙复合支挡、上部设浆砌片石护墙或护坡,根据需要可调整下部桩墙复合支挡的高度,桩间可采用土钉墙,还可以采用锚索桩进一步调整桩墙复合支挡的高度。地形陡峻地段采用桩墙复合支挡 + 一级浆砌片石护坡,避免出现挖方高边坡,工程实施效果好。

为了更好地指导施工,中铁二院还针对陡峻地段"桩墙复合支挡 + 一级浆砌片石护坡",见图 6-16,提出施工步骤、工艺及技术要求,被誉为"九步工法"。

软质岩高边坡"桩墙复合支挡 + 一级浆砌片石护坡"的施工步骤如下:

(1)施作路堑顶部截水沟。

(2)开挖墙顶以上土石方。

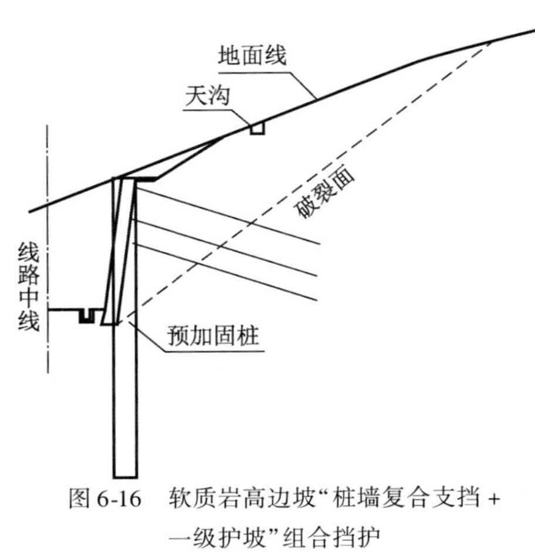

图 6-16　软质岩高边坡“桩墙复合支挡 + 一级护坡”组合挡护

(3)砌筑上部护墙或护坡。

(4)开挖第一批锚固桩桩井(必须隔桩开挖)。

(5)灌筑第一批锚固桩混凝土。

(6)开挖第二批锚固桩桩井,灌筑桩身混凝土。

(7)灌筑第二批锚固桩混凝土。

(8)开挖桩前土石方。

(9)砌筑桩间挡土墙。

软质岩高边坡“九步工法”应用效果明显,其成果已纳入现行《铁路路基设计规范》(TB 10001)。

2)顺层软质岩边坡设计原则

顺层地段路基工程的突出问题是路堑切坡引起顺层滑塌。顺层软质岩边坡的处置措施应综合考虑岩层走向与线路夹角、岩层倾角及岩层与层间填充物的力学性质,以及岩土节理发育程度等因素。顺层软质岩边坡开挖后形成的临空面,应及时施作防护措施,以免软岩进一步风化产生大规模滑塌。

当岩层倾向线路,岩层走向与线路方向的夹角≤45°时,视倾角 10° ~45°,应按顺层计算下滑力、设计横断面形式和支挡加固措施;当岩层走向与线路方向的夹角 >45°时,按一般软质岩路堑边坡处理。

顺层路堑边坡设计时应根据不同岩组组合、滑动边界条件等,采用反算、试验、工程地质类比法综合分析确定层面物理力学参数。边坡设计时可按下述原则考虑[15]:

(1)采取顺层清方的措施,应按弹性板或弹性梁理论进行顺层边坡稳定性分析。当顺层清方斜坡较长,宜采用分级清方;当岩层较薄、层间结合较差或其下有软弱层面,则采用锚杆加固边坡。

(2)顺层清方量大或边坡太高、不具备刷方条件时,应按顺层下滑力及土压力中不利者选用预加固桩、预应力锚索、锚杆、挡土墙等支挡工程加固。

顺层边坡施工时切忌切脚,同时严禁大爆破施工作业,以免爆破产生的冲击应力对边坡产生冲击,使岩体产生松动,破坏边坡原有的完整性,最终导致边坡失稳。

3)特殊软质岩边坡设计原则

(1)膨胀岩边坡设计原则

对于膨胀岩,由于其具有膨胀性、碎裂性和低强度等特性,一般应按照“缓边坡、大平台、矮挡墙、深基础”的原则进行设计。但是在实际铁路建设中,甚至出现过坡率已小于 1:6,仍然在边坡中部出现隆起开裂的现象,因此还应遵循“加大支挡结构的抗滑力度、加强边坡排水设计”这一原则。《铁路特殊路基设计规范》(TB 10035—2018)[16]给出了膨胀岩路堑边坡坡率和平台宽度建议值,见表 6-2。

膨胀岩路堑边坡坡率和平台宽度 表6-2

边坡高度(m)	边坡坡率			边坡平台宽度(m)			侧沟平台宽度(m)		
	路堑边坡膨胀岩性质								
	弱	中	强	弱	中	强	弱	中	强
<6	1:1.5	1:1.5~1:1.75	1:1.75~1:2.0	可不设			1.0	1.0~2.0	2.0
6~10	1:1.75	1:1.75~1:2.0	1:2.0~1:2.5	≥2.0	≥3.0	≥3.0	1.5~2.0	2.0	≥2.0

施工顺序如下:路堑开工前先做好天沟,施工中及时了解气候变化情况,做好临时排水工作。在漫长的旱季中也会降雨,因此在路堑开挖前先做好天沟可以使降雨迅速排走,减少入渗和冲刷新开挖未支护的坡面,也能减少雨水向路堑中汇积浸泡坡脚。施工中及时了解气候变化情况,做好临时排水工作,就可以最大限度地减小降雨对路堑稳定性的影响,确保施工过程中的安全。

路堑边坡坡面防护措施主要依据边坡高度、膨胀潜势等级、环境因素等,以非全封闭或柔性封闭的类型为宜,如框架护坡、骨架护坡、草皮护坡、干砌片石护坡、锚杆框架梁等。骨架护坡宜选择小骨架,减小膨胀岩对边坡影响。

(2)炭质页岩等软岩设计原则

针对炭质页岩等极易风化而丧失强度的软岩路堑边坡,除了遵循一般软质岩的设计原则,还应放缓边坡,及时对坡面封闭处理,做好边坡防排水设施,采用桩、锚索等措施对边坡进行加固。

①放缓边坡。

在条件允许的情况下,应尽可能减小路堑边坡坡率,增加边坡稳定性。

②开挖后及时封闭。

路堑边坡开挖后,坡面应及时进行全方位的浆砌片石封闭处理,避免岩层进一步风化导致岩层强度降低。

③做好防排水设计。

水是导致炭质页岩边坡失稳最重要的因素,因此必须做好边坡防排水设计,加快排水速度,防止雨水冲刷和下渗。具体措施包括在堑顶设置天沟、各级边坡平台截水沟等,每级开挖完成后应在坡底设置深层排水孔,保证岩体水理性质处于长期稳定状态。

④坡脚加固防护。

坡脚可采用抗滑桩、挡墙等措施支护,具体内容可参考一般软质岩边坡设计原则。

6.3.2 设计方法

赤平投影法是软质岩边坡稳定性分析的一个重要方法,可以确定边坡上结构面和边坡临空面空间组合关系,确定不稳定结构体的可能变形位移方向,初步作出边坡稳定性评价。

具体分析方法见第3.3节。

对于不同的破坏模式,存在不同的滑动面形式,需要采用不同的稳定分析方法及计算公式来分析边坡稳定状态。常见计算方法包括直线破坏计算法、圆弧破坏计算法、折线破坏计算法。具体计算方法见第3.4节。

作用在抗滑桩上的荷载,根据边坡稳定状态可分为预加固时的桩后主动土压力与滑坡形态时的滑坡推力,取其不利者作为计算荷载。滑坡推力根据边坡破坏模式,分别按单一滑面、圆弧滑面、折线滑面进行计算。具体计算方法见第3章。

桩板墙、桩间挡土墙等支挡结构能有效阻止软质岩边坡由于坡脚失稳而发生病害,但这类工程不能避免自桩顶以上边坡的塌滑。因此,软质岩边坡高度较大时,还应对边坡进行分级检算,计算每级滑面的稳定系数,防止边坡发生越顶破坏。当稳定系数不满足要求时,在边坡中部设置锚索锚杆等进行加固。

对于膨胀岩堑坡,还应考虑膨胀力的作用。由于不同深度处的风化影响不同,膨胀力作用规律由表及里也不同。在进行表层稳定性及整体稳定性分析时,应充分考虑膨胀力的作用,在选用岩体参数、指标时,考虑大气影响层,尤其是急剧影响层的指标折减,根据现场情况通过试验确定适合于膨胀岩特性的正确施工方法与季节养护维修。中铁二院根据云桂线膨胀土现场试验资料,提出了膨胀土边坡支挡结构设计中墙背侧向土压力的测算方法,包括以下步骤:

(1)通过现场或室内试验,确定膨胀土的最大膨胀力 p_2,单位 kPa;通过现场调查实测或相关技术标准,确定工程所在地区膨胀土的剧烈大气影响深度 l,单位 m。

(2)通过以下公式确定膨胀土中支挡结构墙背承受的土压力 P 为:

$$P=\begin{cases}k_1p_1+k_2p_2 & (0\leqslant l\leqslant l_{\max})\\ k_1p_1 & (l>l_{\max})\end{cases} \tag{6-1}$$

式中:P——膨胀土边坡挡墙设计中作用在墙背上的土压力(kPa);

p_1——库仑土压力(kPa);

k_1——库仑土压力修正系数,一般取1.2~1.5;

p_2——膨胀压力(kPa);

k_2——膨胀压力修正系数,具体取值与墙体和膨胀土边坡间的减胀层设置有关,若无减胀层,则 $k_2=1.0$;

$l_{\max}$——大气影响深度最大值(m),一般可取3~5m。

6.3.3 工程措施

(1)支挡工程

软质岩路堑边坡常用的坡脚预加固措施包括重力式路堑挡土墙、土钉墙、桩板式挡土墙、抗滑桩、预应力锚索、锚杆挡土墙(图6-17)等结构形式。

(2)边坡防护

软质岩路堑边坡坡面防护措施主要依据边坡高度、环境因素等确定,主要包括植物防护、骨架防护、实体护坡(墙)、锚杆(索)框架梁护坡、喷射混凝土(砂浆)护坡(图 6-18)等。植物防护与框架梁等防护工程一起施工,可以提高边坡长期稳定,同时起到美化周边环境的目的。

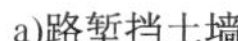
a)路堑挡土墙

b)锚索桩

c)桩间挡土墙

图 6-17 常见的边坡支挡工程

对膨胀岩边坡,为了减小边坡湿胀和干缩的影响,坡面不宜采用浆砌片石全封闭的护坡结构,而应采用骨架护坡、锚杆框架梁、支撑渗沟、三维柔性减胀生态护坡(图 6-19)等防护措施。《铁路特殊路基设计规范》(TB 10035—2018)[16]规定了不同边坡高度时膨胀岩路堑边坡防护措施,见表 6-3。

a)人字形截水骨架

b)方格形截水骨架

图 6-18

c)锚杆框架梁护坡

d)空窗式护墙

图 6-18　常见的边坡防护措施

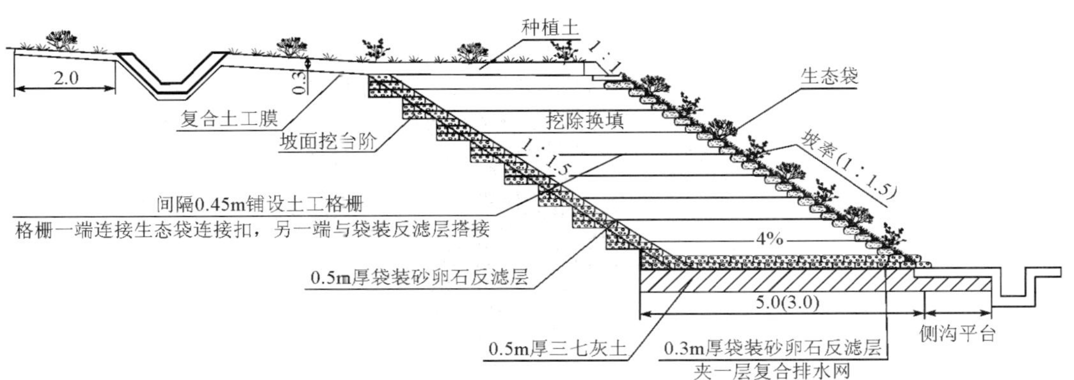

a)示意图

b)现场照片

图 6-19　三维柔性减胀生态护坡

膨胀岩路堑边坡坡面防护措施

表 6-3

边坡高度(m)	膨胀岩类别		
	弱	中	强
≤3	土工网垫客土植生防护	空心砖内客土植生防护	支撑渗沟、空心砖内客土植生防护
>3	截水骨架内植物防护、截水骨架内空心砖客土植生防护、锚杆框架梁内植物防护、支撑渗沟加截水骨架内植物防护、护墙	截水骨架内空心砖客土植生防护、支撑渗沟加截水骨架内植物防护、锚杆框架梁内植物防护、柔性防护	支撑渗沟加截水骨架内植物防护、锚杆框架梁内空心砖客土植生防护、柔性防护

对炭质页岩等极易风化的软岩,则应对边坡用浆砌片石等措施进行全封闭处理,避免水侵入边坡。

(3)防排水系统

水是影响软质岩边坡稳定的重要因素,因此在路堑边坡设计中,排水系统是非常重要的一环,往往决定工程的成败。设计中加强防排水措施,尽可能避免地表水渗入坡体,尽快将地表水及坡体内地下水迅速排走。对软质岩顺层边坡,应减少边坡的暴露面,对边坡坡面应及时采取护坡、护墙封闭;对节理裂隙发育的,硬质岩顺层边坡,也应采取封闭措施,避免雨水渗入坡体。当地下水发育、边坡渗水严重或岩体节理裂隙发育具有地表水下渗条件时,应在边坡设置仰斜排水孔。地表排水措施包括天沟及排水沟,地下排水措施包括支撑盲沟、渗水井、渗水暗沟及卸水隧洞等。图 6-20 给出了完整的路堑边坡排水设计图。

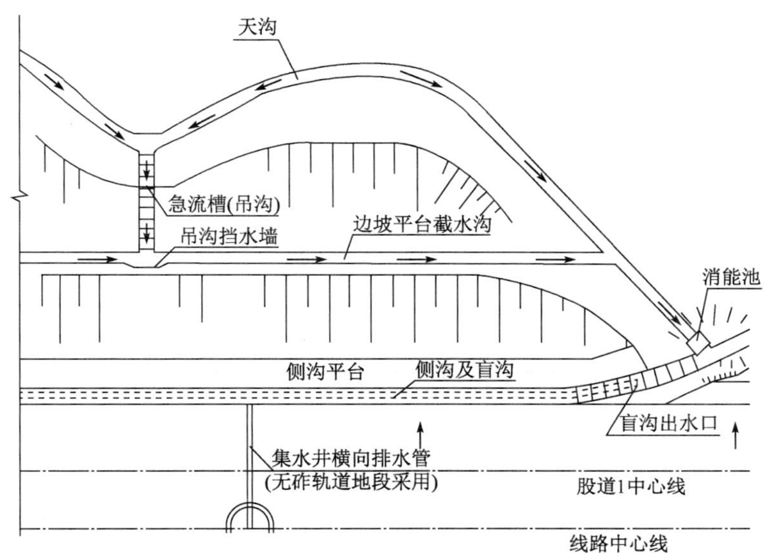

图 6-20　路堑边坡排水系统图

6.3.4 软质岩边坡特性和设计对策

表6-4给出不同类型软质岩边坡的主要特征、影响边坡稳定的主要因素、可能的主要破坏形式,并提出对应的设计对策。

软质岩边坡特性和设计对策 表6-4

边坡类型	主要特征	影响稳定的主要因素	可能的主要破坏形式	设计对策
一般软质岩边坡	边坡岩体破碎、节理发育、风化严重	风化作用、水的活动、节理裂隙、岩体结构面、岩体产状、坡高与坡角、地形地貌、地质构造、震动、地应力、人类工程活动等	(1)风化块状结构软岩直线破坏; (2)均质软岩中,以及风化严重、节理发育、结构松散的碎裂或散体结构软岩中圆弧破坏; (3)坍塌和剥落	分层开挖、分层稳定、坡脚预加固
顺层软质岩边坡	岩性软弱,薄层状,岩层平直、光滑,层间结合性较差,易于风化	(1)岩层的走向、夹角大小、坡角与结构倾角组合关系; (2)结构面的发育程度及强度	整体滑移破坏	(1)防排水; (2)清方; (3)坡脚采用抗滑挡墙、抗滑桩等支挡结构加固
特殊软质岩边坡	膨胀岩、炭质页岩遇水极易失去强度; 红层泥岩透水性弱,亲水性强,遇水易软化,失水易崩解,强度低	(1)坡体含水情况; (2)岩体性质	(1)滑坡; (2)坍塌	(1)放缓边坡; (2)防排水; (3)坡脚设支挡结构,加强边坡防护

6.4 软质岩边坡工程案例

案例3 软质岩高边坡——“分层开挖+分层稳定+坡脚预加固”

(1)工程概况

以南涪铁路鸭江车站深路堑路基工点为例,工程位于鸭江车站出站端DK82+271~DK82+455左侧,全长184m。本段路基位于李家坡大桥与鹿羊湾大桥之间,线路以挖方通过,地面高程250~350m,相对高差30~100m,植被较发育,坡面多为林地,小部辟为旱地及鱼塘。在沟槽附近分布有土层,丘坡基岩大部分裸露。交通较方便。

段内上覆第四系全新统滑坡堆积层,坡洪积层及坡残积地层,下伏基岩为页岩、泥岩夹砂岩,节理发育,泥岩、页岩质软易风化,遇水易软化、崩解。全风化层厚0~4m,强风化层多厚2~6m,局部可达6~10m。所夹砂岩全风化带一般厚0~3m,强风化带一般厚0~4m。线路左侧深路堑工点主要特点为软质岩地段超高路堑边坡。

边坡岩土参数如下：

〈1〉粉质黏土：$\gamma = 19.5\text{kN/m}^3$，$c = 16\text{kPa}$，$\varphi = 35°$。

〈2〉页岩、泥岩夹砂岩（强风化）：$\gamma = 21\text{kN/m}^3$，$\varphi = 38°$，$[\sigma] = 300\text{kPa}$。

〈3〉页岩、泥岩夹砂岩（弱风化）：$\gamma = 25.7\text{kN/m}^3$，$\varphi = 50°$，$[\sigma] = 500\text{kPa}$。

（2）稳定性分析

该边坡为岩质边坡，采用稳定坡率开挖，选取代表性断面进行稳定性分析，见图6-21。边坡稳定系数4.9，满足规范要求。

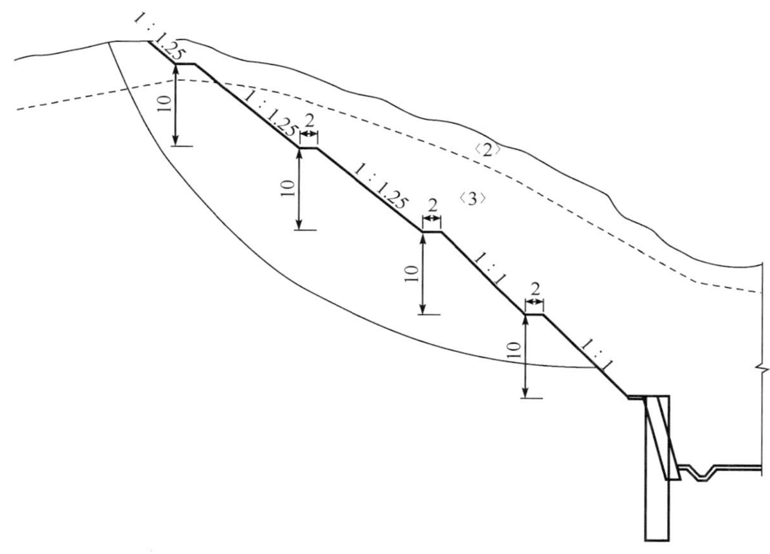

图6-21 断面边坡稳定性验算图（尺寸单位：m）

但是由于本处为节理发育的软岩地段超高路堑边坡，参考南昆铁路的工程经验，不能按照常规的直接开挖措施，而应采用“分层开挖、分层稳定、坡脚预加固”的方案，具体措施如下：

①DK82+271～DK82+290左侧，长19m，设重力式路堑挡土墙，最大墙高4m，起点墙高3m，DK82+290～DK82+326左侧，长36m，设重力式路堑挡土墙，最大墙高7m，起点墙高4m，挡土墙墙身采用C25片石混凝土浇筑。

②DK82+326～DK82+428左侧，长102m，设桩间路堑墙，最大墙高10m。挡土墙墙身采用C25片石混凝土浇筑。墙顶平台采用厚0.3m的M7.5浆砌片石封闭。锚固桩共18根，桩长12～17.5m，桩间距6.0m，桩靠线路侧到线路中心的距离均为12.0m。锚固桩桩身采用C30混凝土浇筑。

③DK82+428～DK82+455左侧，长27m，设重力式路堑挡土墙，最大墙高7m，墙身采用C25片石混凝土浇筑。

④DK82+271～DK82+320左侧，长49m，路堑墙墙顶边坡设置人字形截水骨架护坡防护；DK82+320～DK82+455左侧，长135m，墙顶一级边坡坡面采用锚杆框架梁护坡防护，锚

杆长 8.0m；由于边坡高度高，为了防止墙顶上部边坡中部鼓胀破坏，第二、三级边坡坡面采用锚索框架梁护坡防护，框架内均采用喷混植生护坡防护；第四、五级边坡坡面设置人字形截水骨架护坡防护。

该车站深路堑工程措施代表性断面如图 6-22 所示，工点路基于 2010 年底施工完毕，治理工程取得了良好效果，如图 6-23 所示。

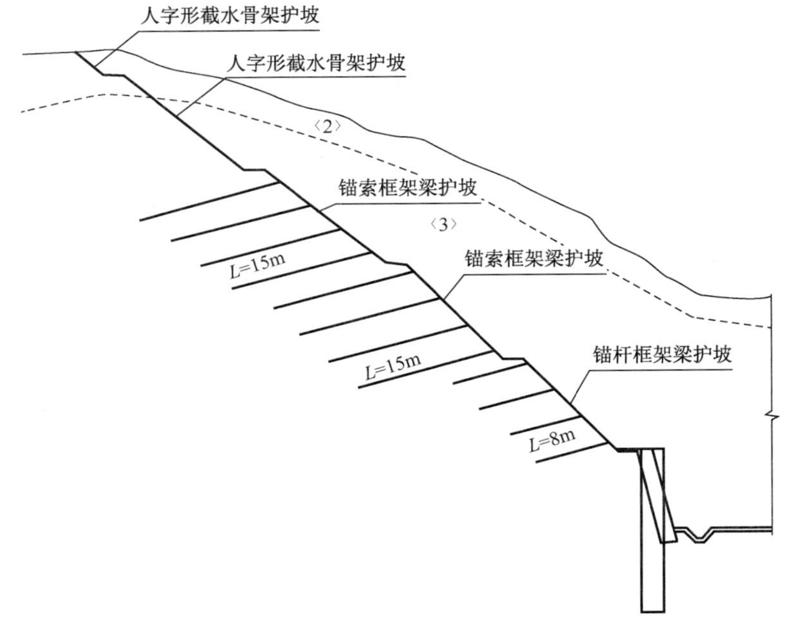

图 6-22　南涪铁路鸭江车站深路堑路基工点路基横断面

图 6-23　某铁路车站深路堑路基工点治理效果图

案例 4　膨胀岩路堑高边坡——“分级加固 + 固脚强腰”

（1）工程概况

以云桂铁路百色车站进站端工程为例，中心最大挖深约 20m，边坡最大挖方深度 38m。自然坡角 10° ~ 30°，表层覆盖 3 ~ 9m 厚第四系残积（Q_4^{el}）膨胀土，下伏基岩为下第三系中统那读组($E_{2\text{-}3n}$)泥岩夹泥质粉砂岩、褐煤,如图6-24。

泥岩为泥质胶结,弱至中等胶结,质软,易崩解;具吸水膨胀软化失水急剧收缩硬裂两种往复变形特征。根据对测段下第三系中统那读组($E_{2\text{-}3n}$)岩样试验数据进行统计,其物理力学指标标准值为:天然饱和抗压强度4.85MPa,块体密度2.32g/cm^3,颗粒密度2.69g/cm^3,含水率6.62%,自由膨胀率29.86%,膨胀力240.05kPa。膨胀力最大值1192kPa;最小值130kPa,本段自由膨胀率具有离散不均质性,局部具有强膨胀性。

图6-24　膨胀岩边坡

边坡岩土参数如下:

〈1〉膨胀土(Q_4^{el}):$\gamma=19\text{kN/m}^3$,$c=25\text{kPa}$,$\varphi=13°$,$[\sigma]=150\text{kPa}$,具有中至强膨胀性。

〈2〉泥岩夹泥质粉砂岩、褐煤(全风化)($E_{2\text{-}3n}$):$\gamma=20\text{kN/m}^3$,$c=15\text{kPa}$,$\varphi=16°$,$[\sigma]=200\text{kPa}$,具有中至强膨胀性。

〈3〉泥岩夹泥质粉砂岩、褐煤(强风化)($E_{2\text{-}3n}$):$\gamma=22\text{kN/m}^3$,$c=0\text{kPa}$,$\varphi=18°$,$[\sigma]=300\text{kPa}$,具有弱膨胀性。

〈4〉泥岩夹泥质粉砂岩、褐煤(中风化)($E_{2\text{-}3n}$):$\gamma=23\text{kN/m}^3$,$c=0\text{kPa}$,$\varphi=20°$,$[\sigma]=350\text{kPa}$,具有弱膨胀性。

(2)稳定性分析

膨胀岩边坡易发生塌滑。采用圆弧法进行稳定验算,稳定性分析设计验算示意图见图6-25。各滑动面的稳定系数及下滑力见表6-5。

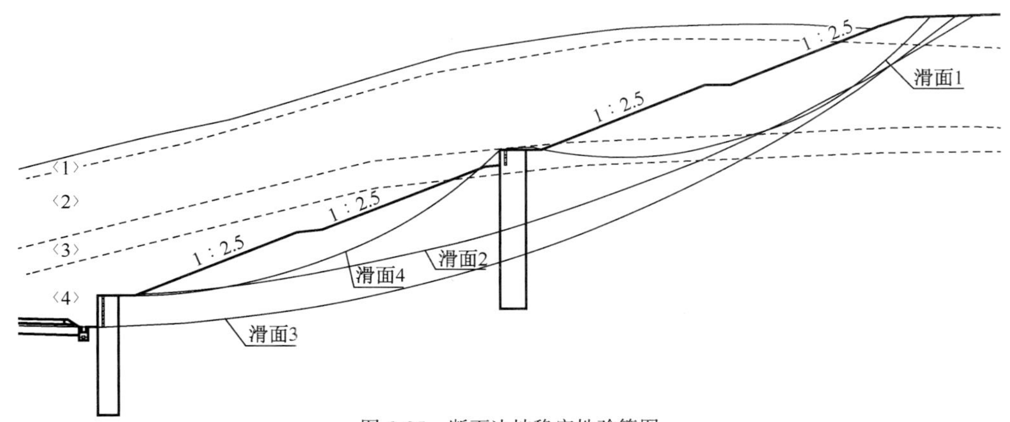

图6-25　断面边坡稳定性验算图

各滑动面稳定系数及下滑力　表6-5

项目	滑动面1	滑动面2	滑动面3	滑动面4
稳定系数	1.2	1.13	1.11	1.03
下滑力(kN)	3	496	626	133

(3)工程措施

由稳定性计算可知,开挖后未施作支挡情况下,边坡处于不稳定状态,工程措施见图6-26,防护措施如下:

①路堑坡脚设一排桩板墙防护,共30根,桩截面尺寸在1.5m×2.0m~1.75m×2.5m之间,桩间距6m,桩长11~14m;墙顶以上第二级边坡平台处设一排预加固桩,共14根,桩截面尺寸在1.5m×2.0m~1.75m×2.5m之间,桩间距6m,桩长12~20m。

②第一级路堑边坡采用锚索框架梁防护,节点间距4.0m,锚索采用一孔4束,锚索钻孔直径为115mm,与水平面的下倾角为20°。每孔锚索设计锚固段长10m,张拉段为1.5m。框架梁内采用喷混植生防护。第二~四级路堑边坡采用锚杆框架梁防护,节点间距2m,锚杆长8~10m,与水平方向的夹角为25°。框架梁内采用灌草护坡防护。

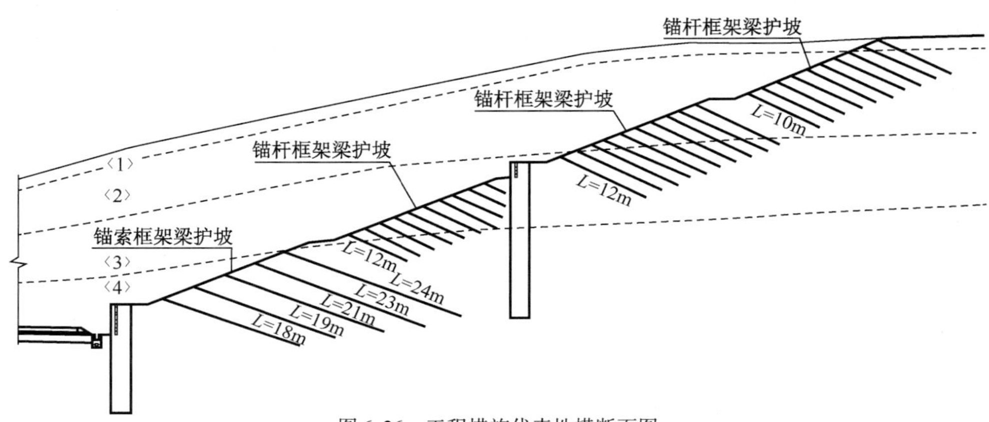

图6-26 工程措施代表性横断面图

图6-27 百色进站端膨胀岩施工效果

施工顺序为:施作地表截排水沟、天沟→自上而下分层开挖,分级施作坡面防护→开挖至桩顶高程时施工预加固桩→分段开挖,施作桩间挡土板或分幅一次性浇筑挡墙。

施工注意事项如下:

①施工前应施作好地面排水系统,尽量避免雨季施工。

②路堑开挖过程中,应从两端向中间开挖,并保持开挖路堑段中间高、两端低以利于排水,设置开挖场地的临时排水设施,确保开挖中路堑长期不积水。

工程实施效果良好,见图6-27。

案例5 炭质泥岩边坡——“固脚强腰+坡面封闭”

(1)工程概况

以黔桂铁路DK365路堑工程为例,局部深挖11m。该区属剥蚀残丘地貌,横坡平缓,丘间沟槽平缓开阔,多有地表径流分布,径流量季节性变化较大,槽内均垦为水田;丘顶浑圆,横坡角度为10°~30°,相对高差20~40m,坡面植被稀疏,多垦为旱地或果园,公路边坡出露有炭质页岩、页岩,坡率接近1:1,见图6-28,桥址处交通便利。

图6-28 炭质页岩

上覆坡洪积淤泥、碎石土、粉质黏土,坡残积粉质黏土,下伏泥盆系中统东岗岭阶罗富段(D_2^{d2})页岩、炭质页岩及泥质灰岩、灰岩。

炭质页岩、泥灰岩(D_2^{d2}):灰黑色、黑色,薄层状、鳞片状,质软,炭质页岩呈黑色,易污手,具页理,弱风化带岩心呈柱状,曝晒后易散碎,轻击易沿层理面断裂,泥灰岩较易散碎,遇盐酸起泡后残余泥质。全风化带岩心呈土状,强风化带岩芯呈块状、角砾状,弱风化带岩芯呈完整柱状。

(2)稳定性分析

炭质页岩边坡开挖后,坡面吸水使得炭质页岩膨胀、崩解而引起坡面溜塌。同时雨水沿岩层裂缝下渗使得岩层大面积膨胀、崩解而引起边坡整体失稳下滑。采用圆弧法对炭质页岩边坡进行稳定性分析,验算模型见图6-29。计算得到最小稳定系数0.50,不满足要求,需要进行工程加固。

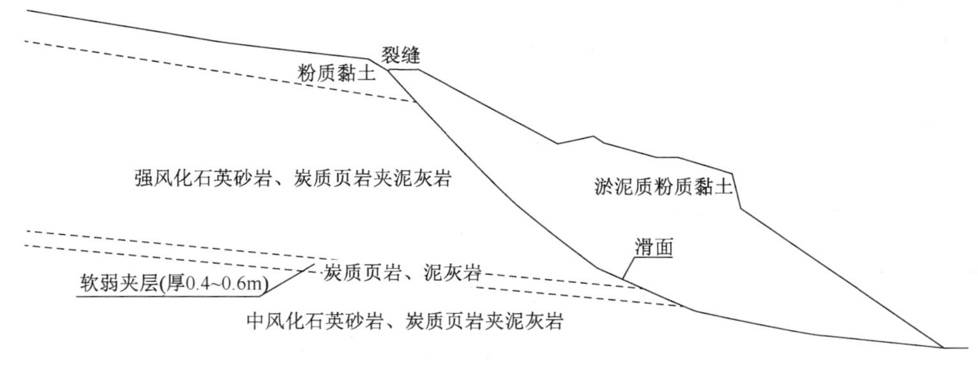

图6-29 断面边坡稳定性验算图

(3)工程措施

根据炭质页岩的工程特性,应针对性地采取稳固坡脚+封闭坡面+坡面深层加固的工程措施,见图6-30,具体防护措施如下:

①设置重力式挡土墙。

②路堑一级边坡与二级边坡平台处设置预加固锚固桩，桩间距6～7m，共14根，最大桩长19.0m。

③挡墙以上边坡自下而上第一级边坡及第二级边坡坡面采用锚杆框架梁进行加固，自下而上第一级坡面锚杆长10m，第二级坡面锚杆长8m，锚杆节点间距均为3.0m，锚杆下倾方向与水平面夹角为20°。

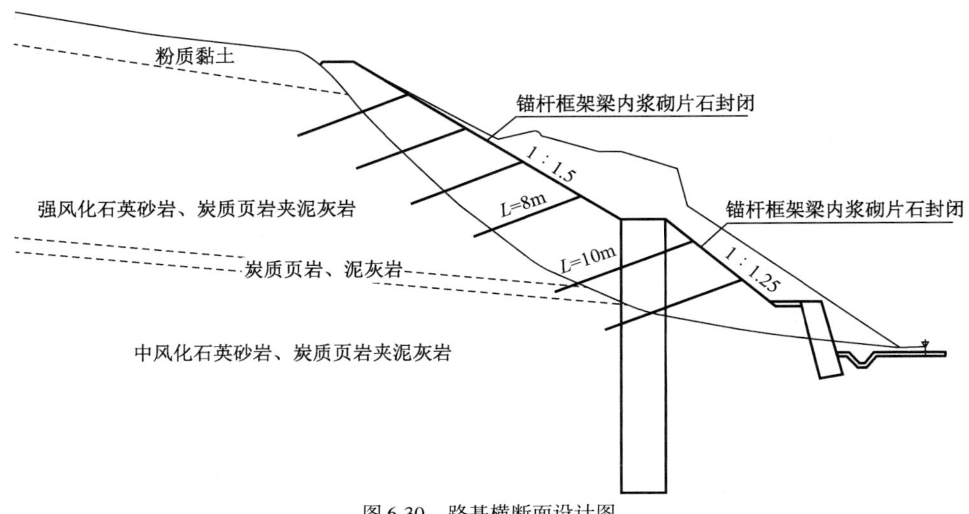

图6-30　路基横断面设计图

炭质页岩强度较低，遇水易崩解，因此要求边坡施工选在旱季进行，施工顺序遵循由上至下的原则，分层开挖，分层边防护。

案例6　顺层软质岩边坡——锚固桩“阻滑”

(1)工程概况

以渝涪二线YDK56+106～YDK56+214.5段顺层路基工点为例，工程位于御临河隧道出口，路基以挖方通过，最大中心挖深为18.84m。本段属低山河谷丘陵地貌，自然坡角较大；地面高程160～320m，斜坡上基岩大部分裸露。

覆盖层为第四系全新统人工堆积层(Q_4^{ml})、冲洪积层(Q_4^{al+pl})、坡洪积(Q_4^{dl+pl})、坡残积(Q_4^{dl+el})；下伏基岩为侏罗系中统上沙溪庙组(J_2s)、下沙溪庙组(J_2xs)、新田沟组(J_2x)、中下统自流井组($J_{1\text{-}2}z$)。

场区地层为单斜构造，其层理产状为：N17°～50°E/30°～60°S。泥岩中多以风化节理为主，节理不发育。砂岩中卸荷节理发育，代表性节理主要有两组：N45°～60°W/81°～90°N、N20°～41°E/47°～73°N。

岩层走向与线路夹角小于30°，倾向线路方向及坡下，岩层倾角29°～41°，线路左侧边坡挖方顺层，对路基边坡稳定性影响较大。顺层层面参数：泥岩夹砂岩层间$\varphi_{综}=16°$，砂岩层间$\varphi_{综}=20°$。

(2)稳定性分析

左侧路堑边坡按顺层边坡设计,顺层边坡,开挖易引起顺层塌滑。选取代表性断面(图6-31)计算其稳定系数及下滑推力。

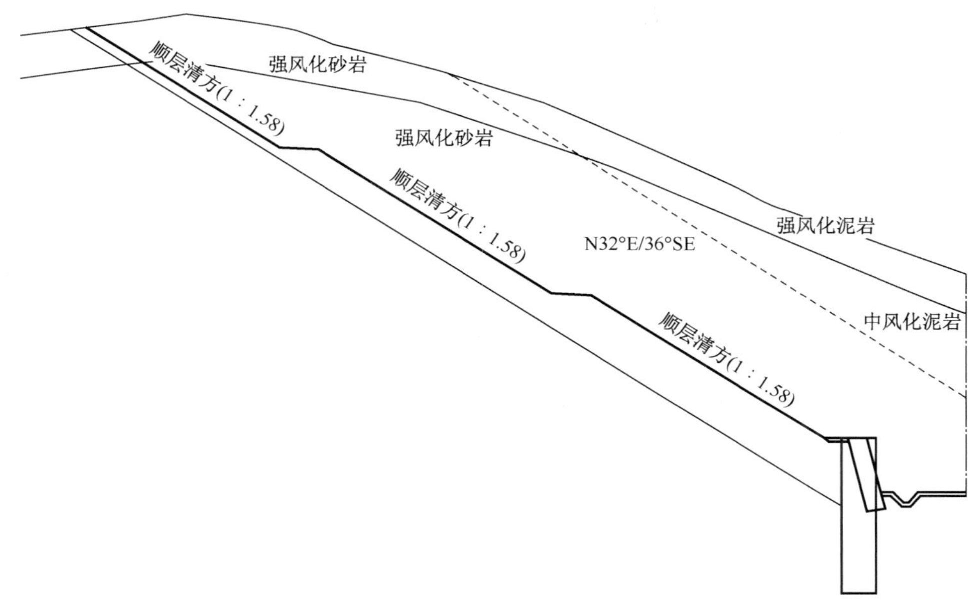

图6-31　断面边坡稳定性验算图

按设计边坡线开挖后未施作支挡的情况下,边坡稳定系数及下滑力见表6-6。

各断面稳定系数及下滑力计算表　　表6-6

断面里程	稳定系数	设计安全系数为1.10时的顺层推力(kN)
YDK56+120	0.39	849
YDK56+150	0.39	887
YDK56+180	0.50	753
YDK56+200	0.50	511

由计算可知,开挖后未施作支挡情况下,边坡稳定系数为0.3~0.5,边坡处于不稳定状态;在设计安全系数1.1的情况下,下滑水平推力为511~887kN。

(3)工程措施

如图6-31所示,线路左侧路堑坡脚设锚固桩,桩间距6.0m,共设置18根;桩截面尺寸为1.75m×2.75m、1.5m×2.5m,桩长10.5~13m。桩间设置重力式路堑挡土墙,墙高5~6m;墙顶以上边坡设置锚杆框架梁内喷混植生护坡或喷混植生护坡。

设计方案实施后,工程得以顺利实施。工程实施效果良好,见图6-32。

图6-32　施工完成后效果

案例7 红层泥岩边坡——“阻滑+防塌+抗蚀”

(1)工程概况

以遂渝铁路增建二线某路堑边坡为例,线路挖方通过,中心最大挖深14.1m,边坡最大挖深42.8m。区段位于丘坡地段,山坡上覆第四系全新统坡残积(Q_4^{dl+el})粉质黏土,下伏基岩为侏罗系上统遂宁组(J_3s)泥岩夹砂岩。该段地震动峰值加速度小于0.05g,地震动反应谱特征周期为0.35s。环境水对混凝土结构无侵蚀。

边坡岩土参数如下:

〈1〉粉质黏土(Q_4^{dl+el}):$\gamma=19.5kN/m^3$,$c=25kPa$,$\varphi=15°$,$[\sigma]=180kPa$。

〈2〉泥岩夹砂岩(全风化)(J_3s):$\gamma=20kN/m^3$,$c=25kPa$,$\varphi=18°$,$[\sigma]=180kPa$。

〈3〉泥岩夹砂岩(强风化)(J_3s):$\gamma=21kN/m^3$,$\varphi=35°$,$[\sigma]=300kPa$。

〈4〉泥岩夹砂岩(中风化)(J_3s):$\gamma=23kN/m^3$,$\varphi=45°$,$[\sigma]=450kPa$。

(2)稳定性分析

红层泥岩边坡易发生崩塌,形成滑坡。以土石分界线为潜在滑面进行稳定性分析,如图6-33所示。最小稳定系数1.05,不满足要求,需要进行工程加固,加固措施应兼顾滑面①和滑面②。

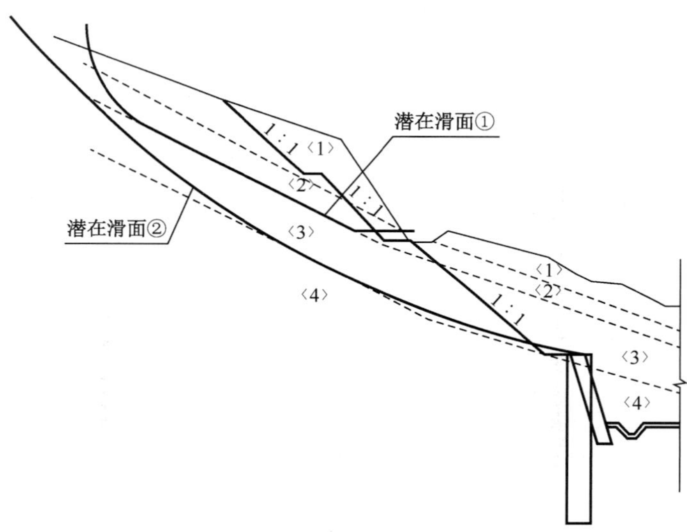

图6-33 断面边坡稳定性验算图

(3)工程措施

红层泥岩边坡防护从阻滑、防塌、抗蚀三个方面针对性地选用工程措施,见图6-34;施工后效果见图6-35。

①阻滑措施:路堑坡脚设锚固桩,墙顶以上第二级边坡设锚索框架梁护坡。锚固桩截面尺寸为1.5m×2.25m、1.75m×2.5m,桩间距均为6m,桩长采用17~22m,采用C30混凝土

灌注。坡面单孔锚索为4束,锚索长16~20m,框架梁节点间距4m矩形布置,采用C30钢筋混凝土现场浇筑。

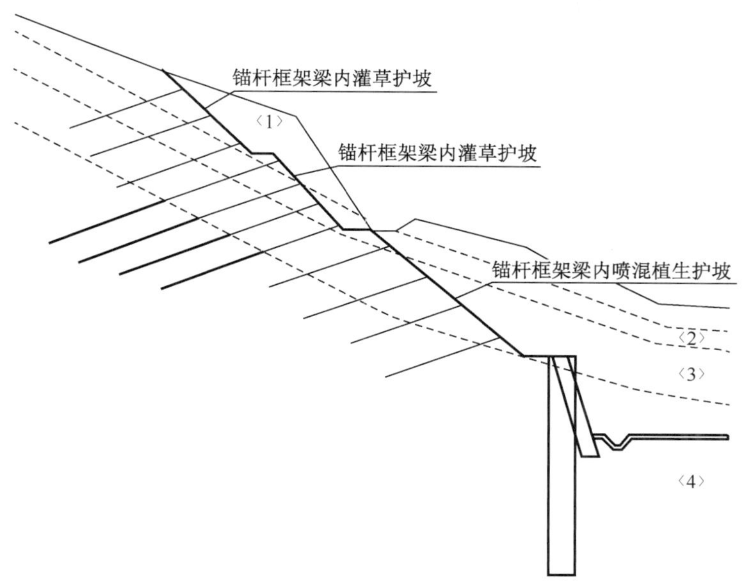

图6-34　代表性设计断面

图6-35　施工完成后效果

②防塌措施:墙顶以上第一、三级边坡采用锚杆框架梁防护。锚杆采用单根ϕ32mm HRB335螺纹钢筋制作,锚杆长8m。框架梁节点间距4m,矩形布置,采用C30钢筋混凝土现场浇筑。

③抗蚀措施:土层边坡边坡框架梁内采用灌草护坡,岩层地段采用喷混植生防护。

本章参考文献

[1] 何满潮.软岩工程力学[M].北京:科学出版社,2002.

[2] 刘特洪.软岩工程设计理论与施工实践[M].北京:中国建筑工业出版社,2001.
[3] 卢海峰,陈从新,袁从华,等.巴东组红层泥岩缓倾顺层边坡破坏机制分析[J].岩石力学与工程学报,2010,29(S2):3569-3577.
[4] 陈建强.基于位移信息的顺层岩质边坡稳定性评价[D].成都:西南交通大学,2013.
[5] 曾志雄,孔令伟,田海,等.膨胀岩崩解特性的干湿循环效应与粒度熵表征[J].岩土力学,2017(7).
[6] 赵飞.新建云桂铁路百色盆地膨胀岩工程特性试验研究与病害机理初步探讨[D].成都:成都理工大学,2011.
[7] 陈宗浩.炭质页岩边坡生态稳固技术研究[D].长沙:长沙理工大学,2011.
[8] 张宗战.强风化炭质页岩崩解特性的灰关联分析[J].兰州工业学院学报,2018(02):43-46.
[9] 胡泽铭.四川红层地区缓倾角滑坡成因机理研究[D].成都:成都理工大学,2013.
[10] 蒋忠信,曾令录,李安洪.南昆铁路路基边坡工程技术研究[J].岩石力学与工程学报,2021(9):1408-1414.
[11] 蒋忠信,崔鹏.路堑边坡的工程路径与坡体岩土的响应[J].水文地质工程地质,2005,32(04):17-20.
[12] 李海光.南昆线软质岩深路堑高边坡的施工设计[J].铁道标准设计,1996(1):8-9.
[13] 李海光.路基工程中软质岩边坡的几种不良地质现象及其防治[J].岩石力学与工程学报,2002,21(9):1404-1407.
[14] 秦小林,李敏,蒋忠信.南昆铁路膨胀岩路基工程施工原则的探讨[J].中国地质灾害与防治学报,1994(12).
[15] 李安洪,周德培,冯君.顺层岩质路堑边坡破坏模式及设计对策[J].岩石力学与工程学报,2009,28(S1):2915-2921.
[16] 国家铁路局.铁路特殊路基设计规范:TB 10035—2018[S].北京:中国铁道出版社,2018.

第7章 硬质岩边坡设计

硬质岩边坡是指岩石饱和单轴抗压强度大于 30MPa 的边坡,代表性岩层为弱风化或微风化的花岗岩、大理岩、石英岩等,边坡破坏模式与岩体结构相关联,主要有楔形体破坏、顺层滑移和溃屈破坏三种类型,边坡稳定性主要受岩体完整程度、结构面形态和岩石强度以及施工开挖方式的影响。本章将在硬质岩边坡分类的基础上,讨论其破坏模式并总结相应设计对策。

7.1 硬质岩边坡基本特征

硬质岩边坡主要由不连续面和物质分异面,如节理、裂隙、劈理、层理、断层及断层破碎带等,结构面控制。岩体中结构面和岩块的空间排列组合形成了多种类型的岩体结构。根据岩体被切割程度及其结构形态特征等因素,硬质岩边坡岩体结构类型大致可以分为巨块状整体结构、块状结构和层状结构三大类,如图 7-1 所示。

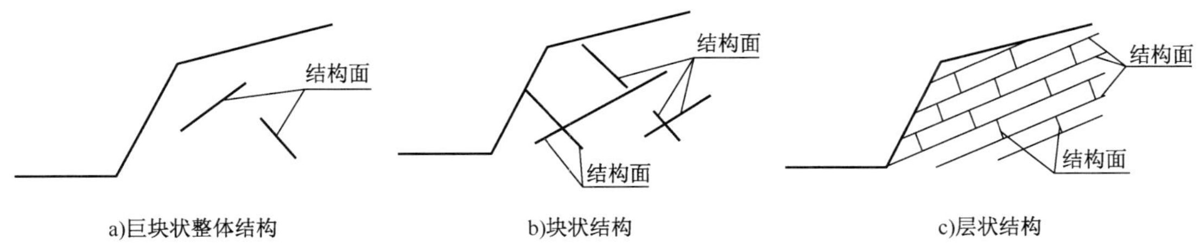

图 7-1　硬质岩边坡结构类型

(1)巨块状整体结构边坡:主要为均质、巨块状岩浆岩和正变质岩,巨厚层状的沉积岩、副变质岩,结构体形状一般为巨块状、巨厚层状,结构面以层面和原生、构造节理为主,多呈闭合型,间距大于 1m,一般为 1 或 2 组,无危险结构,边坡岩体基本稳定。

(2)块状结构边坡:主要为厚层状沉积岩、副变质岩,块状岩浆岩、正变质岩,结构体形状一般为厚层状、块状、柱状,发育少量贯穿性节理裂隙,结构面间距多数大于 0.4m,一般为

2 或 3 组,有少量分离体。结构面互相牵制约束,岩体基本稳定,可能发生不稳定结构体的局部滑动或坍塌。

(3)层状结构边坡:主要为中厚层状沉积岩及副变质岩,结构体形状一般为层状、板状,结构面主要有层理、片理、节理,常有层间错动,可能发生沿结构面的滑塌。

岩体力学试验与工程岩体破坏均证明,岩体的破坏模式受控于岩体结构。而不同结构类型的岩体,其破坏失稳模式也不相同,因此需根据不同类型的岩体结构及破坏模式针对性地进行加固设计。

根据第 4 章的边坡分类,硬质岩边坡设计中主要考虑块状结构边坡和层状结构边坡。

7.2 硬质岩边坡破坏模式

硬质岩边坡中常见的破坏模式主要有楔形体破坏、顺层滑移和溃屈破坏三类。楔形体破坏在多种结构类型的边坡中均可能发生,顺层滑移和溃屈破坏主要发生在层状结构边坡中,应根据其失稳破坏机理加强支护。

7.2.1 碎块状硬质岩边坡破坏模式

楔形体破坏主要由发育的不利节理裂隙控制,不论是完整性较好的块状边坡,还是被层理切割的层状边坡,均有可能发生楔形体破坏,见图 7-2、图 7-3。其变形破坏机制为剪切-滑移破坏,开挖过程中结构面的临空使这种破坏更容易发生。在边坡开挖过程中,由于边坡表面卸荷作用,岩体产生松弛,强度降低,受结构面切割的岩体容易发生楔形体破坏,其体积一般几立方米至几百立方米不等。楔体发生破坏的一般条件为:①楔形体由与边坡斜交的两组或两组以上结构面组合切割而成;②组合结构面交线的倾向近似于边坡倾向;③组合结构面交线的倾角小于坡面倾角且一般大于其综合内摩擦角。

图 7-2 楔形体破坏实景图

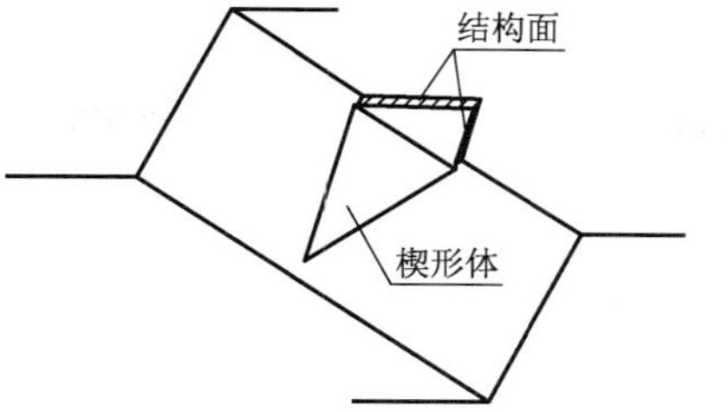

图 7-3　楔形体破坏示意图

根据楔形体与结构面的接触关系，可将楔形体破坏分为两种情况[1]：①单面滑动，楔形体只与一个较陡结构面呈压性接触，楔形体沿该结构面滑动，如图 7-4a）所示；②双面滑动，楔形体与两结构面均呈压性接触，楔形体沿两结构面的交线滑动，如图 7-4b）所示。

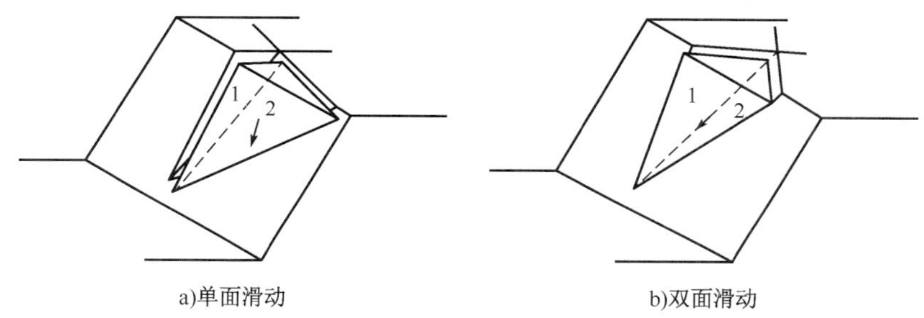

a)单面滑动　　b)双面滑动

图 7-4　楔形体破坏

7.2.2　顺层硬质岩边坡破坏模式

顺层滑移破坏是顺层硬质岩边坡的典型破坏模式，如图 7-5 所示。当顺层层面走向与边坡走向平行或呈小角度相交时，边坡易发生顺层滑移；但当顺层层面走向与边坡走向夹角大于 40°时，基本不会出现顺层滑移。顺层滑移发生的一般条件如下：①层面在坡面出露，层面倾角小于坡面坡角；②层面倾角一般大于层面综合内摩擦角；③边坡两侧边界为自由边界或存在约束很小的陡倾角节理面。

图 7-5　顺层边坡实景图

层面倾角缓于坡角，且在坡面出露，边坡两侧边界有节理面，边坡岩体将沿软弱层面或软弱夹层向临空侧滑移。一般而言，该类边坡主要受软弱层面的综合内摩擦角和倾角之间的相互关系所控制，当岩层倾角大于层面的综合内摩擦角时，一旦边坡开挖使得软弱层面在坡面出露，边坡后缘出现张拉裂隙或张拉裂隙扩展，边坡将沿软弱面迅速滑动剪切破坏，如图 7-6 所示。

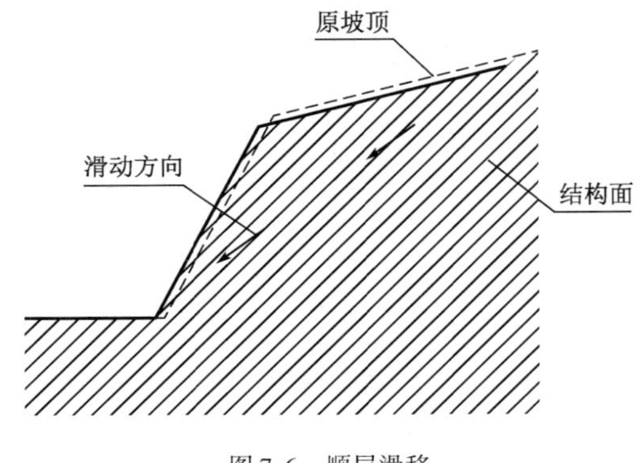

图 7-6　顺层滑移

7.2.3　陡倾/反倾硬质岩边坡破坏模式

在顺层硬质岩边坡中,当顺层倾角大于等于边坡坡角时,边坡可能发生溃屈破坏。顺层硬质岩边坡发生溃曲破坏需要如下两个条件:①边坡中存在力学特性相对较差的软弱夹层或岩层层面;②层面倾角大于等于边坡坡角,形成“插入坡”。

溃屈破坏是层状结构边坡岩体特有的一种破坏形式,其特点是结构的变形大于岩石介质本身的变形,是结构失稳的表现,多见于薄层状边坡岩体以及具有较好延展性的层状边坡岩体。由于岩层较陡,边坡坡脚处岩层层面不出露,形成插入坡,上覆岩层在重力作用下产生沿软弱层面的顺层向滑动,但岩层在边坡坡脚处受到约束,沿软弱层面的下滑受阻,进而产生向临空面的弯曲变形,当变形达到一个临界值后,弯曲变形便发展为溃屈破坏,如图 7-7 所示。

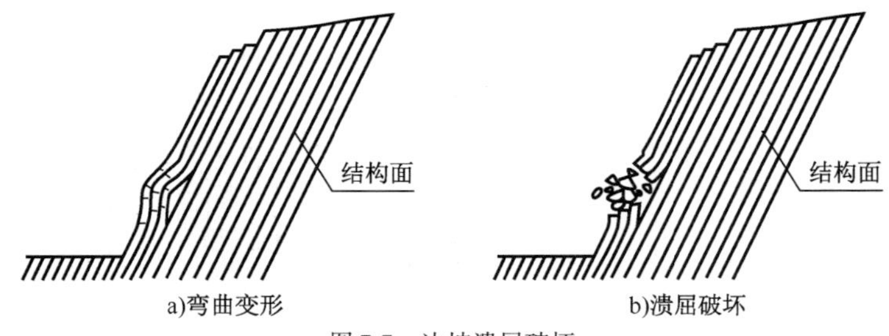

a)弯曲变形　　b)溃屈破坏

图 7-7　边坡溃屈破坏

7.3 硬质岩边坡设计对策

7.3.1　设计原则

1)坡形和坡率

硬质岩边坡的形式和坡率应根据工程地质、水文气象条件、边坡高度、施工方法,并结合岩性、岩体结构、结构面产状、风化程度及自然稳定边坡和人工边坡的调查研究等因素综合确定，必要时可进行稳定验算分析。

一般可采用坡率法进行硬质岩边坡设计。坡率法是指仅控制边坡高度和坡角，而无须对边坡整体进行加固，便可实现边坡稳定的一种人工边坡设计方法，是一种经济而又方便施工的方法。当工程条件允许时，应优先采用坡率法进行设计。坡率法也可与锚杆（锚索）、抗滑桩等锚固支挡结构联合使用，形成组合边坡，或与植被护坡联合使用，美化环境。

当边坡高度 <20m 时，边坡坡率参照地质稳定坡率或表 7-1 取值；当边坡高度≥20m 时，边坡坡率、形式等应通过稳定性分析计算确定，最小安全系数应满足如下要求：

(1)永久边坡：一般工况边坡最小安全系数应为 1.15 ~ 1.25；地震工况边坡最小安全系数应为 1.10 ~ 1.15。

(2)临时边坡：边坡安全系数应不小于 1.05 ~ 1.10。

硬质岩边坡坡率 表 7-1

岩石类别	风化程度	边坡坡率	备注
硬质岩	未风化、微风化	1:0.1 ~ 1:0.5	8 ~ 10m 处设边坡平台，宽度不小于 2m
	弱风化、强风化	1:0.3 ~ 1:0.75	

高度较大的边坡应分级放坡并设置半坡平台，分级放坡时应验算边坡整体和各级的稳定性。

2)支挡与锚固结构

为减少土石方开挖数量、保证边坡稳定、降低边坡高度和施工难度、保护既有建筑物、避免剥“山皮”现象等，一般考虑设置支挡与锚固结构，主要有如下几种情况：

(1)边坡较高，破坏天然植被过多地段，为降低削坡高度，减少植被破坏。

(2)深路堑地段为减少土石方开挖数量、节约用地。

(3)边坡地质不良，开挖后可能引起塌滑地段。

(4)隧道进出口高陡边坡。

硬质岩边坡常用支挡与锚固措施主要有桩间土钉墙、抗滑桩、锚索桩及预应力锚索等。支挡与锚固结构类型应综合考虑荷载类型、地形条件、地质条件、周围环境、征地、拆迁及工程投资等因素，并结合结构本身特点合理选用，必要时可选择两种或两种以上支锚结构相结合的形式。

3)边坡防护

硬质岩边坡防护应遵循因地制宜、安全可靠、经济适用、易于管理、兼顾景观的原则，且应设置在稳定的边坡上。

硬质岩边坡常见的防护措施有：

(1)植物防护，如客土（种植土）植草、灌植物，植生袋植草、灌植物，喷混植生等。

(2)喷射混凝土（砂浆）护坡，可用于节理裂隙较发育或较高陡的硬质岩边坡，必要时可增加挂网措施。

(3)锚杆框架梁护坡，可与土工网垫客土植生、空心砖内客土植生、喷混植生、生态袋、植生袋、喷锚网、柔性防护网等防护组合使用。

防护工程应结合边坡岩性、地质构造、水文气候条件、边坡朝向、边坡坡率和高度等采用植物防护或植物防护与工程防护相结合的措施。

4)特殊边坡

对于存在不良地质结构,可能发生破坏失稳的边坡,除一般边坡的加固防护外,还应根据其岩体结构及破坏模式进行个别设计。

(1)楔形体破坏

对于可能发生楔形体破坏的硬质岩边坡,由于其稳定性受两组或两组以上的结构面控制,楔形体有可能沿结构面交线或某一结构面滑移破坏,其滑动方向具有不确定性,应注意判别,并进行稳定性分析,采取必要的加固措施。

在边坡开挖过程中,易出现节理裂隙等结构面的临空,形成楔形体破坏,因此在边坡开挖施工过程中应注意其节理裂隙的出露,及时反馈以便提前采取应对措施。

(2)顺层滑移

顺层边坡的加固应根据工程和水文地质情况,单独或综合采用顺层清方、抗滑挡墙、抗滑桩、锚索桩、锚索框架梁等措施。

当岩层走向与线路走向夹角大于40°,且无不利于边坡稳定的双向临空时,一般不考虑顺层影响,按一般路堑设计,并适当加强边坡防护[2,3]。

当岩层走向与线路走向夹角较小或近于平行,层面间有软弱夹层,开挖后可能产生顺层滑动地段,按下述原则进行设计:

①当岩层倾角大于35°时,岩层倾向线路侧一般采用顺层清方。当顺层清方边坡较高时,应进行顺层边坡溃屈稳定性分析。

②当岩层倾角为10°~35°,顺层清方量大或边坡太高时,视边坡稳定情况设置抗滑支挡工程。

③当岩层倾角小于层间综合摩擦角时,一般情况可不考虑顺层影响,按一般边坡设计,但应进行特殊条件下的边坡稳定性分析。

④对不能采取顺层清方的顺层路堑工点,严格控制其切层高度。

顺层边坡稳定性计算时,应根据层面性质、层间充填情况、地下水发育情况、岩层节理裂隙发育情况等,选取合理的层间力学参数[4]。

(3)溃屈破坏

对于可能发生溃屈破坏的边坡,可采取分级顺层清方措施,中部留一定宽度平台,减小边坡斜长,同时用锚杆将多层岩层串联在一起,增强层状岩体的整体性,可有效防止边坡发生溃屈破坏。

5)控制爆破

在硬质岩边坡开挖过程中,通常会使用爆破方法,如深孔台阶爆破、浅孔小台阶爆破、光面爆破及预裂爆破等,以加快工程进度。但是爆破开挖引起的邻近岩体的扰动和损伤,必然导致岩体力学参数的弱化,是造成边坡破坏失稳的重要影响因素[5]。其中层状结构边坡,特别是顺层边坡,受爆破影响最大,块状结构边坡次之,整体状结构边坡最小。

在顺层硬质岩路堑边坡施工过程中,小台阶爆破和光面爆破引起的岩体层裂范围相对较小,因此应以小台阶爆破或光面爆破为主进行路堑开挖。而深孔爆破是目前工程施工中采用最多的方法,因此亦可采用深孔爆破与缓冲爆破相结合的预留保护层的分部开挖方案,即在路堑主开挖区采用深孔爆破与缓冲爆破,在预留保护区采用小台阶爆破和光面爆破,最大限度地减小爆破产生的岩层层裂范围[2]。

7.3.2 设计方法

硬质岩边坡设计主要内容为:边坡分类、力学参数的确定、稳定性计算分析、确定设计方案、支挡及加固防护设计。

1)边坡分类

对于硬质岩边坡工点,必须进行详细的工程地质勘察,查明其工程地质条件,如岩体结构、节理裂隙或软弱夹层位置、层间充填物情况等,确定边坡结构类型及可能发生的破坏模式等。

2)稳定性分析

根据所确定的结构类型及可能发生的破坏模式,选取代表性断面,建立力学计算模型,针对不同的工况,选取相应的计算分析方法。一般可按极限平衡法进行边坡稳定性计算,对重大工点还应进行数值计算分析。同时应根据工点情况,充分考虑岩体结构、结构面产状和力学特性、爆破动力和爆破松动破坏作用以及地下水作用等因素的影响。

不同破坏模式的硬质岩边坡有不同的稳定性分析方法,需按破坏模式进行稳定性分析与所需加固力计算。硬质岩边坡典型破坏模式有楔形体破坏、顺层滑移破坏和溃屈破坏。楔形体破坏计算方法见第 3.4 节。

(1)顺层滑移

顺层边坡的稳定性计算示意如图 7-8 所示,边坡稳定系数 K 可根据下式计算:

$$K = \frac{G\cos\theta\tan\varphi}{G\sin\theta} \tag{7-1}$$

式中:G——岩体单位宽度重力(kN/m);

φ——层面的综合内摩擦角(°);

θ——层面倾角(°),当岩层走向平行于边坡走向时为层面真倾角,当岩层走向斜交于边坡走向时为视倾角。

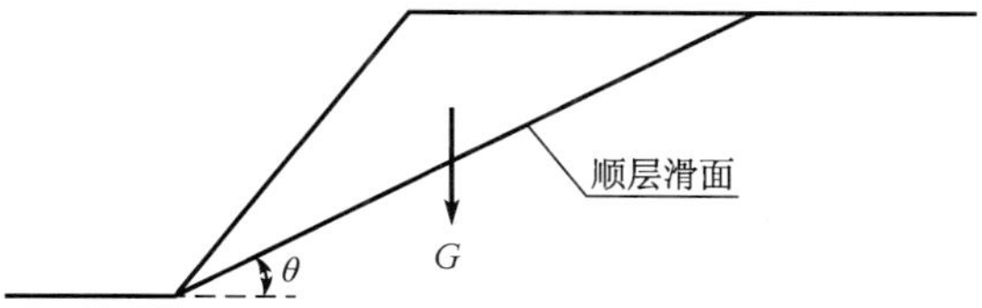

图 7-8 顺层边坡稳定系数计算示意图

若边坡稳定系数不满足要求,则需对边坡进行支挡或锚固,根据式(7-2)可计算相应安全系数下的顺层推力,进而设计支挡或锚固结构,计算示意图见图 7-9。

$$F = GK_S\sin\theta - G\cos\theta\tan\varphi \tag{7-2}$$

式中:F——岩体单位宽度重力及其他外力引起的下滑力(kN/m);

K_S——设计安全系数。

下滑力的水平推力根据下式计算:

$$F_x = F\cos\theta \tag{7-3}$$

由于硬质岩刚度较大，整体性较好，作用在支挡结构上的推力分布图形为矩形，均匀分布，见图7-10。

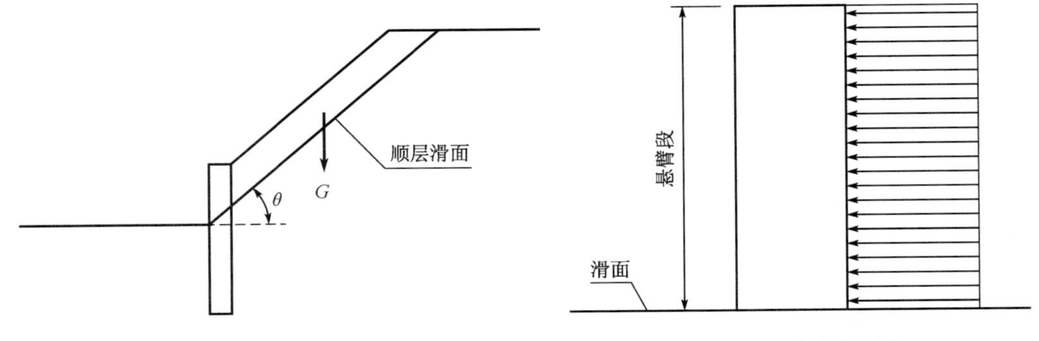

图7-9　顺层推力计算示意图

图7-10　推力分布图

(2)溃屈破坏

在顺层硬质岩边坡中，当岩层层面未在边坡出露时，即层面倾角大于等于边坡坡角，岩层易出现溃屈破坏。对于顺层边坡的溃屈破坏，目前对其产生滑动的机理还不甚清楚，一般认为与岩层的弯曲失稳有关[6,7]，采用弹性理论中的压杆稳定理论来进行分析，假定边坡的长度无限延伸，按平面应变问题的弹性梁来进行边坡的稳定性计算，见图7-11。

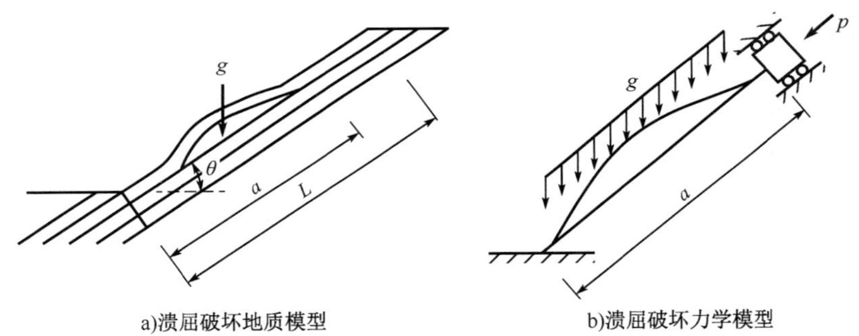

图7-11　溃屈破坏边坡模型

g-弯曲段岩层自重应力；p-滑动段对弯曲段的推应力

假定岩层为弹性梁，采用一般的弹性梁稳定理论来分析顺层边坡的弯曲失稳，可以得到简化弹性梁的边坡失稳临界状态方程为：

$$\left(H-\frac{1}{2}\gamma h\sin\theta\right)a^{3}-HLa^{2}+\pi^{2}EJ=0 \tag{7-4}$$

$$H=\gamma h(\sin\theta-\cos\theta\tan\varphi) \tag{7-5}$$

式中：γ——岩体重度（kN/m^3）；

h——岩层厚度（m）；

θ——岩层倾角（°）；

a——岩层弯曲段长度（m）；

L——边坡斜长（m）；

E——边坡岩体弹性模量(kPa);

J——截面惯性矩,$J=\dfrac{h^3}{12}$;

φ——层面的综合内摩擦角(°)。

通过求解方程可知,当 $a \leqslant L$ 时,边坡将发生溃屈破坏。

对于岩体而言,由于自然界的各种地质作用,沿边坡的长度方向总是存在着一些大的节理裂隙或断层,将其切割为不连续体,使边坡成为长度有限的坡段,因此,对于顺层边坡的溃屈破坏,考虑到边坡长度的影响,根据情况将其视为长度有限的板,有时会得到更加符合实际的结果。

在此根据弹性受压板的稳定理论,利用能量法对弹性条件下顺层边坡的溃屈失稳情况进行稳定性分析。如图 7-12 所示,弹性板理论对顺层边坡的稳定性分析基本假定为:①边坡只发生沿层面的表层滑动和弯曲,因此弯曲部分的岩板可看成底边铰支、周边滚轴支撑的弹性受压板;②当其发生溃屈破坏时底层不变形,即为刚性层[8]。

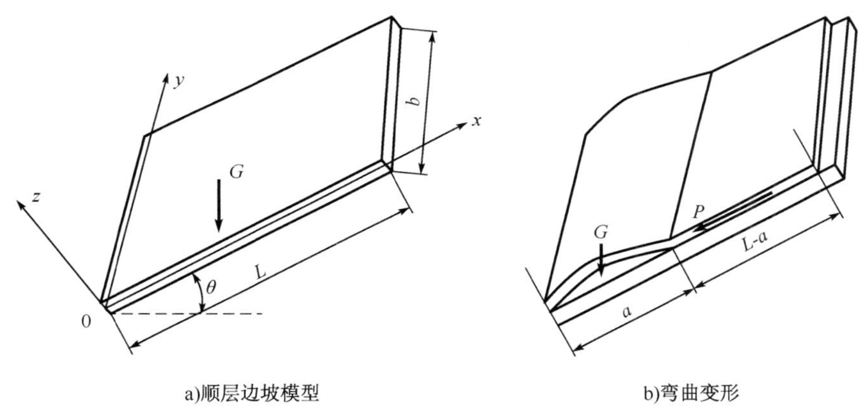

a)顺层边坡模型　　b)弯曲变形

图 7-12　溃屈破坏计算示意图

G-弯曲段岩板自重;P-滑动段对弯曲段的推力

根据功能原理推导可得边坡失稳的临界状态方程为[9]:

$$\frac{K}{b^4}a^4-\left(\frac{1}{2}\gamma h\sin\theta-H\right)a^3+\left(\frac{2K}{b^2}-LH\right)a^2+K=0 \tag{7-6}$$

$$H=\gamma h(\sin\theta-\cos\theta\tan\varphi) \tag{7-7}$$

$$K=\frac{\pi^2Eh^3}{12(1-\mu^2)} \tag{7-8}$$

式中:a——岩层弯曲段沿 x 轴方向长度(m);

b——岩层沿 y 轴方向宽度(m);

μ——边坡岩体泊松比;

其他参数意义同前。

将边坡的物理参数和几何参数代入式(7-6)~式(7-8),通过求解方程可得到未知量 a,从而可以确定边坡沿 x 轴方向的弯曲段和滑动段的长度,为边坡的防治与加固提供依据。

由于平衡方程为高次方程,因此可利用数值方法进行方程的求解。

3)确定设计方案

根据稳定性计算结果,若边坡稳定系数不满足要求,则进一步计算边坡岩体下滑力或顺层推力,结合地形地貌,比较方案经济性,选择合适的加固设计方案,进而设计支挡或锚固结构。

7.3.3 工程措施

1)支挡加固

对边坡岩体的加固必须在充分认识其变形破坏机理的基础上,对岩体所处的变形破坏阶段做出正确的判断,对其发展趋势进行预测,选择经济合理的措施,比如提供支撑力(支挡)、加强或改变变形体与母岩的连接(锚固)、减小向失稳发展的作用效应等措施(辅助措施如截、排水等),阻止变形的发展,提高边坡岩体的稳定性[10]。

对于张裂变形岩体,如易发生楔形体破坏的岩体,由于出现张裂的原因主要是侧向卸荷引起的岩体张裂松弛,因此从控制侧向变形和提高岩体的整体性入手,可对变形岩体施加与张裂方向相反的侧向力,或设置穿越滑动面深入完整岩体的拉结件。对于张裂发展濒临破坏松动的岩块,则可采用支撑、锚拉、清除、避让和拦截等方式避免其产生较大灾害。

对于滑动变形岩体,如顺层滑移的岩层,一般是在滑体的重力(包括水压力和地震力)剪切分量大于滑带的抗剪强度的条件下发生的,因此,可采取增大滑动面抗剪强度、减小下滑力等措施,如给下滑岩体一个水平或者平行于滑动面的支撑力,或设置穿越滑动面的增强体,或削方减载。

目前硬质岩边坡加固措施主要可以分为两大类,即支挡类措施和锚固类措施,如图7-13所示。支挡类措施主要有抗滑挡墙、抗滑桩、锚索桩、抗滑键、桩间土钉墙、桩板墙等(图7-14);锚固类措施主要有锚杆、锚索、锚索框架梁等(图7-15)。

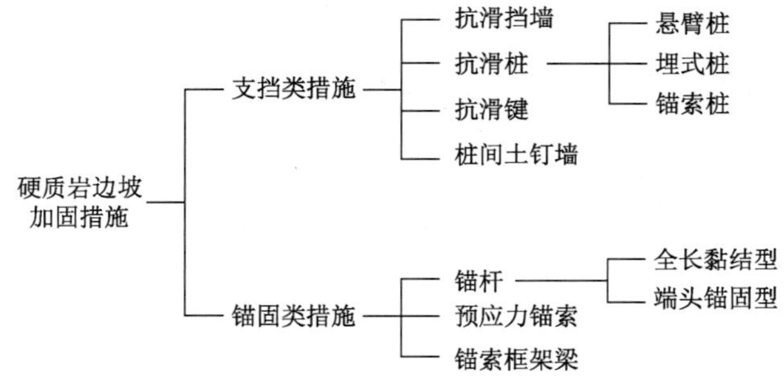

图7-13 硬质岩边坡主要加固措施

(1)抗滑挡墙

当路堑边坡高度不高且自身稳定,或潜在滑体下滑力较小时,可在坡脚设置抗滑挡墙加固边坡,如图7-14a)所示。抗滑挡墙主要是依靠挡墙自身重量来抵抗岩层下滑力,当下滑力较大、或边坡较高时,抗滑挡墙难以设计得经济合理,且存在开挖过程中边坡失稳的可能,此时需要改用抗滑桩或更强的措施进行加固。

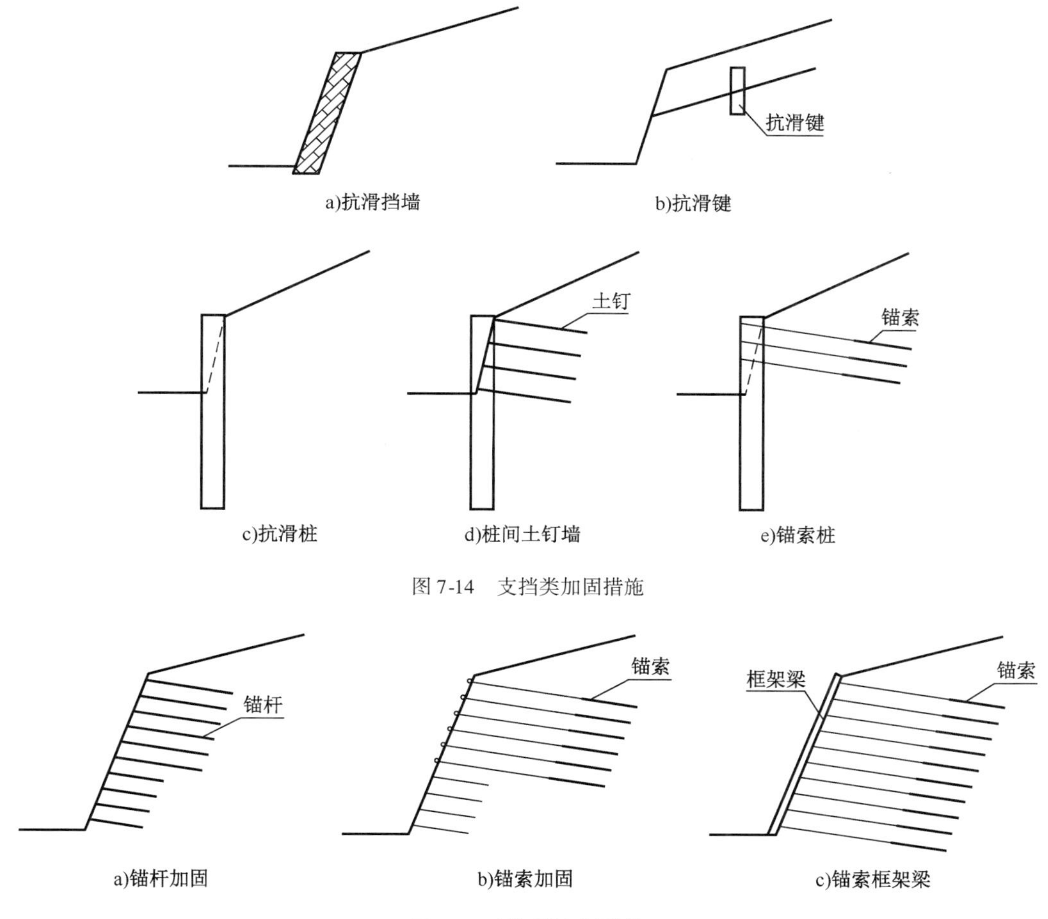

图 7-14　支挡类加固措施

图 7-15　锚固类加固措施

(2)抗滑桩(键)

在硬质岩顺层边坡加固中,抗滑桩一般布置在坡脚,见图 7-16a),当边坡较高且软弱层面出现在半坡上时,桩可布置在半坡上,见图 7-16b)。当顺层推力较大、桩悬臂较长时,为改善悬臂桩的受力条件,减小桩的内力及桩的截面与埋深,可以在桩的上部设置锚索,按锚索桩设计,见图 7-16c)。当软弱夹层位置确定且较薄、层面上下岩层较为完整时,也可在半坡设置抗滑键,见图 7-16d)。

布置在坡脚的桩按悬臂桩进行设计,并进行抗弯、抗剪验算。布置在半坡上的桩,在确保桩前边坡的稳定前提下,可按埋式桩进行设计;当假定滑面以上桩悬臂较长、或软弱夹层较厚时,应进行抗弯、抗剪检算;当软弱夹层较薄,层面上下为较为完整的硬质岩时,桩可只进行抗剪断计算。抗滑键可只进行抗剪断计算。

(3)锚杆(索)

对于节理切割易发生楔形体破坏的硬质岩边坡,可采用锚杆(索)穿过后缘张拉裂隙[图 7-17a)],施加与其变形方向相反的力,阻止其变形发展;若楔形体濒临失稳破坏,可采用锚杆(索)连接滑移面上下岩体[图7-17b)],提高滑面的抗剪能力,增强岩体的整体性。

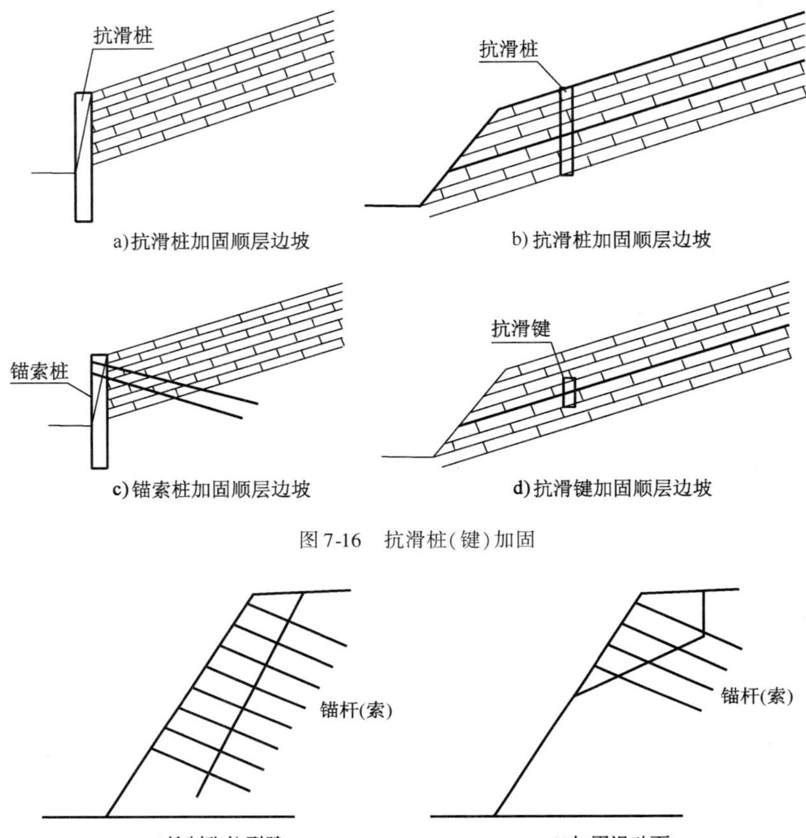

图7-16　抗滑桩(键)加固

图7-17　锚杆(索)加固

对于顺层滑移的硬质岩边坡,锚杆的设置区域及方位应充分考虑软弱结构面的产状、分布情况及可能发生的破坏模式,可分散均匀布置,也可集中布置,但锚杆应穿过软弱层面一定深度,见图7-18。

对于可能发生溃屈破坏的硬质岩边坡,可用锚杆将多层岩层串联在一起,如图7-19所示,可提高层状岩体的整体性,有效防止边坡发生溃屈破坏。

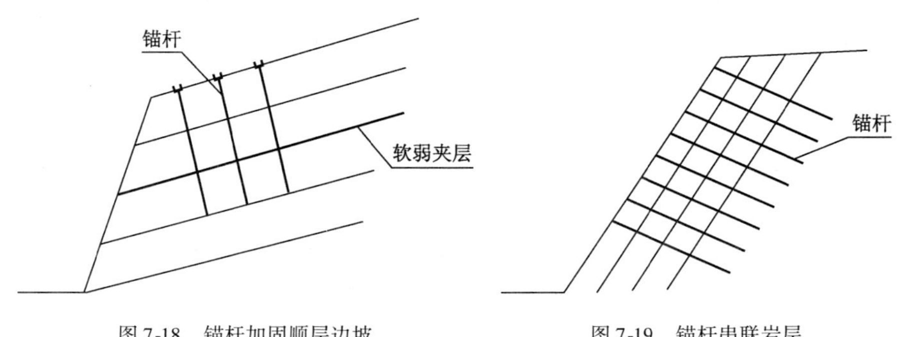

图7-18　锚杆加固顺层边坡

图7-19　锚杆串联岩层

2)边坡防护

目前,道路边坡防护措施形式种类繁多,但总体可分为圬工防护、植物防护和综合防护三大类[11],如图7-20所示。

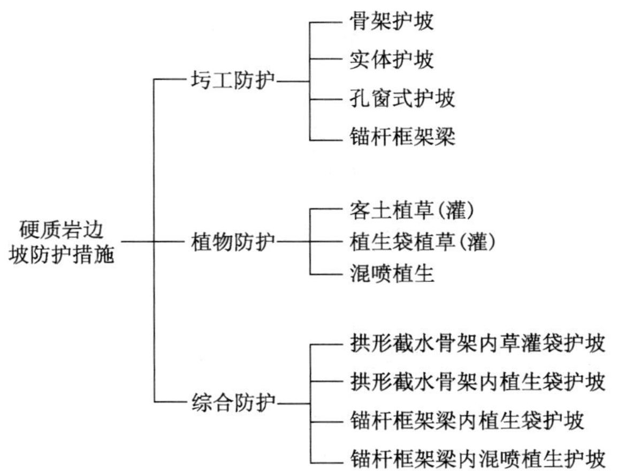

图7-20　硬质岩边坡主要防护措施

圬工防护主要有骨架护坡、实体护坡(墙)、孔窗式护坡(墙)、锚杆框架梁护坡四种形式,其抗冲刷能力强,护坡效果较好,但造价高、不美观。

硬质岩边坡难以直接种植植物,植物防护通常采用客土植草、灌植物,植生袋植草、灌植物,混喷植生等形式,这类防护的优点是能更好地保护和美化环境,但对养护要求较高。

综合防护是圬工防护和植物防护相结合的防护形式,以圬工防护为骨架,空隙处采用植物防护,常见的有:拱形截水骨架内土工网垫客土植生护坡、拱形截水骨架内草灌袋护坡、拱形截水骨架内植生袋护坡、锚杆框架梁内混喷植生护坡、锚杆框架梁内植生袋护坡、锚杆框架梁内土工网垫客土植生护坡等组合形式。这类防护兼顾圬工防护和植物防护的优点,既具备较强抗冲刷能力,又符合生态环保的要求。

7.3.4　硬质岩边坡特性和设计对策

总结归纳影响边坡稳定的主要因素、主要破坏形式以及设计对策,给出不同类型硬质岩边坡的主要特征,详见表7-2。

硬质岩边坡特性及设计对策　　表7-2

边坡类型	主要结构特征	影响稳定的主要因素	主要破坏形式	设计对策
巨块状整体结构边坡	(1)巨块状、巨厚层状; (2)结构面以层面和原生、构造节理为主,多呈闭合型,间距大于1m一般为1或2组,无危险结构	基本稳定	掉块、落石	(1)坡面防护; (2)防水

续上表

边坡类型	主要结构特征	影响稳定的主要因素	主要破坏形式	设计对策
块状结构边坡	(1)厚层状、块状、柱状; (2)发育少量贯穿性节理裂隙,结构面间距多数大于0.4m,一般为2或3组,有少量分离体	(1)结构面空间组合形态; (2)结构面强度	楔形体破坏	(1)坡面防护; (2)防水; (3)楔形体锚固
层状结构边坡	(1)层状、板状; (2)结构面主要有层理、片理、节理,常有层间错动	(1)结构面倾向、倾角; (2)结构面强度; (3)结构面出露情况; (4)边坡分级高度	顺层滑移	(1)坡面防护; (2)防水; (3)顺层支挡; (4)顺层清方
			溃屈破坏	(1)坡面防护; (2)防水; (3)分级顺层清方; (4)层间锚固

7.4 硬质岩边坡工程案例

案例8 块状硬质岩边坡——锚索(杆)“锁固”

(1)工程概况

以某铁路硬岩深路堑边坡为例,该地段为山丘,岩层主要为凝灰熔岩,灰黄、灰绿、浅灰色,晶屑凝灰结构,块状构造,节理裂隙较发育。全风化带厚度变化较大,厚0~12m,强风化带厚度较大,一般为5~12m,最大厚度15m以上。

路堑开挖后,发现存在隐伏不利结构面,部分岩层由于不利结构面的切割出现楔形体垮塌,对边坡稳定构成隐患,部分地段岩层破碎,存在掉块现象,部分地段由于差异风化对边坡稳定不利。

图7-21 DIK56+320处节理

根据现场调查,典型代表性节理如下:在DIK56+320里程处,位于路基左侧第一个平台坡上,发育一组节理,如图7-21所示。节理产状N40°E/44°NW,节理面光滑,节理缝宽2~3mm,节理面局部无充填。该不利节理对边坡稳定性有影响。

(2)稳定性分析

假定最不利节理面为经过第二级边坡的节

理面，倾角 38°，长度 43.6m。根据地质资料可知，岩体重度 26kN/m³，节理面黏聚力 13kPa，内摩擦角 27°。简化后的计算模型如图 7-22 所示。

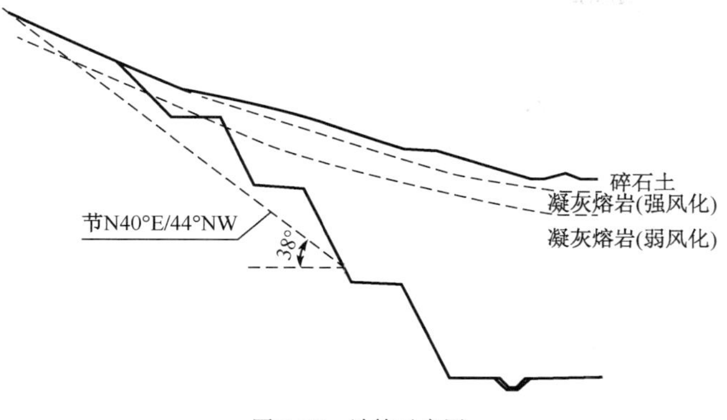

图 7-22 计算示意图

计算楔形体稳定系数：

$$K=\frac{(96\times26)\times\cos38^\circ\times\tan27^\circ+13\times43.6}{(96\times26)\times\sin38^\circ}=1.02$$

楔形体稳定系数为 1.02，处于基本稳定状态，但仍不满足规范要求。取设计安全系数 $K_S=1.25$，计算楔形体剩余下滑力：

$$F=(96\times26)\times1.25\times\sin38^\circ-(96\times26)\times\cos38^\circ\times\tan27^\circ-13\times43.6=351.9\text{kN}$$

计算所得楔形体剩余下滑力为 351.9kN。采用锚杆加固，拟设锚杆与水平面夹角 20°，折减系数 0.5，所需锚固力为：

$$T=\frac{351.9}{\cos58^\circ+0.5\times\sin58^\circ\times\tan27^\circ}=471.7\text{kN}$$

(3)工程措施

根据计算结果及现场地质调查资料情况，主要对地质不利结构面进行加固，对坡面进行防护，具体处理措施(图 7-23)如下：

①路堑一级边坡设置护墙。

②路堑二级、三级边坡采用锚网喷护坡。

③路堑二级、三级边坡锚网喷护坡的锚杆采用大锚杆替换，长 5～10m，间距 1.4m。

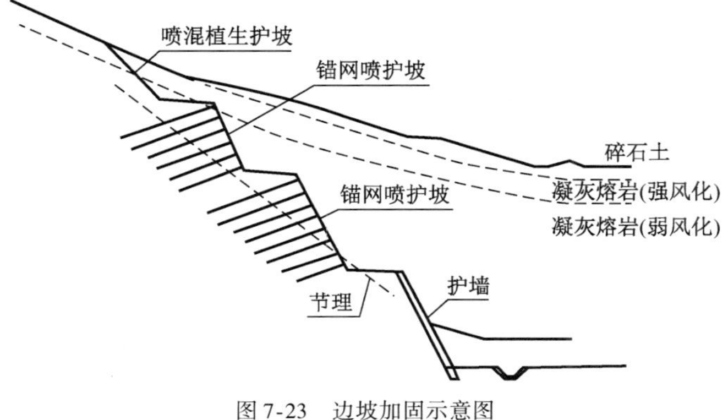

图 7-23 边坡加固示意图

④路堑四级边坡采用喷混植生护坡。

案例9　顺层硬质岩边坡——锚固桩“固脚”、锚索(杆)“锁固”

(1)工程概况

以六盘水曹家湾车站某高边坡为例,线路为顺沟槽侧山坡修筑路基,主要以挖方通过,路堑最大高度30m,边坡坡率1:0.5。2000年6月6日大暴雨后,D1K250+700～D1K250+872段左侧已施工成型的路堑边坡上部山体发生突发性塌滑,塌滑在瞬间完成,兼有错落、崩坍现象。

D1K250+700～D1K250+872段左侧塌滑工点区为溶蚀峰丛地貌之北东侧山坡,自然坡角35°～50°,高程1800～2000m,堑坡及以上山坡裸露石炭系下统大塘组(C_{1d})灰岩夹白云岩,中～厚层状为主,局部呈薄层状。受区域构造影响,岩层强烈挤压、扭曲,产状变化较大。根据塌滑后现场勘察,暴露的滑动面光滑近似镜面,有方解石结晶物质,擦痕清晰,滑动面局部呈波状起伏,中下部坡角稍小,一般为36°～40°,中上部坡角稍大,一般为40°～50°。

(2)稳定性分析

采用通过侧沟底的顺层面作为假想滑动面,按滑坡进行物理力学指标分析和稳定性检算。考虑到假想滑动面贯通和大面积发育的可能性不大,认定滑动面综合内摩擦角$\varphi=27°\sim33°$,滑动面计算长度取桩后50m范围。

根据上述假定,分别计算出滑动面前缘(路堑坡脚)不同墙高下的滑坡下滑力。计算结果显示,当取安全系数$K=1.05$时,最大下滑力为3480kN/m,滑坡推力为2461kN/m。

(3)工程措施

根据计算结果,结合病害产生的原因,曹家湾车站顺层深路堑整治设计方案主要采用加强上部截排水工程、提高顺层面抗剪强度、稳定边坡坡脚等综合整治措施,如图7-24所示,具体措施如下。

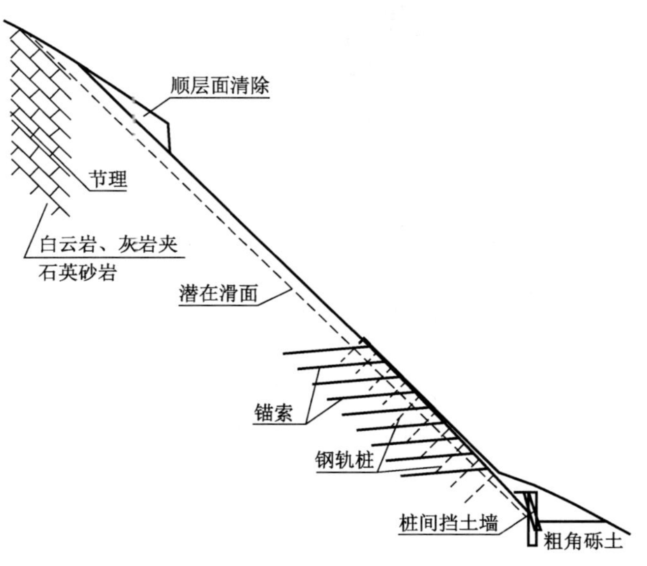

图7-24　曹家湾车站顺层深路堑加固设计断面图

①路堑边坡上部设置一排仰斜排水孔(间距4m,共30孔),孔内放置ϕ50mm塑料花管,减少雨水沿层面下渗。堑顶外设置环形天沟,截排地表雨水。

②路堑边坡中部设置3~9排6束ϕ15.2mm预应力锚索(间距4×4m,共238孔)和4~10排钢轨桩(与锚索交错呈梅花形布置,间距4m×4m,共235孔),每孔钢轨桩由1根P24钢轨和轨腰两侧各放置一根ϕ32mm钢筋组成,以提高顺层面抗剪强度。

③路堑坡脚设置1排C20钢筋混凝土抗滑桩(间距7m,共29根),桩截面尺寸均为1.5m×2.5m,抗滑桩桩间范围内设置重力式路堑挡土墙,采用M7.5浆砌片石砌筑,稳定边坡坡脚。

曹家湾车站顺层深路堑通过以上措施综合整治后,已运营多年,至今情况良好,堑坡稳定,未见变形迹象。

案例10 顺层硬质岩边坡——锚索抗滑桩“阻滑”

(1)工程概况

以某铁路桥岸坡防护工程为例,桥址区属云贵高原溶蚀-侵蚀构造低中山,地形连绵起伏,沟谷纵横,河流深切,地面高程988~1138m,相对高差2~150m,自然横坡坡角18°~57°。河沟两侧地势陡峭,斜坡地带基岩零星出露,覆土较厚,缓坡地带及沟槽覆土相对较厚。地层岩性主要为灰岩夹泥质灰岩,重度$\gamma=27.2\text{kN/m}^3$,内摩擦角65°,浅灰~灰色,隐晶质结构,中厚~厚层状构造,钙质胶接,节理裂隙较发育,局部可见铁质浸染迹象,方解石脉普遍较发育,灰岩可见少量溶蚀孔洞及溶蚀面。

该桥5号墩台位于左侧河岸坡脚处,承台底面高程994.371m,5号墩范围主要工程地质问题为顺层,代表性层理产状N30°W/30°SW,岩层走向与线路小角度相交或近于平行,横断面上视倾角30°,倾向线路右侧,层间综合内摩擦角$\varphi=27°$。

(2)稳定性分析

5号墩代表性断面图见图7-25,假定最不利滑面为从坡脚剪出的顺层面,计算顺层边坡稳定性:

$$K=\frac{(234\times27.2)\times\cos30°\times\tan27°}{(234\times27.2)\times\sin30°}=0.88$$

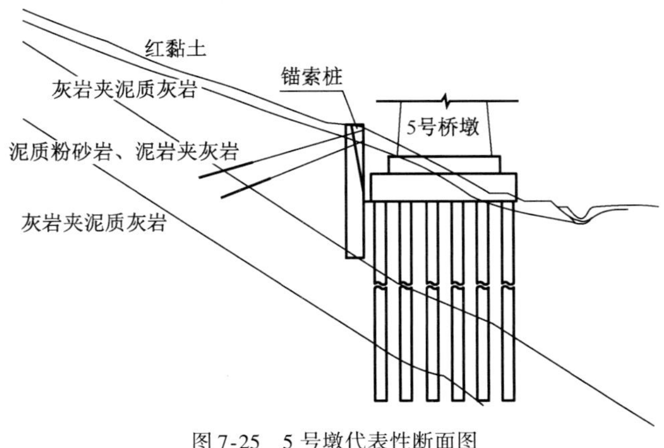

图7-25 5号墩代表性断面图

根据计算结果，顺层边坡开挖坡脚后易出现失稳，考虑设计安全系数 $K_S = 1.15$，计算单位宽度滑体剩余下滑力：

$$F = (234 \times 27.2) \times 1.15 \times \sin30° - (234 \times 27.2) \times \cos30° \times \tan27° = 851\text{kN}$$

计算水平推力：

$$F_x = 851 \times \cos30° = 737\text{kN}$$

根据该计算结果即可进行支挡结构设计。

(3)工程措施

5 号墩承台基坑左侧设置锚索桩加固，见图 7-25，其中该断面锚索桩桩长 24m，桩间距 6.0m，桩截面尺寸(高×宽)2.0m×3.0m。设置两排锚索，第一排锚索孔距桩顶 1m 处设置，下倾角为 16°，第二排锚索孔距桩顶 3m 处设置，下倾角为 22°。锚索均为 6 束拉力型锚索，锚索锚固段为灰岩夹泥质灰岩弱风化层，长度为 10m，锚索总长为 27～30m。

案例 11　陡倾顺层硬质岩边坡——锚杆“锁固”预防溃屈

(1)工程概况

以某铁路冯家坝车站顺层边坡为例，该段属中低山剥蚀、河谷地貌，线路沿阿蓬江左岸坡脚与斜坡过渡地带通过，地形左高右低，横向沟槽发育。车站路基顺层路堑边坡地段[12]为中生界侏罗系下统自流井组 $J_{1-2}z$ 泥质灰岩夹灰岩，岩层走向与线路走向一致，平均倾角 45°，岩层发育 X 节理，属于薄～中厚层、陡倾、硬质岩夹软弱夹层顺层边坡。

原设计方案为顺层清方，见图 7-26a)，坡率同顺层倾角，设喷混植生防护，路堑边坡最大挖深 48m、最大坡长为 74m。开挖后，表层岩层沿软弱夹层面发生塌滑，坡脚岩体挤出，出现顺层破坏，见图 7-26b)。分析其原因，该段边坡清方坡角同倾角，顺层倾角大于软弱层间摩擦角，岩层向下滑动挤压坡脚，坡脚岩板受压失稳、弯曲变形，导致溃屈破坏。

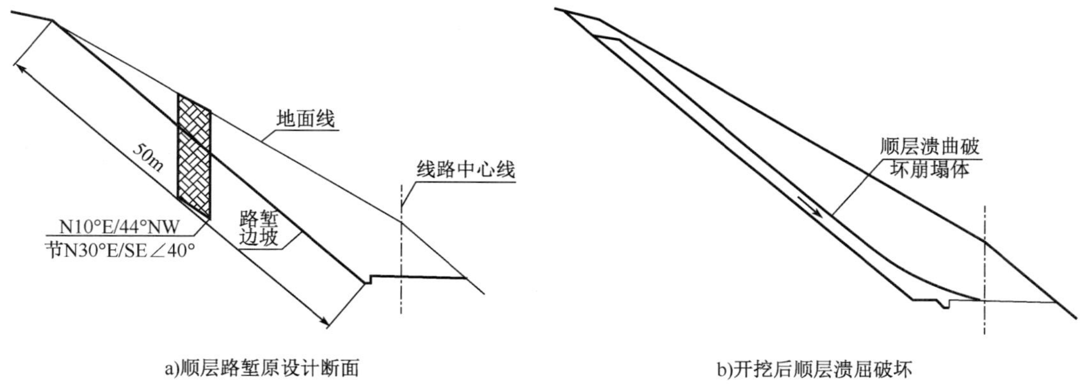

a)顺层路堑原设计断面　　b)开挖后顺层溃屈破坏

图 7-26　顺层路堑代表性断面

(2)稳定性分析

根据地质资料，岩层厚度 $h = 0.2\text{m}$，顺层面方向边坡斜长 $L = 50\text{m}$，岩层层间的黏聚力 $c = 0$、内摩擦角 $\varphi = 16°$，岩体重度 $\gamma = 24\text{kN/m}^3$，岩层弹性模量 $E = 15\text{GPa}$、泊松比 $\mu = 0.2$，岩层的倾角 $\alpha = 44°$。原设计方案为顺层清方，坡角同顺层倾角，设喷混植生防护，路堑边坡最大挖深48m、最大坡长为74m。开挖后,表层岩层沿软弱夹层面发生塌滑,坡脚岩体挤出,出现顺层破坏。根据顺层边坡溃屈破坏弹性梁理论进行稳定性分析。

$$H = 24 \times 0.2 \times (\sin44° - \cos44° \times \tan16°) = 2.3443$$

$$J = 0.2^3/12 = 0.0006667$$

$$\left(2.3443 - \frac{1}{2} \times 24 \times 0.2 \times \sin44°\right)a^3 - 2.3443 \times 50 \times a^2 + \pi^2 \times 15000000 \times 0.000667 = 0$$

计算可得 $a = 32\text{m} < L = 50\text{m}$,边坡发生溃屈破坏,与现场破坏情况相符。

(3)工程措施

根据计算结果可以看出,在边坡斜长不变的情况下,岩层厚度大的地段不会发生边坡溃屈破坏。在岩层较薄地段,用锚杆将多层岩层串联在一起,增强了层状岩体的整体性,相当于使岩层厚度加大,可有效防止边坡发生溃屈破坏。另外,可采取分级顺层清方,中部留一定宽度平台,相当于减小边坡斜长,当分级边坡斜长小于临界坡长,也可防止边坡发生溃屈破坏,工程措施见图7-27。

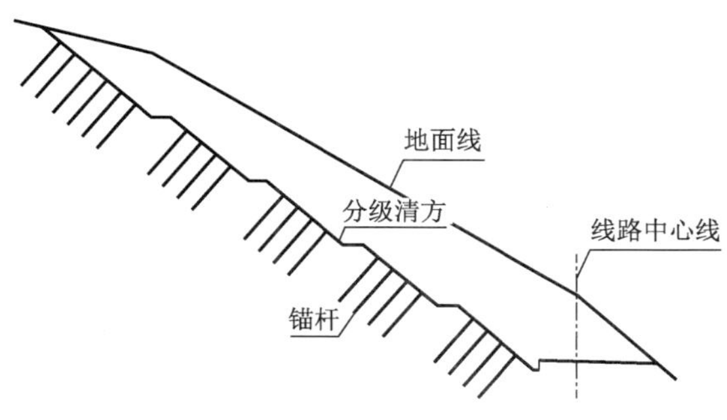

图7-27 顺层路堑病害整治措施

经过采取合理的综合工程措施处理,病害得以根治,确保了工程顺利施工。渝怀铁路通车后,该段路基状态至今良好。

本章参考文献

[1] 刘才华,陈从新. 层状岩质边坡稳定性[M]. 北京:科学出版社,2012.

[2] 李安洪. 顺层岩质边坡稳定性分析与支挡防护设计[M]. 北京:人民交通出版社,2011.

[3] 冯君,周德培,李安洪. 顺层岩质边坡开挖松弛区试验研究[J]. 岩石力学与工程学报,2005,24(5):840-845.

[4] 白云峰. 顺层岩质边坡稳定性及工程设计研究[D]. 成都:西南交通大学,2005.

[5] 费鸿禄,苑俊华. 基于爆破累积损伤的边坡稳定性变化研究[J]. 岩石力学与工程学报,2016,35(S2):3868-3877.

[6] Goodman,Richard E. Introduction to rock mechanics[M]. New York:Wiley, 1980.

[7] 孙广忠. 岩体结构力学[M]. 北京:科学出版社,1988.

[8] 刘钧. 顺层边坡溃层问题的计算方法[J]. 水文地质工程地质,1997(6):37-41.

[9] 刘小丽,周德培. 用弹性板理论分析顺层岩质边坡的失稳[J]. 岩土力学,2002(2):162-165.

[10] 赵其华,彭社琴. 岩土支挡与锚固工程[M]. 成都:四川大学出版社,2008.

[11] 张雷. 秦巴山区公路路堑边坡防护及病害治理研究[D]. 西安:长安大学,2012.

[12] 李安洪,周德培,冯君. 顺层岩质路堑边坡破坏模式及设计对策[J]. 岩石力学与工程学报,2009,28(S1):2915-2921.

第8章 复合边坡设计

在工程实践中,常存在缓倾岩面上土下岩复合边坡、陡倾岩面上土下岩复合边坡以及软硬互层岩质边坡等,这里统称其为复合边坡。对于此类边坡,其失稳破坏模式不同于其他土质或岩质边坡[1,2],在工程设计中,应针对此类边坡的基本特征与失稳破坏模式,制定合理的工程处治措施[3,4]。本章讨论复合边坡破坏模式及设计对策。

8.1 缓倾岩面复合边坡设计

8.1.1 缓倾岩面复合边坡基本特征

缓倾岩面复合边坡属于岩土混合边坡,一般指边坡下部为岩层、上部为土层的二元结构边坡,且边坡的岩面倾角一般小于30°。相对于单纯的土质边坡或岩质边坡,更加具有复杂性。坡体上部由土或岩石全风化层组成,大部分土层结构松散,有大量孔隙,透水性较强,下部为坚硬的基岩,控制性结构面是土层、岩层的交界面。边坡的稳定性主要取决于上部土层的稳定性以及土层与岩层界面的抗剪强度。

8.1.2 缓倾岩面复合边坡破坏模式

一般而言,对于上部土层与下部岩层组合的缓倾岩面边坡,其滑动面可能位于两个区域,如图8-1所示。

当上部土体厚度较大时,滑动面位于上部土层中,破坏模式主要表现为圆弧式、直线式和折线式滑动破坏。

(1)圆弧式:对于成团状且颗粒间黏聚力较强的土体,滑动面主要为圆弧形。

(2)直线式:对于黏聚力较小甚至为零且内摩擦角较大的无黏性土,往往发生平面直线滑动。

(3)折线式：对于块石、碎石含量较大的土石混合体，滑动面呈现为沿土、石界面的多个平直面组合模式，整体形成折线式滑动面。

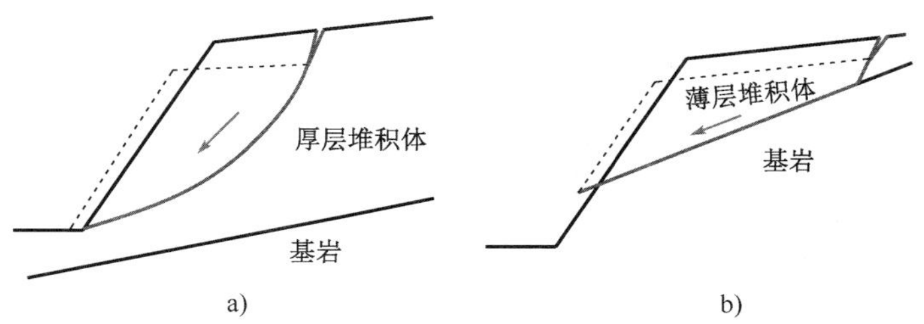

图 8-1　缓倾岩面复合边坡典型破坏模式

当滑动面为上部土层与下部岩层的界面，坡体滑动破坏主要表现为沿该界面的折线式滑动模式。

8.1.3　缓倾岩面复合边坡设计对策

针对缓倾岩面复合边坡可能的破坏模式，应针对性采取相应的预防工程措施[5,6]。

(1)覆盖层较厚的边坡，应采取防覆盖层边坡坍塌、破面冲蚀措施，选用合适的边坡坡率，设置边坡支撑渗沟、骨架护坡对边坡进行加固防护；在基岩面附近，必要时可设置抗滑键、锚杆(索)框架梁加固，防止覆盖层沿土石界面产生的滑动。

(2)覆盖层较薄的边坡，在土石分界面宜设置边坡平台，并设置边坡支撑渗沟、骨架护坡对边坡进行防护；下部岩石边坡，根据岩石特性、岩层结构等，采用锚杆框架梁护坡加固。

(3)复合边坡的土石界面，往往也是边坡地下水的出露带。对于有利于地表水汇聚下渗的凹形地面、自然山沟地段，要采取引排地下水的措施，包括支撑渗沟、仰斜排水孔。

8.1.4　缓倾岩面复合边坡工程实例

案例 12　缓倾岩面复合边坡沿土石界面滑动——抗滑桩“阻滑”

(1)工程概况

以四川广元至巴中高速公路某工点路基边坡工程为例[7]。该工点边坡属于典型红层堆积体边坡，其下卧基岩面较为平缓，平均倾角约 15°。场地处拟建公路宽 24.5m，线路从坡体前缘以半挖半填的形式通过，最大挖方边坡高度约 11.18m，现场工点如图 8-2 所示。

钻孔揭露及场地出露显示，坡体地层主要有新生界第四系全新统滑坡堆积层(Q_4^{del})和中生界侏罗系上统遂宁组(J_3sn)。

①〈1〉滑坡堆积层(Q_4^{del})。

a. 低液限黏土：灰棕～紫红色，软塑～硬塑状。

b. 块石：紫红色夹紫灰，成分以粉砂质泥岩为主，夹粉砂岩，样呈长柱状。松散，潮湿，透

图 8-2 实例工点工程现场

水性较好。结构极不均,其中,夹为黏土质角砾、含角砾低液限黏土。

②〈2〉侏罗系上统遂宁组(J_3sn)。

a. 粉砂质泥岩:棕红～紫红色,矿物成分以黏土矿物为主,石英次之,钙泥质胶结,粉泥质结构,中～厚层状构造。结构不均,局部粉、泥质分别富集,裂隙不发育,层间结合一般,岩石具饱脱风化开裂特征。

b. 粉砂岩:灰紫～浅紫红色,矿物成分以石英为主,长石次之,云母少量,泥钙质胶结,粉粒结构,薄～厚层状构造,层间结合较差,沿层理云母富集,夹泥质团块或泥质条带。

(2)稳定性分析

线路以路基从堆积体的下部通过,在施工扰动和表水下渗后,可能引发堆积体复活,影响通过段路基安全和稳定。在暴雨工况下,块石质土重度 $\gamma = 22kN/m^3$,黏聚力为 5kPa,内摩擦角为 10.3°。粉砂质泥岩地层的水平弹性抗力系数取为 100MN/m³。根据图 8-3 所示的坡体稳定性分析分块模式,采用传递系数法分析坡体稳定性与设计滑坡推力,得到暴雨工况为控制工况,此时,坡体稳定系数为 1.116,达不到设计安全系数 1.15 的要求。计算得到设计滑坡推力为 997.7kN/m(图 8-4)。

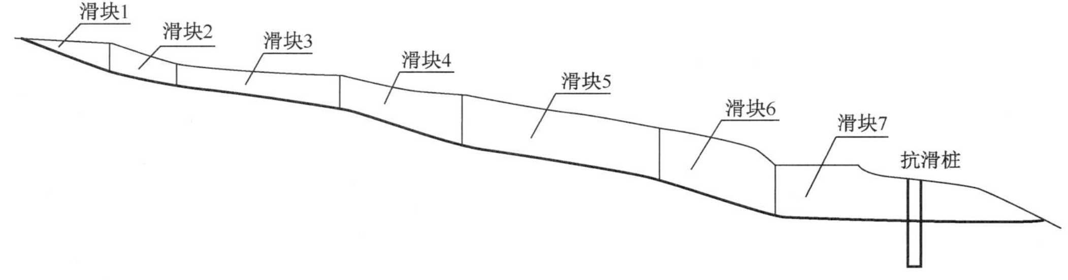

图 8-3 实例边坡稳定性分析分块模式

(3)工程措施

由稳定性分析可知,暴雨工况下,边坡处于欠稳定状态;当设计安全系数为 1.15 时,计算得到设计滑坡推力为 997.7kN/m,推力作用较大,加之考虑路基开挖扰动和地表水下渗软化土石交界面等因素,综合分析后,选用抗滑桩加固的方案。

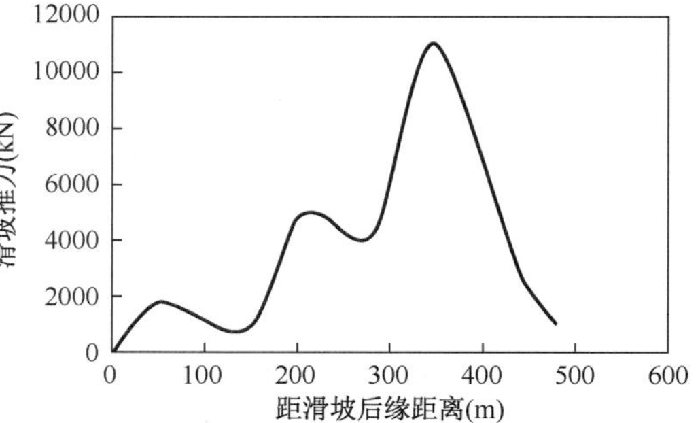

图 8-4 暴雨工况下设计滑坡推力曲线

坡体前缘采用截面尺寸为 2m×3m 的 C35 钢筋混凝土单排抗滑桩加固,桩长 17m,桩间距为 6m(图 8-5),可算得桩位处设计滑坡推力为1088.98kN/m。通过计算,桩身最大弯矩与剪力分别为18540kN·m(距桩顶深10m处)和5140kN(距桩顶深8.5m处),嵌固段地层最大侧向压应力为1250kPa(距桩顶深8.5m处),从而可进一步对该抗滑桩进行配筋设计。

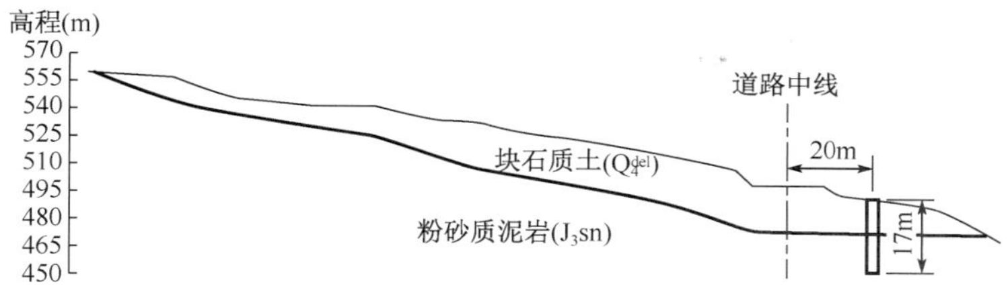

图8-5 实例典型工点横断面设计图

案例13 缓倾岩面复合边坡多滑面滑动——抗滑桩"阻滑"

(1)工程概况

以叙永至毕节铁路某特大桥岸坡防护为例,桥址属剥蚀中低山地貌,地形连绵起伏,沟壑纵横,绝对高程850~1075m,相对高差50~200m。自然斜坡坡角20°~40°,区内植被茂密,基岩出露较差,崩坡积覆盖层较厚,一般厚5~25m,桥址位于华咀居民区附近,区内有两条公路,交通较便利。其中DK207+700~DK207+815段为缓倾岩面上的岩堆,岩堆体厚约10~25m,由块石土夹碎块石及少量粉质黏土组成,为岩堆体后缘顺层斜坡的崩坡积而成,自然状态下稳定性良好,如图8-6所示。

a)施工前

b)施工期间

图8-6 DK207+700~DK207+815段岩堆地貌

桥址出露的主要地层为:第四系全新统坡洪积(Q_4^{dl+pl})粉质黏土、块石土,第四系全新统崩坡积(Q_4^{dl+col})粉质黏土、块石土,第四系全新统坡残积(Q_4^{dl+el})粉质黏土,下伏基岩为三叠系中上统自流井组($J_{1-2}zl$)泥岩、砂质泥岩夹砂岩。各地层特征分述如下:

〈1〉块石土(Q_4^{dl+col}):黄灰色~黄绿色,稍湿~潮湿,中密,块石含量占60%~70%,块径一般30~100cm,最大达300cm,岩石成分为砂岩、泥岩。广泛分布于DK207+700~DK207+815、DK 207+965~DK208+070两段堆积体上。层厚一般5~25m和10~40m。属Ⅳ级软石。

〈2〉砂质泥岩夹砂岩($J_{1-2}zl$):紫红色、灰绿色,中厚层状,泥质结构,硬度一般,太阳晒后岩芯易开裂。地表出露一般为强风化,岩质较软,轻敲易成碎块状。强风化岩层属Ⅳ级软石,弱风化属Ⅳ级软石。

桥址地震动峰值加速度为 0.1g,地震动反应谱特征周期 0.35s。

(2)稳定性分析

线路以桥从岩堆的中下部通过,在施工扰动下可能发生变形破坏,对桥梁存在潜在不利影响。边坡较缓,"〈1〉块石土"与下伏"〈2〉强风化砂质泥岩夹砂岩"接触面倾角为 13.31°,为验算控制面,层间力学参数较低,见表 8-1。

各土层力学参数 表 8-1

地　　层	正 常 工 况			暴雨或连续降雨状态		
	γ(kN/m³)	c(kPa)	φ(°)	γ(kN/m³)	c(kPa)	φ(°)
〈1〉块石土	21	5	14	22	3	11

根据图 8-7 稳定性分析示意图,按折线滑面稳定性验算,稳定系数计算结果见表 8-2。

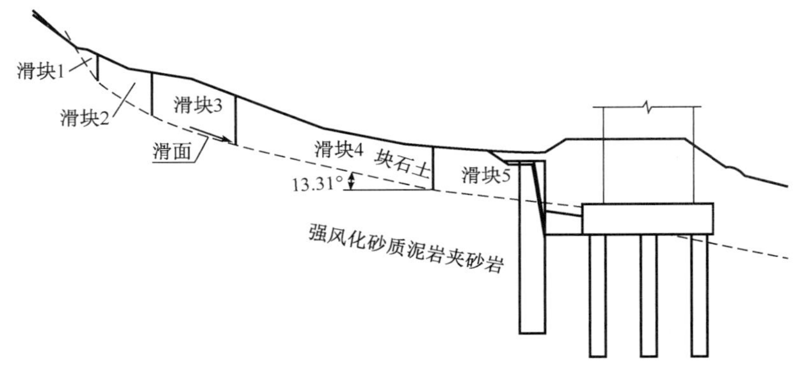

图 8-7　稳定性分析示意图

稳定系数计算结果 表 8-2

位　　置	工 程 措 施	正 常 工 况	暴雨或连续降雨状态
〈1〉块石土与岩基接触面	自然状态	1.19	0.87

按《铁路特殊路基设计规范》(TB 10035—2018)[8]相关要求,取安全系数 K_s = 1.15,暴雨或连续降雨状态工况时出口推力 T = 156kN。

因折线滑动面推力较小,应同时计算桩后土压力,考虑安全系数后 F = 310kN,取两者较大值 310kN 用于桩配筋验算。

(3)工程措施

由稳定性分析可知,开挖后未施作支挡情况下,边坡处于不稳定状态;设计安全系数为 1.25 时,计算桩后土压力为 310kN,推力作用较小,考虑到基坑开挖较深,减少对岩堆体的开挖扰动,综合分析后,选用桩间土钉墙加固的方案,工程措施如图 8-8 所示。

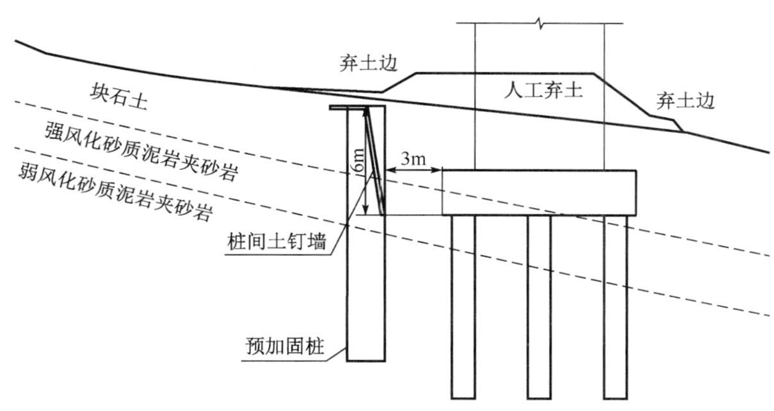

图 8-8　工程措施代表性横断面图

①距承台左侧边缘 3m 处设置 3 根锚固桩，桩间距均为 6m，桩截面尺寸为 2.0m × 1.5m，桩长 14m；桩身采用 C35 钢筋混凝土浇筑。

②桩间设置土钉墙，墙高 6m，墙面坡率 1∶0.15，土钉垂直墙面施作；土钉墙墙面采用 C35 钢筋混凝土浇筑。

8.2 陡倾岩面复合边坡设计

8.2.1　陡倾岩面复合边坡基本特征

陡倾岩面复合边坡也属于岩土混合边坡，其特征与缓倾岩面边坡基本一致，但不同的是岩面倾角一般大于 30°，相对缓倾岩面复合边坡，更加具有复杂性。基岩由于剧烈的风化、剥蚀、坡面冲刷等地质作用堆积于坡脚，形成厚层堆积体，主要由碎石夹细颗粒碎屑构成。由于堆积体粒径变化幅度大，其强度受母岩强度、粒间摩擦与咬合效果的综合作用影响。不同于多数岩土体，堆积体具有明显的剪胀和颗粒破碎特征。当坡脚遭受人工开挖或河流冲刷侵蚀后，由于岩面倾角较大，受稳定性控制，岩面上部一般仅能保留较薄层的堆积体。由于堆积层结构松散，有大量孔隙，透水性较强，下部又为基岩，因此控制性结构面是土岩层的交界面，边坡的稳定性则主要取决于土层与岩层界面的抗剪强度，即一般为基岩上覆土体（堆积体）的抗剪强度。

8.2.2　陡倾岩面复合边坡破坏模式

陡倾岩面复合边坡的失稳破坏面可能出现在上部土层中或者岩土交界面处。由于此类边坡岩面较陡，在连续降雨期间，当雨水在坡面形成径流后，坡面松散的碎屑颗粒被携带走后形成条带状冲沟，进而造成边坡浅表层土体出现滑塌和溜滑。边坡开挖后，斜坡土体存在沿岩土界面滑动的可能。

一般而言，对于上覆土体与下卧岩体组合的陡倾岩面边坡，其滑动面可能位于两个区域，如图8-9所示。

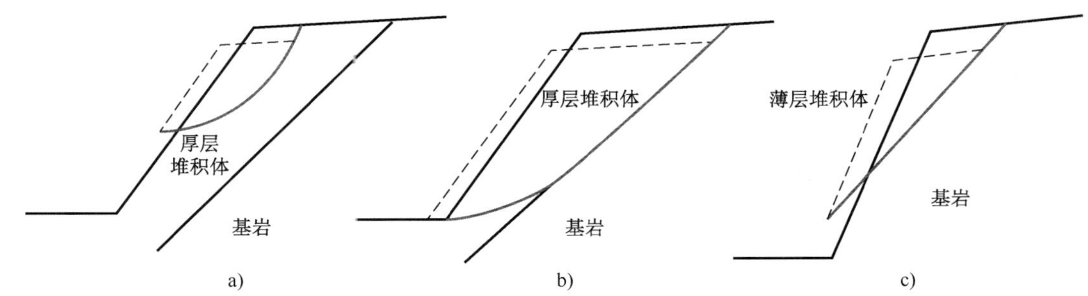

图8-9　陡倾岩面复合边坡典型破坏模式

（1）当上部土体厚度较大时，滑动面位于上部土层中或上部土层与下部岩层的界面，破坏模式主要表现为圆弧式、上部平面+下部圆弧式滑动破坏。

①圆弧式：在边坡顶部或边坡上部出现张拉裂缝并下沉，在边坡的中、下部出现鼓胀现象，在上部堆积体内部发生圆弧滑动。

②上部平面+下部圆弧式：这类破坏多发生在雨季或持续强降雨后，或者边坡开挖后处治不当的情况下。当边坡上部为松散堆积层、下部为陡倾岩面的基岩、且陡倾岩土交界面的倾向与边坡方向一致时，由于土体中的雨水入渗，使得岩土交界面处地下水富集，岩土体软化且孔隙水压力增大，进而造成上部堆积体沿岩土交界面发生平面滑动，在坡脚处发生圆弧式剪切滑动。或者，因开挖卸荷作用，造成坡脚应力集中，引发土体滑动。

（2）当上部堆积体厚度较小时，滑动面为上部土层与下部岩层的界面（陡倾岩面），坡体滑动破坏主要表现为沿该界面的平面滑动模式。

8.2.3　陡倾岩面复合边坡设计对策

对于陡倾岩面的边坡，由于潜在滑面（岩面）倾角较大，造成设计滑坡推力往往可能较大。因此，这种情况下应对边坡工程地质条件详细勘察，确定其可能的失稳破坏模式。尤其是对潜在滑面（滑带）的性质应通过试验测试方法予以充分确定，从而进行边坡的稳定性分析与评价。在此基础上，采用截排水、控制坡率与削坡减载、抗滑支挡结构及植被护坡方法综合处治边坡。保障设计边坡的稳定性、施工简便性与有利环境保护。

对于陡倾岩面的边坡，坡体后缘为下滑段，可在坡体后缘削坡刷方。通过减少下滑段的岩土体重量，可减少坡体的下滑力，从而提高坡体整体的稳定性。

对于陡倾岩面边坡，因设计滑坡推力相对较大，所以常可采用抗滑桩与锚固结构进行加固。特别地，在设计滑坡推力较大的情况下，单排抗滑桩有时难以适用，此时可考虑采用多排抗滑桩、组合式抗滑桩、门架形抗滑桩、预应力锚索抗滑桩等抗滑支挡结构。

另外，在坡体不同部位施作锚固结构，包括预应力锚索框架梁、锚杆框架梁等，可在边坡开挖施工过程中及时加固坡体，实现边开挖边支护的坡体实时主动加固，充分发挥岩土体的自稳能力，保证边坡开挖的稳定性。同时，框架梁可与植被护坡技术相结合，美化与绿化工程环境。

对于陡倾岩面的复合边坡工程，其设计计算方法仍包括边坡稳定性分析、设计滑坡推力计算等。根据计算结果，确定抗滑桩、框架梁等钢筋混凝土结构的受力以及锚索或锚杆的设计拉力，从而进行钢筋混凝土桩与梁的配筋设计、锚索及锚杆的锚固体结构设计。

8.2.4 陡倾岩面复合边坡工程实例

案例 14 陡倾岩面复合边坡沿土石界面滑动——门架形抗滑桩“阻滑”

(1)工程概况

以四川广元至巴中高速公路某工点路堑高边坡工程为例[9,10]。该工点边坡属于典型红层堆积体边坡，其下卧基岩面较陡，平均倾角约 35°。路线从坡体前缘以挖方的形式通过，最大挖方深度约 57m。工点现场如图 8-10 所示。

图 8-10 实例工点工程现场

根据地质调查及钻探揭露，坡体地层主要包括：

①〈1〉第四系全新统错落体(Q_4^c)。

该层由粉砂质泥岩质块石和块石夹土构成，块石(夹土)呈棕红～褐红色，石质成分以粉砂质泥岩为主，呈棱角～次棱角状，强风化。粒组组成：粒径 >200mm 占 50%～80%，粒径 60～200mm 占 10%～15%，粒径 2～60mm 占 5%～10%，其余为粉、黏粒，松散～中密，透水性较差。

②〈2〉第四系全新统崩坡积层(Q_4^{al})。

该层主要由块石质土和块石夹土构成。

a. 块石质土：棕红～褐红色，石质成分为粉砂质泥岩为主，呈棱角～次棱角状，强风化。

粒组组成:粒径 >200mm 占 20% ~25%,粒径 60 ~200mm 占 15% ~20%,粒径 20 ~60mm 占 20% ~25%,粒径 2 ~20mm 占 10% ~15%,其余为粉、黏粒,中密,透水性较差。结构不均,局部黏粒富集,呈软 ~ 硬塑状。

b. 块石夹土:棕红 ~ 褐红色,石质成分以粉砂质泥岩为主,呈棱角 ~ 次棱角状,风化强烈。粒组组成:粒径 >200mm 占 50% ~70%,粒径 60 ~ 200mm 占 10% ~15%,粒径 2 ~60mm 占 5% ~10%,其余为粉、黏粒,松散 ~ 中密,透水性较差。

③〈3〉侏罗系中统遂宁组(J_2sn)。

此种岩性由粉砂质泥岩构成,分布于整个场地,卧于松散层下。

粉砂质泥岩以棕红色为主,砖红色少量,矿物成分以黏土矿物为主,石英、长石次之,粉泥质结构,中厚 ~ 巨厚层状构造,钙泥质胶结。结构不均,局部泥质或粉、细砂质分别富集。偶见裂隙,裂隙面附黑色锰质薄膜。岩石具饱水软化、脱水开裂特征。

(2)稳定性分析

线路以路基从堆积体的下部通过,且下卧基岩面较陡,在施工扰动和表水下渗后,可能引发堆积体复活,造成工程滑坡,影响路基施工及运营安全。在天然工况下,该块石质土重度 $\gamma = 22kN/m^3$,黏聚力为 10kPa,内摩擦角 23°。粉砂质泥岩地层的水平弹性抗力系数取为 $100MN/m^3$。采用传递系数法分析坡体稳定性,得到开挖边坡的稳定系数为 0.89。

(3)工程措施

由稳定性分析可知,该工程路基开挖后,稳定系数仅为 0.89;当设计安全系数为 1.2 时,按传递系数法计算得到后排桩后侧设计滑坡推力为 1468.9kN/m,综合分析后,选用门架形抗滑桩加固的方案,受力模型如图 8-11 所示。

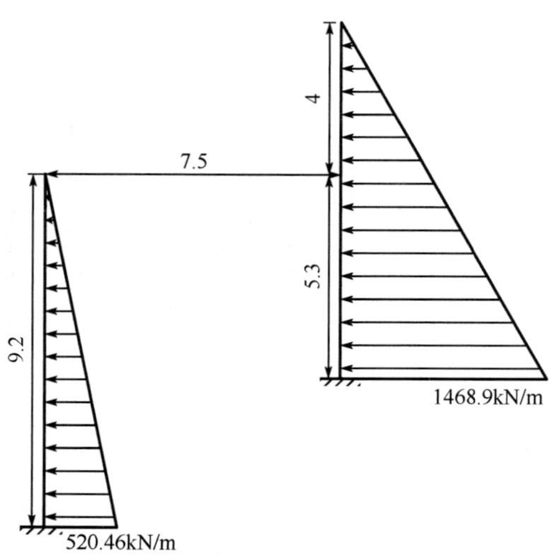

图 8-11　门架形抗滑桩受荷段受力模型(尺寸单位:m)

在坡体后缘采用截面尺寸为 2m ×3m 的 C35 钢筋混凝土抗滑桩构成的门架形抗滑桩,后排、前排桩长分别为 18.6m 和 19.4m,桩间距为 6m,工程设计如图 8-12 所示。

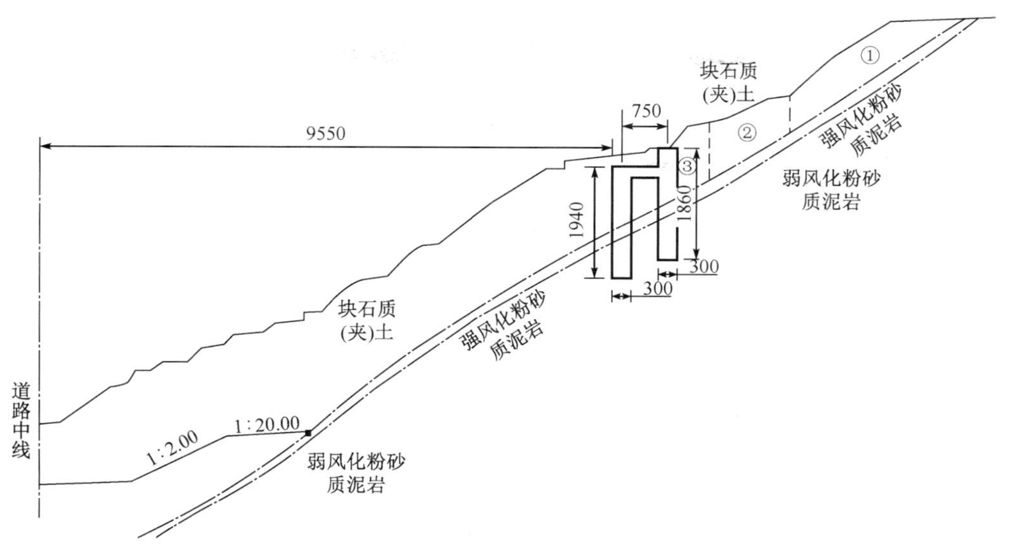

图 8-12　典型横断面设计图(尺寸单位:cm)

案例 15　陡倾岩面复合边坡多滑面滑动——锚索(杆)框架梁“阻滑”

(1)工程概况

以叙毕铁路某隧道进口仰坡工程为例,表层为陡倾岩面上的块石质土堆积体,自然坡角约 45°,最大厚度约 30m,平均厚度 10 ~ 20m,岩堆体内物质成分以母岩为主,母岩以砂岩为主。因其斜坡较陡,基岩裸露,风化破碎严重,岩体呈碎块状,经长期风化剥落、崩塌,于斜坡脚堆积而成,工程现场如图 8-13 所示。

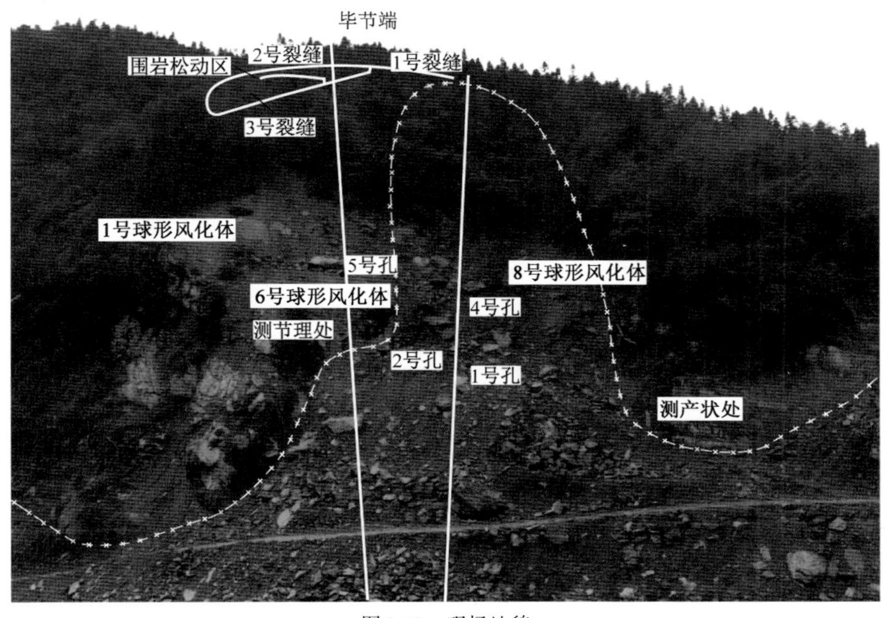

图 8-13　现场地貌

隧道进口范围内出露地层为第四系全新统坡残积层(Q_4^{dl+el})、坡崩积层(Q_4^{dl+col}),下伏地层为三叠系上统沙镇溪组(T_3s)。各地层特征分述如下:

〈1〉粉质黏土(Q_4^{dl+el}):灰黄色、黄褐色、浅红色,硬塑状,局部含30%~40%的碎块石,粒径5-100cm,层厚0~5m不等,表层零星分布块石、孤石。隧区内主要分布于隧道斜坡上,属Ⅱ级普通土。

〈2〉块石土(Q_4^{dl+col}):灰黄色,杂色,块石土为主,块石占40%,孤石占30%,碎石角砾和粉质黏土占30%,稍密,潮湿,块石、孤石为砂岩质。主要分布隧道进口斜坡DK253+540~DK253+616段及DK253+616~DK253+666右侧槽地中,厚度为5~30m,属Ⅳ级软石。

〈3〉砂岩夹泥岩、页岩及煤线(T_3s):浅灰色、灰黄色,岩性以砂岩夹泥岩、页岩为主,夹煤线,砂、泥质胶结,砂泥质结构,中厚、厚层夹薄层状构造,煤线呈不稳定分布,连续性差,节理裂隙发育,岩体差异风化破碎严重,存在球状风化。根据地质调查和勘探结果,隧道仰坡上存在3~8m厚的全风化和强风化层,全风化呈黄色砂土状,占50%~60%,强风化呈球状风化体和碎块石状,占40%~50%,属Ⅲ级硬土;强风化带节理裂隙发育,呈碎块状,大块状,一般层厚2~15m,强风化层属Ⅳ级软石;弱风化层节理发育一般,岩体比较完整。砂岩弱风化层为Ⅴ级次坚石。

岩层单斜,代表性岩层产状为N70~75°E/25~27°NW,发育四组节理,其产状为:N50°E/75°NW、N15°W/90°、N45°E/90°、N45°W/80°NE,延伸性较好,节理间距20~200cm不等。

地震动峰值加速度为$0.1g$,地震动反应谱特征周期0.35s。

(2)稳定性分析

线路以隧道从岩堆的中后部通过,隧道进口顶部岩堆对铁路施工及运维存在不利影响。本工程边坡较陡,尤其"〈3〉全风化和强风化砂岩夹泥岩、页岩及煤线"与下伏岩基接触面倾角为37°,验算控制面层间力学参数较低,见表8-3。

各地层力学参数 表8-3

地层	正常工况			暴雨或连续降雨状态		
	γ(kN/m^3)	c(kPa)	φ(°)	γ(kN/m^3)	c(kPa)	φ(°)
〈3〉全风化和强风化砂岩夹泥岩、页岩及煤线	21	19	26.5	22	18	24
〈3〉强风化砂岩夹泥岩、页岩及煤线	23	0	40	23	0	35

根据图8-14所示折线滑动面稳定性验算,稳定系数计算结果见表8-4。

稳定系数计算结果 表8-4

位置	工程措施	正常工况	暴雨或连续降雨状态
〈3〉全风化和强风化砂岩夹泥岩、页岩及煤线与岩基接触面	自然状态	1.10	1.01
〈3〉强弱风化分界面	自然状态	1.17	1.05

根据《铁路特殊路基设计规范》(TB 10035—2018)[8]相关要求,取安全系数K_s=1.15,暴雨或连续降雨状态工况时,滑动面1出口推力T=526kN,滑动面2出口推力T=1111kN。

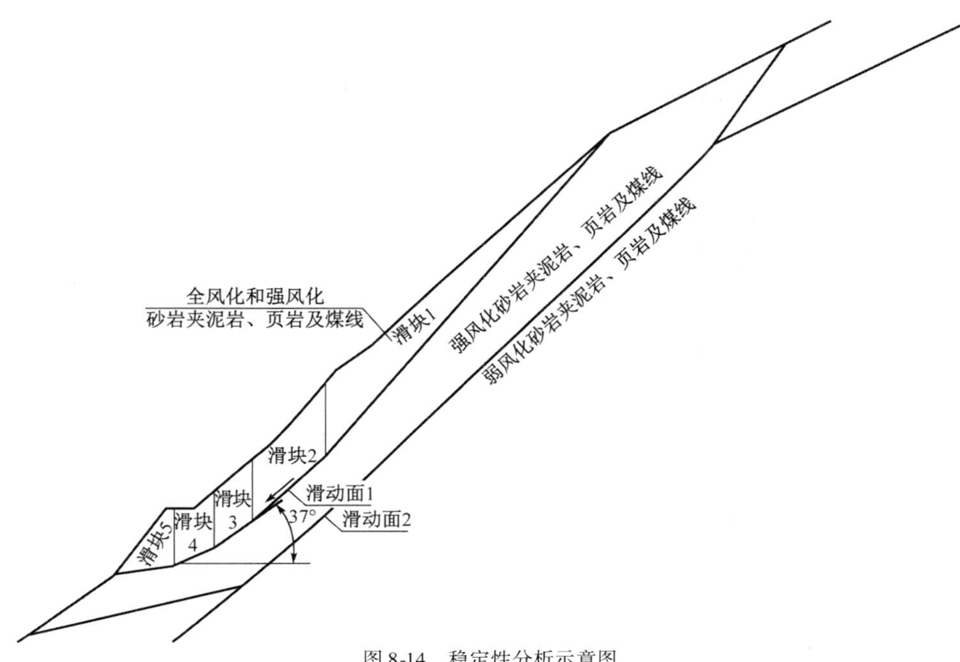

图 8-14　稳定性分析示意图

(3)工程措施

由稳定性分析可知,原隧道仰坡处于极限稳定状态,当设计安全系数为 1.15,暴雨或连续降雨状态工况时,滑面 2 按传递系数法计算出口推力为 1111kN,加之隧道仰坡存在少量危岩落石,综合分析后,选用锚索(杆)框架梁结合被动网加固的方案,工程措施如图 8-15 所示。

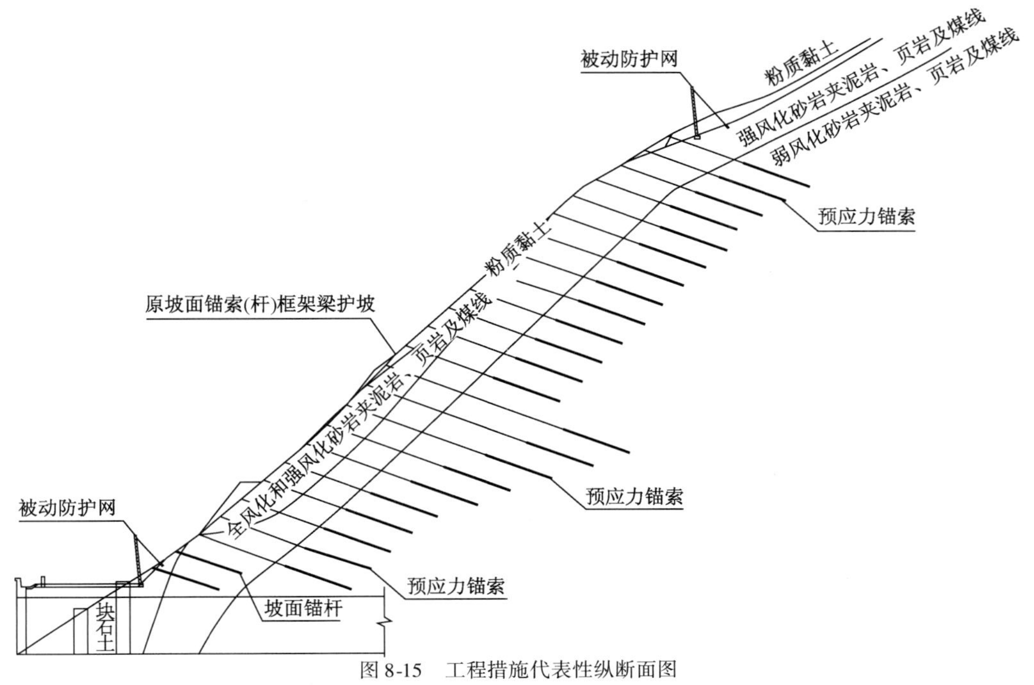

图 8-15　工程措施代表性纵断面图

①加固区域坡面设置锚杆框架梁护坡，框架梁采用C40钢筋混凝土浇筑，节点间距4.0m，矩形布置，锚杆长度为10m。锚孔采用ϕ110mm钻孔，与水平面成20°下倾角，孔内灌注M40水泥砂浆，注浆压力不小于0.4MPa。框架梁内采用灌草护坡防护。

图8-16 边坡锚固结构施工完成后效果

②加固区域坡面设置锚索框架梁护坡，框架梁均采用C40钢筋混凝土浇筑，节点间距均为4.0m，矩形布置，每孔锚索锚固段长度均为10m，自由段长度为10～27m。锚索为一孔4～6束，锚索均采用ϕ150mm钻孔。当锚索自由段处于块石土及全风化/强风化砂岩夹泥岩、页岩及煤线地层时，采用外径146mm、壁厚6.5mm的钢套管钻进，并保留在土层中，锚头采用C40混凝土封闭。框架梁内采用灌草护坡防护。

③隧道仰坡洞顶、锚索（杆）加固区坡顶各设置一道被动防护网。

施工后效果如图8-16所示。

案例16 陡倾岩面复合边坡覆土塌滑——坡顶抗滑桩"阻滑"

（1）工程概况

以兰渝铁路某路堑工点为例，工程位于四川盆地东部的南充市顺庆区，属剥蚀残丘地貌，地形地貌较简单，起伏不大，地面横坡坡角约为11°。该段线路位于边坡中部，路基横断面方向大致垂直于等高线，线路中心挖方深度0.1m，开挖边坡高度约8.0m。路堑开挖后基岩上的覆盖土层形成临空面。路基左侧为陡坡路基，设置重力式路肩挡土墙收坡。

本段路基范围内覆盖层为第四系坡残积层（Q_4^{dl+el}）粉质黏土，下伏基岩为侏罗系上统遂宁组（J_3s）泥岩夹砂岩。

〈1〉粉质黏土（Q_4^{dl+el}）：呈褐红、灰绿色，硬塑状，质较均匀，含约20%的碎石、角砾，厚0～6m不等，分布于缓丘旱地中，其重度$\gamma=19.5\text{kN/m}^3$，黏聚力$c=20\text{kPa}$，内摩擦角$\varphi=15°$。

泥岩为砖红色、紫红色，质软，主要为泥质结构，局部为粉砂质结构，中厚层构造，微层理发育，易风化，见水易软化崩解。局部夹灰褐色砂岩。

〈2〉泥岩夹砂岩（强风化）（J_3s）：重度$\gamma=22.0\text{kN/m}^3$，内摩擦角$\varphi=40°$。

〈3〉泥岩夹砂岩（中风化）（J_3s）：重度$\gamma=23.0\text{kN/m}^3$，内摩擦角$\varphi=53°$。

代表性断面如图8-17所示。

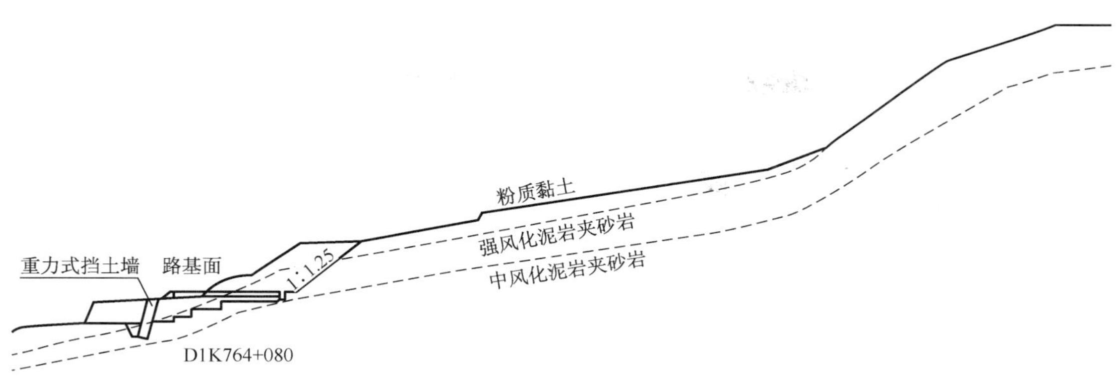

图 8-17 D1K764 + 073 ~ D1K764 + 127 代表性横断面图

(2)稳定性分析

自然坡面覆盖层为粉质黏土,吸水性强;下伏基岩为泥岩夹砂岩,透水性差。在开挖形成临空面的情况下,覆盖层极易沿基岩面下滑形成滑坡。同时,覆盖层粉质黏土也有可能形成土质坡面的塌滑病害。

对此类工程应选取代表性横断面,考虑天然工况、暴雨或连续降雨工况进行稳定性分析,确定应对策略。由于该类边坡可能在土层中出现圆弧滑动面,也可能沿基岩面形成复式滑动面,难以确定最危险滑动面,因此采用无须假定滑动面的强度折减法进行稳定性分析,根据应力和应变确定最危险滑动面。

在暴雨或连续降雨工况下的稳定安全系数为 1.17,不满足规范要求,应采取加固措施,潜在滑动面如图 8-18 所示。

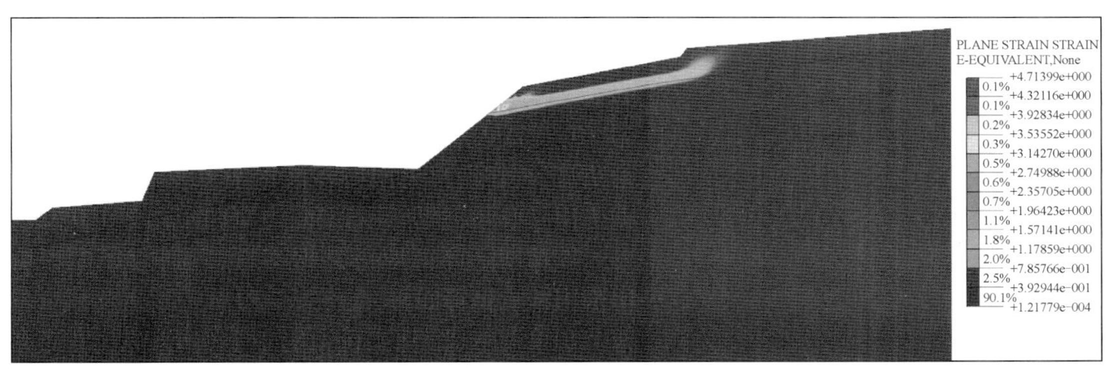

图 8-18 暴雨工况等效塑性应变云图

(3)工程措施

在暴雨或连续降雨工况下,表层粉质黏土极易顺层面下滑,因此需在堑顶设置支挡结构,提高边坡稳定性,防止边坡失稳危及线路安全。

在路堑堑顶外设一排锚固桩,共 10 根,桩截面尺寸为 1.5m × 1.5m,桩间距为 6m,桩长 7.0m,如图 8-19 所示。

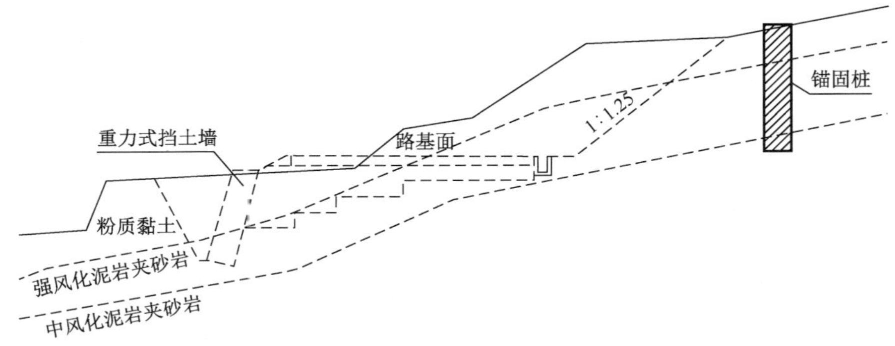

图 8-19　边坡加固横断面图（D1K764 +080）

8.3 软硬互层岩质边坡设计

8.3.1　软硬互层岩质边坡基本特征

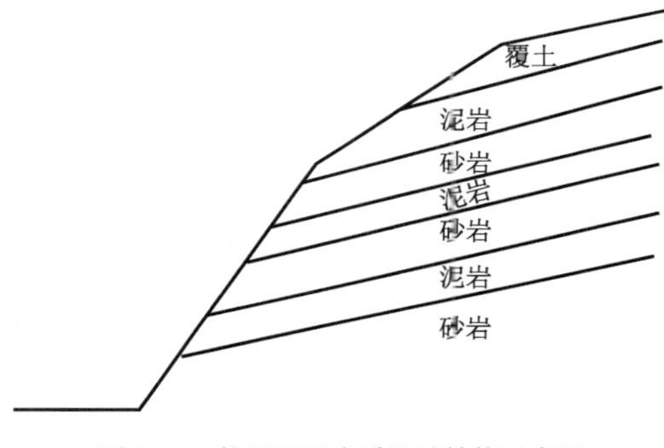

图 8-20　软硬互层岩质边坡结构示意图

软硬互层岩质边坡是指由强度差异较大的两组或两组以上岩体成互层状结构组成的边坡，如图 8-20 所示，广泛分布在西南、西北、华中华南，尤其是红层、变质岩、煤系地层等分布的地区。软硬互层岩质边坡岩体一般为薄层～中厚层砂岩、泥岩和页岩，结构面平直、光滑。在一定条件下，该类岩体的层间错动强烈，可见大量波状剪切光面，其间分布多层泥化夹层，其中的裂隙多表现为闭合的隐裂隙。

8.3.2　软硬互层岩质边坡破坏模式

边坡的破坏与自身岩土体的结构类型存在着密切联系，软硬岩互层岩质边坡的破坏模式可分为以下几种类型[1-13]：

（1）滑移-拉裂破坏模式

滑移-拉裂破坏模式可发生在开挖坡脚大于岩层倾角的缓倾角和中等倾角的各类岩性组合顺层边坡中，但更多发生在中等倾角的软硬岩互层、厚层硬岩夹薄层软岩、页岩和板岩类的顺层岩质边坡中。边坡开挖后，斜坡岩体在自重应力作用下沿下伏软弱层面向临空面方向蠕动滑移，随着位移量的不断增加，滑移体逐渐被拉裂解体，如图 8-21 所示。

(2)滑移-压致拉裂破坏模式

滑移-压致拉裂破坏模式主要发生在开挖坡脚大于岩层倾角的缓倾角软硬岩互层类顺层边坡中。当边坡开挖形成有效临空面后，在上覆岩土压力作用下，坡体沿平缓软弱结构面向坡前临空面方向产生缓慢的蠕变性滑移，如图 8-22 所示。

(3)滑移-弯曲破坏模式

滑移-弯曲破坏模式主要发生在中等倾角或陡倾角软硬岩互层和板岩、片岩、页岩以及泥岩类顺层岩质边坡中。此时开挖边坡坡脚一般等于岩层倾角，发生这类破坏的岩体结构一般表层为较薄的具有柔性的硬岩层，其下为软弱夹层。当边坡的滑移控制面倾角明显大于该面的综合摩擦角时，上覆岩体就具备了沿滑移面下滑的条件。但由于滑移面未临空，故使岩体下滑受阻，造成坡脚附近顺层岩板承受纵向压应力，在一定条件下可使之发生弯曲变形，甚至导致溃屈破坏，如图 8-23 所示。这种破坏一般分为三个阶段：轻微弯曲阶段、强烈弯曲阶段、裂面贯通后边坡溃屈阶段。

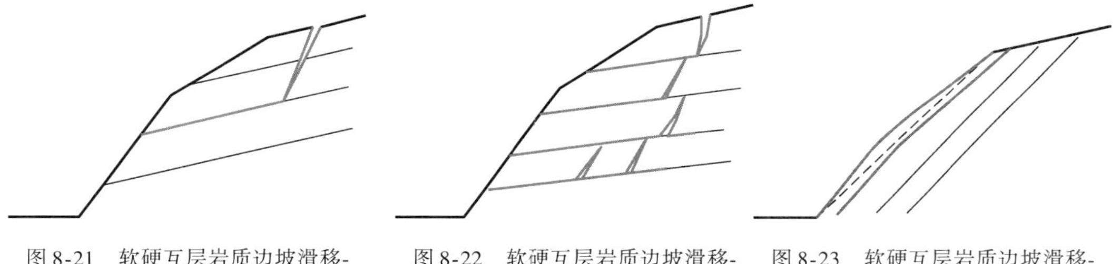

图 8-21 软硬互层岩质边坡滑移-拉裂破坏模式

图 8-22 软硬互层岩质边坡滑移-压致拉裂破坏模式

图 8-23 软硬互层岩质边坡滑移-弯曲破坏模式

(4)滑移-前缘剪出破坏模式

滑移-前缘剪出破坏模式主要发生在中等倾角或陡倾角软硬岩互层、软岩、页岩类和厚层硬岩夹薄层软岩的顺层岩质边坡中，开挖边坡坡角一般等于岩层倾角，如图 8-24 所示。

(5)滑劈破坏模式

滑劈破坏模式主要发生在陡倾角含有软弱夹层的各类顺层边坡中。滑劈分为上下两段，上段为主滑体，是边坡破坏的主要动力来源，破坏机理为剪切滑动；下段则为被动破坏，如图 8-25 所示。

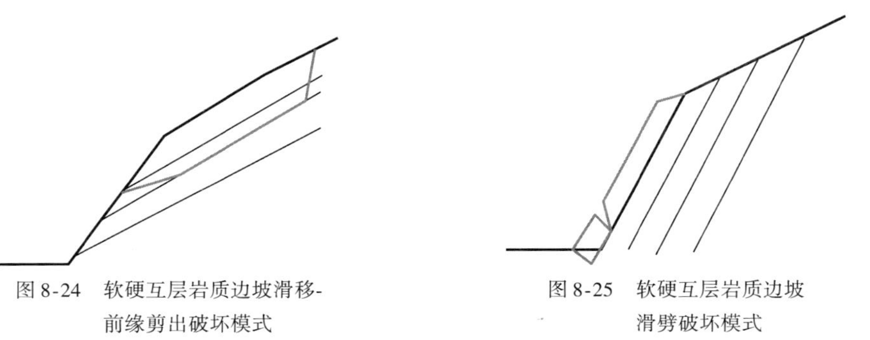

图 8-24 软硬互层岩质边坡滑移-前缘剪出破坏模式

图 8-25 软硬互层岩质边坡滑劈破坏模式

8.3.3 软硬互层岩质边坡设计对策

1)设计原则

根据软硬互层边坡的稳定性影响因素和失稳破坏模式,软硬岩边坡的失稳多是由于软硬岩差异风化和水对软岩的软化、泥化作用,造成边坡的崩塌或滑坡。此类边坡有多种失稳破坏模式,顺层岩质路堑边坡在制定加固技术方案时应考虑如下加固原则:

(1)根据顺层岩石边坡开挖破坏模式,选择抗滑桩、锚固结构、抗滑挡墙等支挡加固技术。

(2)优先采用先加固后开挖的顺序。

(3)中小型推力坡体宜采用轻型加固体系(微型桩)。

(4)大推力边坡或滑坡宜采用多排抗滑桩加固。

2)设计方法

(1)稳定性分析

①顺层滑移破坏型。

单一滑面采用极限平衡法分析[11,12];对于多层滑面,可采用机动位移法分析。

②滑移拉裂破坏型。

假设边坡走向与岩层走向一致,将边坡简化为平面问题[13],通过分析自然斜坡坡角等于岩层倾角与自然斜坡坡角小于岩层倾角两种情况,推导出岩层失稳横向极限长度,以此来分析边坡稳定性。

③滑移弯曲破坏型。

可用压杆稳定理论对顺层边坡的溃屈问题进行分析[14],在一定条件下将滑移-弯曲破坏型顺层岩质边坡简化为多层板梁的稳定问题,通过建立相应的板梁力学模型(图8-26),同时考虑不同约束情况,利用能量法对其稳定性进行分析。

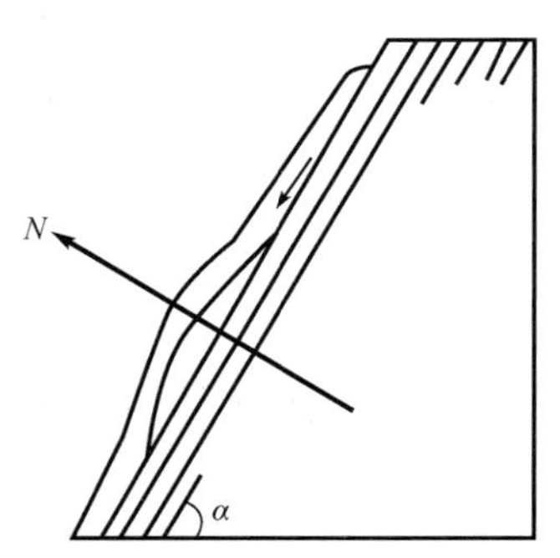

图8-26 板梁力学模型示意图
α-板梁倾角;N-结构面上的有效反力

④滑劈破坏型。

分析岩体滑坡时,可采用斜条分法,考虑滑体内条块的非垂直条分,且在求解稳定系数时采用滑面强度安全储备的方法,可以考虑滑体底部主滑面与滑体内部非垂直条块间的接触面具有相同或不同的安全储备。对于反倾岩层边坡倾倒稳定性分析,亦可使用安全储备概念,但在建立倾倒岩块的力矩平衡方程时不考虑安全储备。据此可以针对转体建立力矩平衡方程,进行边坡的稳定性分析。

(2)支挡结构设计

①抗滑桩(键)加固。

抗滑桩是防治滑坡的一种支挡工程,目前在国内外广泛应用于边坡加固。它是一种侧向受荷桩,在滑坡推力或岩土侧压力作用下,桩依靠埋入滑动面或潜在滑动面以下部分的锚固作用和被动抗力,以及滑面以上桩前滑体被动抗力来维持稳定。

在顺层路堑边坡加固过程中,抗滑桩一般布置在坡脚,当边坡较高且软弱层面出现在半坡上时,抗滑桩布置在半坡上。当顺层推力较大、桩悬臂较长时,为改善悬臂桩的受力条件,减小桩的内力及桩的截面与埋深,需在桩的上部设置锚索,并且按锚索桩设计。当软弱夹层位置确定且较薄、层面上下岩层较为完整时,也可在半坡上设置抗滑键。

布置在坡脚的桩按悬臂桩进行设计,并进行抗弯、抗剪检算。布置在半坡上的桩,在确保桩前边坡稳定的前提下,可按埋式桩进行设计;当假定滑面以上桩悬臂较长或软弱夹层较厚时,应进行抗弯、抗剪检算;当软弱夹层较薄且层面上下为较为完整的硬质岩时,桩可只进行抗剪断计算。抗滑键可只进行抗剪断计算。

②喷射混凝土挂网加锚杆(索)加固。

对于开挖后松散破碎的坡面,采用这种方法既可对坡面进行防护,也可加固坡体。即先对开挖坡面挂网,然后喷一定厚度的混凝土,再施加一定长度的锚杆(索)加固坡体。锚杆(索)加固坡体的布置形式有多种,布置时应充分考虑软弱结构面的产状、分布情况及可能发生的破坏模式,可分散均匀布置,也可集中布置,但锚杆(索)应穿过软弱层面一定深度。

③抗滑挡墙。

当路堑边坡高度不高于天然状态下顺层边坡的极限高度时,可在坡脚设置抗滑挡墙加固顺层边坡,一般与桩结合使用。单一的抗滑挡墙主要在边坡不高、顺层推力较小的顺层边坡中使用。

④独立微型桩锚固设计。

对于各岩层完整性较好且强度较高的顺层岩质边坡,开挖之后潜在滑动范围内的滑体主要沿层间软弱结构面整体向下滑移,此时微型桩桩体的抗剪能力是滑坡稳定的决定因素。一般情况下,岩体中的滑移面是有一定厚度充填物的软弱结构面,其抗滑能力的发挥如图 8-27 所示[14]。

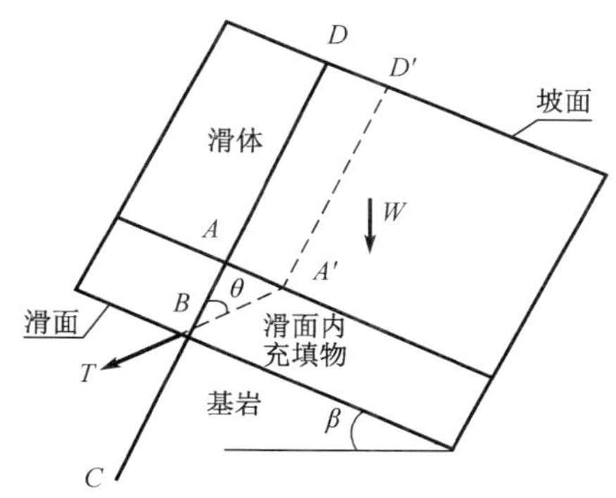

图 8-27　单根微型桩的抗剪分析

T-单根微型桩拉力;W-滑体自重;β-边坡坡角;θ-变形角

当发生滑移时,由于滑体内相对位移很小,可假设滑体在滑动面上发生刚体位移,即假设坡顶位移 DD' 与滑动面顶部位移 AA' 相等。也就是说,当滑体发生位移时微型桩 AB 受拉而移到 BA',此时产生拉力 T。微型桩的 BC 部分因在基岩内而未发生位移,AD 部分平移到 $A'D'$ 的位置。滑动面充填物的厚度为 AB。

8.3.4　软硬互层岩质边坡工程实例

案例 17　软硬互层边坡沿软弱面滑动——锚杆“锁固”“阻滑”

(1)工程概况

以渝怀铁路某顺层路堑边坡工程为例,该工点属于中低山斜坡地貌,线路行进于坡角变坡地带,地形左低右高,自然坡角为 15° ~ 30°。

工点基岩大面积裸露，为寒武系中统平井组灰岩、白云岩、隐晶质结构，中厚层状，岩层倾向线路，走向与线路间的夹角2°～5°，岩层倾角31.3°。地表石笋、溶沟、溶槽、溶缝等岩溶形态发育，植被较差。

(2)稳定性分析

线路以挖方通过，路堑中心最大深度为11.99m，右侧边坡存在顺层，边坡开挖后，容易造成边坡失稳。

分别按天然状态和饱水状态进行稳定性分析。岩体重度 $\gamma=24.6\text{kN/m}^3$，滑面的厚度 $h=0.4\text{m}$，倾角 $\theta=30°$，长度 $L=68\text{m}$，经计算，单宽滑体自重 $W=5412\text{kN/m}$。经测定，滑面充填物参数为：天然状态 $c=41\text{kFa}$，$\varphi=22°$；饱水状态 $c=11\text{kPa}$，$\varphi=16°$。

①天然状态：

$$K=\frac{W\cos\theta\tan\varphi+cL}{W\sin\theta}=\frac{5412\cos30°\tan22°+41\times68}{5412\sin30°}=1.73$$

②饱水状态：

$$K=\frac{W\cos\theta\tan\varphi+cL}{W\sin\theta}=\frac{5412\cos30°\tan16°+11\times68}{5412\sin30°}=\frac{2093}{2706}=0.773$$

由于坡体在饱水状态不稳定，需要进行加固。取设计安全系数为 $K_s=1.8$，则单宽滑体所需的锚固力为：

$$T=1.8\times2706-2093=2778\text{kN/m}$$

(3)工程措施

由稳定性分析可知，本工程路堑开挖后，在饱水工况、无工程措施的条件下安全系数仅为0.773；考虑工程投资，选用锚杆加固方案。

本工点右侧下部坡面按1:0.5刷坡，上部坡面按设计位置顺岩层面清方，路堑边坡采用锚杆加固处理。单根锚杆按独立微型桩设计，抗拉屈服强度 $[\sigma]=200\text{MPa}$，抗剪屈服强度 $[\tau]=\mu[\sigma]$，μ 值取为0.45，弹性模量 $E=2\times10^5\text{MPa}$。每根锚杆由3根 ϕ32mm(16MnQ)钢筋加工而成，抗剪断面积 $A=24\text{cm}^2$，钻孔直径为110mm，孔内灌浆M35水泥砂浆，采用孔底注浆法施工。工程措施如图8-28所示。

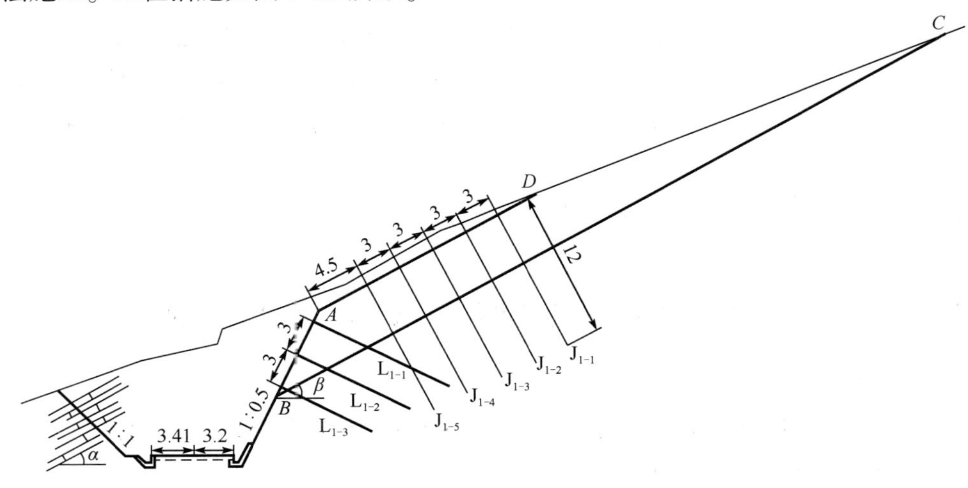

图8-28　锚杆加固顺层岩质边坡的实例(尺寸单位：m)

案例18 软硬互层边坡多滑面滑动——“清方减载+固脚强腰”

（1）工程概况

以叙毕铁路某大桥岸坡防护工程为例，桥址区属云贵高原溶蚀、侵蚀深切河谷地貌，地面高程1307～1469m，河流下切深度达160余米，河床宽度10～30m，桥址处河流呈U字形弯曲，两岸岸坡较陡，坡角为40°～60°。河谷两岸为溶蚀丘陵，局部发育洼地，地形相对较缓，村庄散布，地表覆盖少许灌木植被，基岩裸露，工程现场如图8-29所示。

桥址坡体零星覆有第四系全新统坡残积（Q_4^{dl+el}）黏土、崩坡积（Q_4^{col+dl}）块石土及人工填土（Q_4^{ml}）；基岩为三叠系下统永宁镇组二段（T_1^2yn）泥质灰岩、灰岩、钙质泥岩、泥质白云岩等，永宁镇组一段（T_1^1yn）灰岩夹泥质灰岩。该工点地层剖面存在灰岩与泥质白云岩互层（T_1^1yn）以及厚0～1.5m的钙质泥岩（T_1^1yn）夹层。主要地层描述如下：

图8-29 现场地貌

〈1〉黏土（Q_4^{dl+el}）：褐黄色、灰黄色、棕黄色等，硬塑状，局部含少量碎石角砾，石质成分为灰岩、白云岩，厚薄不均，厚0～2m，局部较厚，属Ⅱ级普通土。

〈2-1〉泥质灰岩、灰岩夹钙质泥岩（T_1^1yn）：灰、深灰色，中厚层夹薄层状，局部夹厚0.2～1.0m深灰色钙质泥岩，整层厚度大于30m，位于该地层上部，整体较完整，钻取岩芯呈柱状，强风化厚0～15m，属Ⅳ级软石，弱风化属Ⅴ级次坚石。

〈2-2〉灰岩与泥质白云岩互层（T_1^2yn）：该地层为浅灰、灰黄、灰白色，细晶、泥质结构，中厚层状，节理裂隙较发育，岩体较破碎，溶蚀较严重，节理裂隙间局部充填黏土。强风化属Ⅳ级软石，弱风化属Ⅳ级软石。

〈2-3〉钙质泥岩（T_1^2yn）：灰、灰绿色，泥钙质胶结，泥质结构，薄至中厚层状，弱风化属Ⅳ级软石。厚薄不均，为夹层分布，厚约0～1.5m。

〈3〉灰岩夹泥质灰岩（T_1^1yn）：灰、深灰色，局部青灰色，隐晶质结构，中厚层夹薄层状，岩表受溶蚀严重，沿节理裂隙的溶沟、溶槽较深，钻取岩芯呈柱状、短柱状，局部破碎块状，裂面有铁染，多为微张，总体较完整，局部因节理、裂隙、溶蚀等破碎。弱风化属Ⅴ级次坚石。

桥墩附近坡面基岩岩层产状为N65°E/25°NW，岩层走向与线路走向的夹角约26°，倾向线路左侧，垂直线路方向的视倾角约22°，线路方向的视倾角约12°；桥墩附近发育有两组节理：①N13～18°E/90°，节距0.2～1m，延伸性较好；②N15～20°W/90°，节距0.3～1m，延伸性较好。

桥址地震动峰值加速度为0.05g，地震动反应谱特征周期为0.35s。

（2）稳定性分析

线路以桥梁通过此段复杂地层，桥址纵断面存在岸坡稳定问题，加之桥址区节理裂隙及溶蚀裂隙极为发育，表水下渗可能导致钙质泥岩层软化，影响桥梁桩基、墩台安全。

清除岸坡破碎体，按图 8-30 所示刷坡后，因边坡视倾角为 12°，层间抗剪强度较大，验算后稳定性满足要求，但〈2-3〉弱风化钙质泥岩为软弱夹层，层间力学参数较低，见表 8-5。

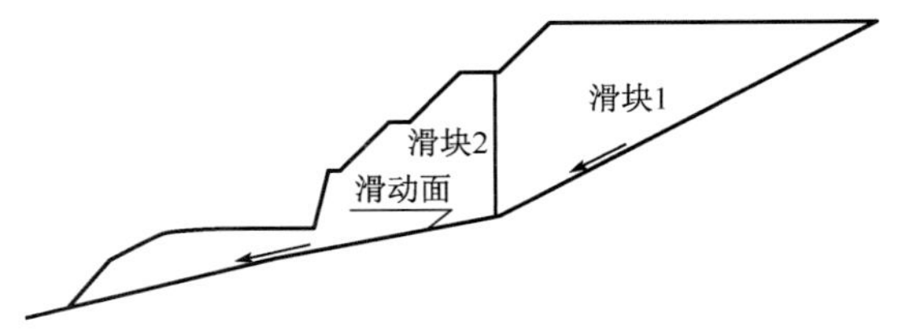

图 8-30　稳定性分析示意图

地层力学参数　　表 8-5

地　　层	正 常 工 况			暴雨或连续降雨状态		
	γ(kN/m^3)	c(kPa)	φ(°)	γ(kN/m^3)	c(kPa)	φ(°)
〈2-3〉弱风化钙质泥岩	19	6	19	20.5	4	17.5

根据图 8-30 折线滑动面稳定性验算，稳定系数计算结果见表 8-6。

稳定系数计算结果　　表 8-6

位　　置	工 程 措 施	正 常 工 况	暴雨或连续降雨状态
泥岩软弱层	自然状态	1.16	1.05

根据《铁路特殊路基设计规范》(TB 10035—2018)[8] 相关要求，取安全系数 $K_s = 1.15$，暴雨或连续降雨状态工况时，可计算得出出口推力 $T = 887$kN。

(3)工程措施

由稳定性分析可知，原始边坡处于极限稳定状态。当设计安全系数为 1.15，暴雨或连续降雨状态工况时，按传递系数法计算出口推力为 887kN，加之岸坡稳定问题，综合分析后，选用清方减载、基坑坡脚设置锚索桩、坡面设置锚索(杆)框架梁等加固的方案，如图 8-31 所示。

①承台大里程端及左右侧，坡脚设置锚固桩，桩截面尺寸为 1.5m×2m、2m×3m，桩长 12～32m，均采用 C35 混凝土灌注。其中大里程端为锚索桩，均采用一孔 8 束 ϕ15.2mm 高强度、低松弛钢绞线制作，每孔锚索设计锚固段长 10m，自由段为 25m。

②桩间设置土钉墙，墙高为 6～12m，土钉墙墙面坡率 1∶0.2。土钉墙墙面采用 C35 钢筋混凝土浇筑。

③承台大里程桩(墙)顶以上纵向第一、二、四级边坡，设置锚索框架梁护坡。每孔锚索锚固段长度均为 10m，自由段长度为 8～30m。框架梁节点间距 4.0m，矩形布置，采用 C35 钢筋混凝土现浇。锚索均采用 6 束 ϕ15.2mm 高强度、低松弛钢绞线制作。

④承台大里程桩(墙)顶以上纵向第三级边坡，设置锚杆框架梁护坡。框架梁均采用 C35 钢筋混凝土现浇，节点间距 4.0m，矩形布置，锚杆长度为 10m。

⑤承台大里程桩(墙)顶以上纵向第五级边坡，锚索(杆)框架梁内，均设置喷锚网护坡，采用 C25 混凝土喷射，喷射混凝土厚度为 10cm，分两次喷射。

⑥堑顶外侧设置天沟，天沟截面尺寸为 0.6m(底宽)×0.8m(沟深)×0.3m(壁厚)，采

用 M7.5 浆砌片石砌筑。

⑦桩顶及边坡平台、堑顶外侧，设置位移观测桩，采用 C25 素混凝土制作。

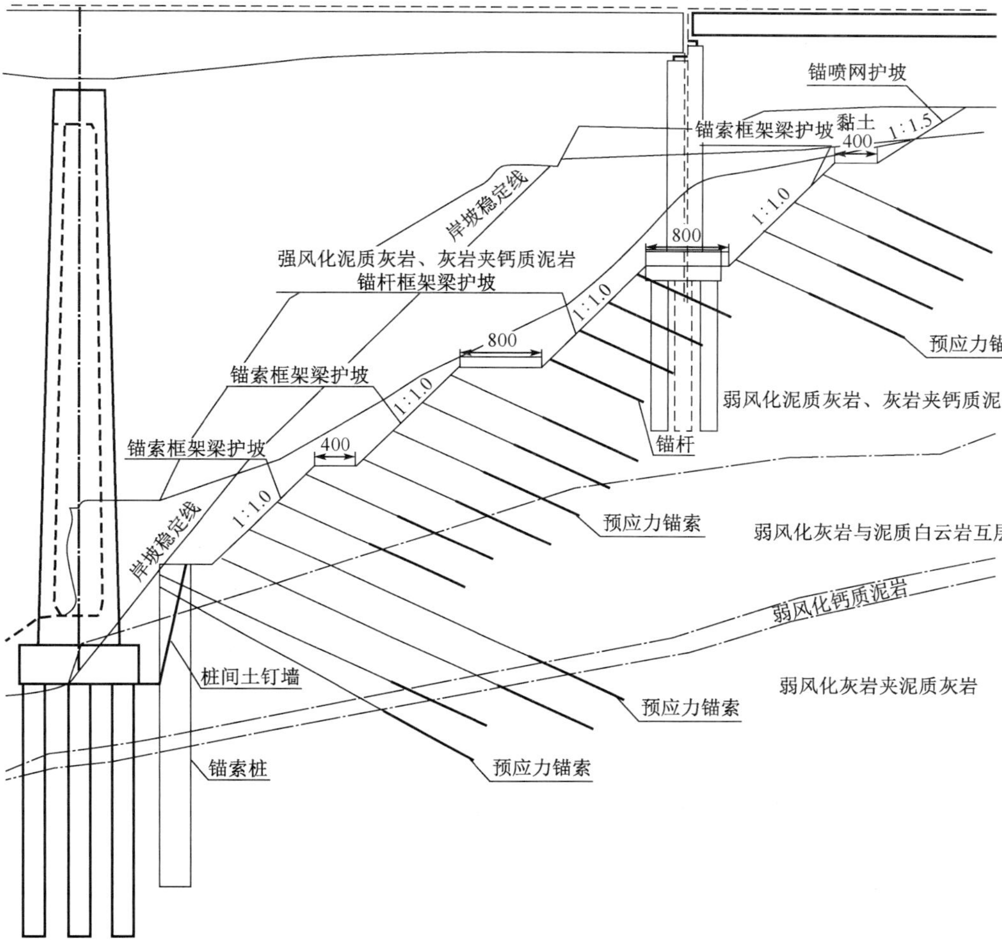

图 8-31　工程措施代表性纵断面图（尺寸单位：cm）

施工后效果如图 8-32 所示。

图 8-32　主体支挡结构施工完成后效果

8.4 复合边坡设计对策

总结归纳影响边坡稳定的主要因素、可能的主要破坏形式,表 8-7 给出三种主要复合边坡的基本特征并提出对应的设计对策。

复合边坡基本特性及设计对策　　表 8-7

边坡类型	主要特征	影响稳定的主要因素	可能的主要破坏形式	设计对策
缓倾岩面复合边坡	边坡下部为岩层、上部为土层的二元结构边坡,且边坡的岩面倾角一般小于 30°。坡体上部由土和岩石全风化层组成,大部分土层结构松散,有大量孔隙,透水性较强,下部为坚硬的基岩	(1)控制性结构面是土岩层的交界面; (2)上部土层的稳定性; (3)土层与岩层界面的抗剪强度	(1)当上部土体厚度较大时,滑动面位于上部土层中,破坏模式主要表现为圆弧式、平面式和折线式滑动破坏; (2)滑动面为上部土层与下部岩层的界面,坡体滑动破坏主要表现为沿该界面的折线型滑动模式	(1)截排水; (2)控制坡率; (3)削坡减载; (4)抗滑挡墙; (5)普通抗滑桩; (6)植被护坡; (7)预应力锚索; (8)锚杆
陡倾岩面复合边坡	边坡下部为岩层、上部为土层的二元结构边坡,且边坡的岩面倾角一般大于 30°。坡体上部由土和岩石全风化层组成,大部分土层结构松散,有大量孔隙,透水性较强,下部为坚硬的基岩。滑坡推力相对较大	(1)控制性结构面是土岩层的交界面; (2)上部土层的稳定性; (3)土层与岩层界面的抗剪强度; (4)岩面倾角	(1)当上部土体厚度较大时,滑动面位于上部土层中,破坏模式主要表现为圆弧式、平面式和折线式滑动破坏; (2)滑动面为上部土层与下部岩层的界面,坡体滑动破坏主要表现为沿该界面的折线型滑动模式; (3)连续降雨期间,边坡浅表层土体饱水后易出现滑塌和溜滑; (4)分级开挖过程中,局部坡体失稳	(1)截排水; (2)控制坡率; (3)削坡减载; (4)抗滑桩,包括多排抗滑桩、多排沉埋与全长组合式抗滑桩、门架形抗滑桩、预应力锚索抗滑桩等; (5)预应力锚索框架梁; (6)锚杆框架梁
软硬互层岩质边坡	由强度差异较大的两组或两组以上岩体成互层状结构组成的边坡。结构面平直、光滑。在一定条件下,该类岩体的层间错动强烈,可见大量波状剪切光面,其间分布多层泥化夹层,其中的裂隙多表现为闭合的隐裂隙	(1)软硬岩差异风化; (2)水对软岩的软化、泥化作用; (3)软弱层面抗剪强度	(1)滑移-拉裂破坏; (2)滑移-压致拉裂破坏; (3)滑移-弯曲破坏; (4)滑移-前缘剪出破坏; (5)滑劈破坏	(1)优先采用预加固后开挖的原则; (2)一般可采用普通抗滑桩、锚固结构、抗滑挡墙等加固技术; (3)中小推力边坡宜采用轻型加固体系(微型桩); (4)大推力边坡宜采用多排抗滑桩

本章参考文献

[1] 郑颖人,陈祖煜,王恭先,等. 边坡与滑坡工程治理[M]. 2 版. 北京:人民交通出版社,2010.

[2] 付宏渊. 公路边坡工程[M]. 北京:人民交通出版社股份有限公司,2017.

[3] 中华人民共和国住房和城乡建设部. 建筑边坡工程技术规范:GB 50330—2013[S]. 北京:中国建筑工业出版社,2014.

[4] 马惠民,王恭先,周德培. 山区高速公路高边坡病害防治实例[M]. 北京:人民交通出版社,2006.

[5] 舒述安. 东拉大桥右岸古滑坡局部失稳机理及防治对策研究[D]. 成都:西南交通大学,2014.

[6] 肖世国,张腾飞,曹兴松,等. 软岩高边坡多级框架锚杆设计计算方法[J]. 西南交通大学学报,2014,49(5):787-792.

[7] 邓夷明. 双排抗滑桩抗滑机理的研究[D]. 成都:西南交通大学,2008.

[8] 国家铁路局. 铁路特殊路基设计规范:TB 10035—2018[S]. 北京:中国铁道出版社,2018.

[9] 肖世国. 边(滑)坡治理中 H 型组合抗滑桩的分析方法及工程应用[J]. 岩土力学,2010,31(7):2146-2152.

[10] 张益锋. 微型桩抗滑组合结构受力分析[D]. 成都:西南交通大学,2011.

[11] 姚平. 竹城公路顺层岩质边坡稳定性及工程设计研究[D]. 长沙:中南大学,2007.

[12] 冯君. 顺层岩质边坡开挖稳定性及其支护措施研究[D]. 成都:西南交通大学,2005.

[13] 白云峰. 顺层岩质边坡稳定性及工程设计研究[D]. 成都:西南交通大学,2005.

[14] 李安洪,周德培,冯君,等. 顺层岩质边坡稳定性分析与支挡防护设计[M]. 北京:人民交通出版社,2011.

第9章　长大边坡设计

边坡高度是影响边坡工程整体稳定性的重要因素，可以作为边坡的总体划分原则，道路边坡在土质路堑边坡高度20m以内或岩质边坡30m以内的情况下，边坡产生的坡脚应力集中现象不明显或在岩土强度安全承载范围内，称之为普通或一般路堑边坡；当土质路堑边坡高度大于20m或岩质边坡高度大于30m时，坡脚应力集中现象较为突出，经常造成坡脚或坡体其他部位岩土破坏，影响或危及坡体的稳定与安全，故称之为路堑高边坡[1-4]。有些边坡可能不高，但边坡长，边坡累积应力大，因此工程领域将坡长作为边坡规模的重要表征。对于坡长较大且坡高较大的边坡，若完全忽视边坡的规模效应，单纯按规范进行稳定性分析、采取治理措施，可能导致工程风险过大，达不到预期效果。坡高和坡长是边坡工程规模的直观表征，也是确定工程方案的重要因素，为便于工程治理，本指南将中长及长边坡中的路堑高边坡称之为长大边坡。

9.1 长大边坡基本特征

根据道路边坡工程的基本特点和稳定性评价的客观需要，长大边坡可以从物质形成、岩土性状、破坏形式和破坏机理的角度分为长大土质边坡和长大硬质岩边坡。长大土质边坡包括长大均质土边坡和长大类土质边坡。

9.1.1　长大土质边坡

(1)长大均质土边坡

长大均质土边坡由均匀的土体构成，土体强度决定了边坡的稳定程度。均质土路堑边坡一般比较低矮并且相对较少，一般由水力、风力、重力等搬运作用形成的第四纪松散物质组成如黄土边坡、砂性土边坡、黏性土边坡(图9-1)、碎石土边坡(图9-2)。坡体物质相对均匀，地层性质较为单一，坡体结构比较简单，无影响滑裂面形成的块体或结构面，变形和破坏特征一般规律性较强，主要受土体抗剪强度控制。当土体黏性颗粒含量较大时边坡发生破坏的滑裂面一般呈圆弧形或近似圆弧形，当黏粒含量较少或无黏性颗粒时边坡易发生直线形平面破坏。

图9-1 黏性土边坡

图9-2 碎石土边坡

(2)长大类土质边坡

长大类土质边坡是指岩体风化而成的保留或部分继承了原岩的结构面等其他岩体特征，且未经二次堆积的土体物质或破碎岩体物质构成，稳定特性明显区别于均质土边坡及岩质边坡的一类边坡，包括残积土边坡、全风化和强风化岩质边坡等[5-7]，如以泥岩及泥页岩为主的红层边坡、全强风化花岗岩边坡(图9-3)、全强风化泥灰岩边坡(图9-4)等。这些边坡的坡体物质呈现非石非土的"似土"特点，边坡破坏受残留及次生结构面、风化界面影响时，也具有部分岩体破坏的特征。邹静蓉等调查了多条公路全风化花岗岩边坡的失稳塌滑，认为边坡存在大量的原、次生结构面，使土质不均匀及各向异性，土中原生及次生裂隙对边坡失稳起了决定性的作用[8]。刘好正对花岗岩风化物的工程性质和路基病害进行了研究，得出"边坡的楔形破坏、倾覆破坏和滑动破坏均与花岗岩的节理裂隙及其充填物性质有直接的关系"的结论[9]。而不同地层之间的差异风化界面，以及不同时期或成因的堆积界面往往对边坡的稳定状态起控制作用，这就使得此类边坡的变形破坏往往比较复杂。当原岩软弱面有利于边坡稳定或风化彻底时，该类边坡又可能以产生均质土边坡的破坏形式，如圆弧形式破坏；当边坡存在风化界面及其他软弱面时破坏形式具有不确定性，一般以平面滑动、崩塌形式为主。

图9-3 花岗岩类土质边坡

图9-4 泥灰岩类土质边坡

9.1.2 长大硬质岩边坡

长大硬质岩边坡的主要坡体由岩体构成,其稳定性主要由岩体结构面与边坡倾向的相对关系决定[10]。

岩质边坡由于岩体强度、地质构造和结构面发育程度不同,使得岩质边坡表现出不同的特征,可根据岩质边坡中不同的岩体结构类型将边坡划分成不同的类型,主要种类如下:

(1)近水平层状岩质边坡:主要由近似水平岩层作为介质所形成的边坡,该类边坡由于岩层的层面呈水平状,使得边坡岩体的稳定性相对较好,尤其是层面间距较大的岩层,边坡岩体失稳的可能性较小。

(2)顺倾层状岩质边坡:指岩层具有一定的倾斜角度,且岩层的倾向与边坡坡面的倾向相同(或岩层走向与坡面走向的夹角较小,即为顺层)。由于岩体开挖,使得顺倾岩层在开挖面上出露,故易引起上覆岩体沿着层面向下滑动。因此,顺倾层状边坡稳定性相对较差,该类边坡工程上应给予足够重视。

(3)反倾层状岩质边坡:指层状岩体的倾向与边坡的坡向相反的层状岩体边坡,由于岩体的倾向与坡向相反,其稳定性相对较好,该类边坡大多数整体是稳定的。

(4)块状岩质边坡:主要由厚层块状岩体所组成的边坡,总体上该类岩体边坡的稳定性相对较好。

不同结构的岩体形成的边坡其稳定性是不同的,尤其是含有不利结构面或软弱夹层的坡体,经常出现边坡滑塌失稳。

9.2 长大边坡破坏模式

9.2.1 影响长大边坡稳定的因素

长大边坡的稳定性受多种因素的影响,可分为内在因素和外在因素。内在因素包括边坡岩土力学性质、地质构造、岩土体结构、地应力、水的作用等;外部因素包括工程荷载条件、振动、边坡形态改造、气象条件、植物条件等[11,12]。

(1)岩土力学性质

岩土体的物理力学性质决定了边坡的失稳形式。均质土边坡的失稳以应力控制为主,类土质边坡的失稳以应力、结构面控制为主,岩质边坡失稳以崩塌和结构面控制为主。岩土体的工程性质越好,边坡的稳定性就越高。

(2)地质构造

地质构造因素主要表现为结构面的发育及充填程度、规模、连通性和结构面的产状对边坡稳定性的影响，结构面与边坡面的组合不同，边坡的稳定性也就不一样，如图 9-5 所示。

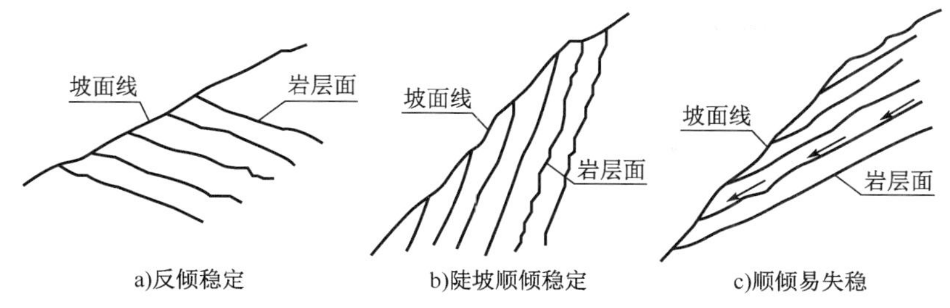

图 9-5 结构面与边坡面组合类型对边坡稳定性的影响示意图

(3)水文地质条件

水文地质条件包括地下水的储存、补给、径流、排泄条件，降雨也会加大地下水的补给。由于岩土体的力学性质受水的影响很大，地下水富集程度的提高一方面增大坡体下滑力，另一方面降低软弱夹层或结构面的抗剪强度，引起孔隙水压力上升，降低滑动面上的有效正应力，导致滑动面的抗滑力减小。因此，地下水富集程度的改变相应地引起边坡稳定性发生改变。有不少边坡失稳与边坡水文地质条件恶化有关，而治理边坡病害也往往是由于改善了水文地质条件而获得成功。

(4)地震

地震作用导致边坡稳定性降低主要是由于地震作用产生的水平地震附加力，当水平地震附加力的作用方向与主滑方向一致时，边坡的下滑力增大，滑动面的抗滑力减小。另外，在地震力作用下，岩土中的孔隙水压力增加、岩土体强度降低，这也对边坡的稳定不利。

(5)边坡形态

边坡形态系指边坡的高度、长度、断面形态、平面形态以及边坡的临空条件等。边坡形态对边坡的稳定性有直接影响。对均质岩土边坡而言，坡角越大，坡高越大，对其稳定性越不利；对岩质边坡来说，当边坡的稳定受同向缓倾滑动结构面控制时，边坡的稳定性与边坡坡角关系不大，而主要取决于边坡高度；此外，边坡的临空条件也影响边坡的稳定。平面上呈现的凹形边坡较凸形边坡稳定，同是凹形边坡，边坡等高线曲率半径越小，越有利于边坡的稳定。

(6)地应力

边坡开挖后，坡体内岩土的初始应力状态发生改变，坡脚剪应力集中，坡顶或坡面的一些部位可能出现拉应力区，从而较易引起边坡的变形破坏。

(7)风化作用

风化作用使岩土的抗剪强度降低，裂隙增加、扩大，影响斜坡的形状和坡角；透水性增加，使地面水易于浸入，改变地下水的动态等，沿裂隙风化时，可使岩土体脱落或沿斜坡崩塌、堆积、滑移等。

(8)人类工程活动

①坡脚开挖。

不当的边坡开挖会产生临空面，致使坡脚的抗滑力减小，而边坡的下滑力却没有相应地减小，造成边坡的稳定性降低。如果边坡有结构面或软弱夹层，当其覆盖层被挖穿时，结构面与边坡面构成不利组合，边坡产生结构面控制型失稳，如图 9-6 所示。

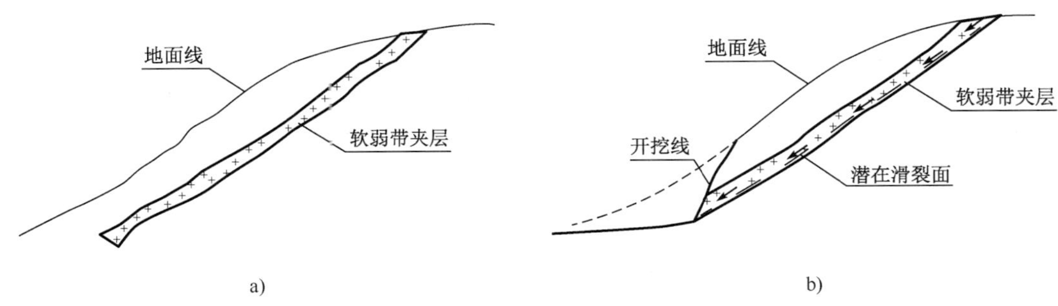

图 9-6　坡脚开挖引起边坡失稳示意图

②坡顶加载。

坡顶加载不仅增加了坡体下滑力，也加大了坡顶张应力和坡脚剪应力集中程度，使边坡岩土体破坏，从而引起边坡稳定性降低，如图 9-7 所示。

③地下开挖。

地下开挖主要包括采矿和开掘铁路、公路隧道，也会引起地表移动或边坡失稳，如图 9-8 所示。

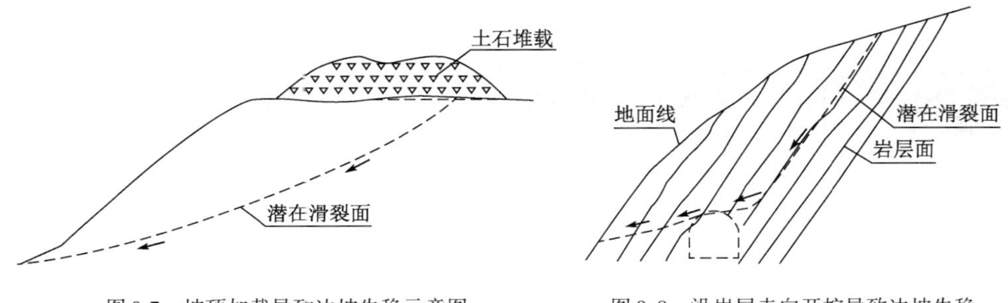

图 9-7　坡顶加载导致边坡失稳示意图

图 9-8　沿岩层走向开挖导致边坡失稳

9.2.2　长大边坡破坏模式

长大边坡工程一般采用台阶式设计，并分为多级，其破坏模式包括坡面破坏和整体滑动破坏两个大类。坡面破坏包括因坡面侵蚀、剥落，在降雨作用下产生冲蚀与溜塌破坏；整体滑动破坏根据破坏形式主要划分为滑坡、坍塌、崩塌。长大边坡存在分级失稳、渐次失稳的现象，既存在单级边坡破坏和失稳的可能，也存在多级边坡即整体破坏失稳的可能。

1）坡面破坏

路堑开挖会破坏坡面的均衡，使坡面浅层土体较为松散，因此在不利的降雨条件下易形成坡面径流、发生表层冲蚀，当坡角较小时以片蚀为主，当坡角较大时以沟蚀为主（图 9-9）。长大均质土、类土质边坡坡面大，水的掏蚀能力加强，沟蚀作用越来越显著，局部缓坡位置形成落水洞的情况频发[7]。边坡的倾角大小是影响冲刷程度的主要因素，研究临界坡角在理论上可更清楚地认识边坡倾角对坡面冲刷的影响，以便在设计中结合边坡稳定和抗冲刷能力确定合理的边坡坡角，或在一定边坡倾角范围内制定有效的防护排水措施。苏伟等在采用坡面流拖曳力法分析全风化花岗岩粒径密度和平均粒径及坡面粗糙度基础上，认为临界坡角与坡面对水流的粗糙程度、入渗情况、径流达到平衡时的坡长等有关，得出了临界坡角约为46°，坡面起始冲刷长度约6m的结论，与全风化花岗岩现场施工得出的坡面冲刷临界坡角为35°～45°的经验比较接近[13,14]。

2）整体滑动破坏

（1）长大土质边坡

①长大均质土边坡破坏形式及破坏特征。

长大均质土边坡最主要的破坏模式是大规模整体滑动破坏，其滑动面通常为圆弧形或圆弧形与夹泥层的组合，这是由于地下水等因素降低土体力学参数或不合理的开挖方式等诱发下，坡体内应力超过滑面的抗剪强度。长大均质土边坡的破坏一般表现为蠕滑-拉裂模式，图9-10表明边坡演化过程中内部应力状态的调整轨迹、途径和现象，反映了边坡的破坏机理[15]。

图9-9　坡面破坏

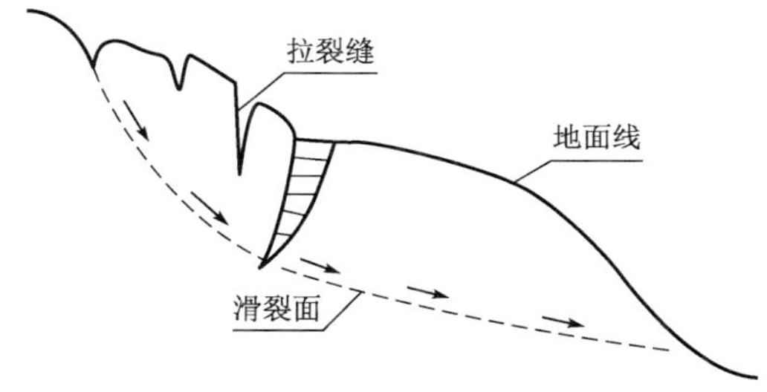

图9-10　蠕滑-拉裂典型示意图

长大均质土边坡的破坏具有牵引性。边坡开挖后，坡顶地面可能出现多级滑动台阶。坡高越大，可能出现的台阶越多。从边坡临空面向山体内部，台阶出现的时间具有延迟效应。破坏规模较小时属于边坡塌滑，规模较大时则转化为牵引式滑坡。

长大均质土边坡的破坏面一般以圆弧形为主，破坏面的长度与坡高、岩性等密切相关，坡高越大破坏面越长。破坏面常呈现叠瓦状特征，但出露部位主要位于边坡坡脚，可采用经典的圆弧法进行边坡稳定性分析。地震力可以加速长大均质土边坡的变形破坏进程，其破坏面仍然呈现圆弧滑动特征。并且，相对于岩质边坡而言，均质土质高边坡由于物质组成比较松散，强烈的动荷载对岩土介质具有振动效应，孔隙比显著增大，地表水易于入渗，介质黏结性能减弱，进而产生地质安全隐患。

长大均质土边坡的稳定性受控于边坡开挖的坡形、坡率，减小开挖面坡角、实现地下水有效排泄、降低强振动荷载，是确保边坡安全稳定的有效途径[15]。

②长大类土质边坡破坏形式及破坏特征。

长大类土质边坡最主要的破坏模式是深层滑动破坏。由于风化岩体边坡存在原岩及次生结构面、风化界面、风化夹层等界面，在表水渗透和淋滤作用下，界面处容易形成地下水和黏性物质的聚集区，往往成为边坡破坏的控制性因素，在特定的形态组合下易发生圆弧形、平面形、折线形以及平面与圆弧组合的复合滑动破坏形式。

当边坡岩体高度风化或高度蚀变，形成无明显结构面或结构面反倾的类土质边坡，或结构面切割严重，岩体呈碎裂状，但单个块体尺寸与边坡高度相比极小，块体间咬合强度低，坡体无软弱面的类土质边坡[5-7,16]时，可视为连续松散介质，这种类土质长大边坡的变形基本受岩土体抗剪强度控制。路堑边坡的开挖，是剪应力场逐渐偏转并向坡脚集中且增大、中下部坡体变形引起坡顶出现拉应力、剪切屈服区向上受拉屈服区向下发展逐步贯通的过程，岩土体强度不足时就会发生剪切-滑移破坏，可引起牵引式多级滑坡，滑动面一般呈圆弧形或似圆弧形。因此，当整个边坡由性质相近的岩土体组成时，坡脚是剪应力集中的受力薄弱区域[17]。

当边坡主体物质由风化程度差异较大的残积土、全强风化层组成时，地层的岩土强度指标相对较低、力学性能差异大，风化界面、外倾结构面可能存在软弱带，这种类土质边坡具有多级剪出的可能，滑动面形态对结构面和风化界面等具有很强的依附性，边坡的变形主要受软弱面抗剪强度控制。如果原岩结构面发育，存在一组或多组贯通性较好的陡倾角和倾向临空的缓倾角结构面时，在各不利结构面的组合作用下，易发生陡缓结构面切割块体沿其下伏外倾缓倾角结构面的变形和破坏[1]（图 9-11）。如果陡倾结构面倾向坡体，边坡开挖出现切脚时，坡体易产生沿结构面的平面滑动破坏（图 9-12）。

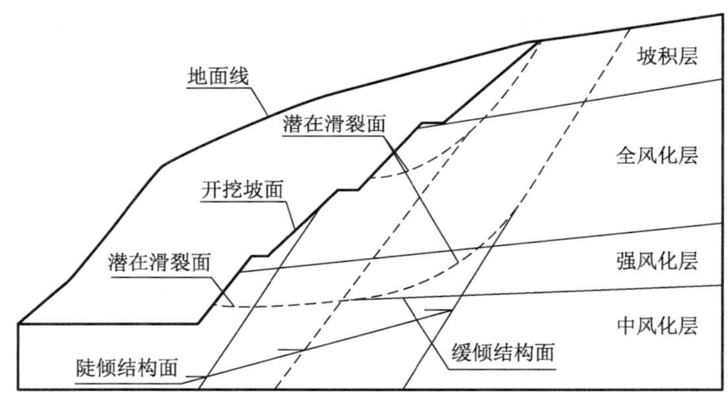

图 9-11　结构面切割块体沿其下伏外倾缓倾角结构面破坏

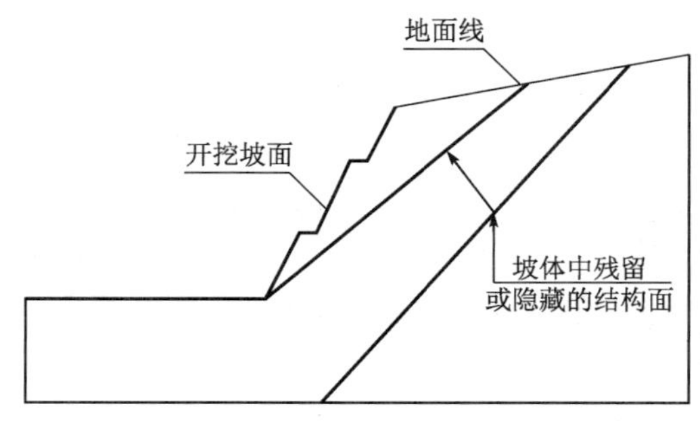

图 9-12　坡体沿结构面的平面滑动破坏

有些类土质边坡产生的滑裂面既受结构面也受岩土体的强度影响,滑裂面形状通常呈平面与似圆弧面的组合形态。由于坡体不连续面的存在,滑裂面的下部常依附于风化界面或基岩顶面产生;同时受坡顶拉应力区的控制,其滑裂面的上部有时呈较陡的近似直线状;滑裂面的中部一般受岩土体的抗剪强度影响发育呈似圆弧形状。整个滑裂面的形状与坡体地层的空间分布位置和范围有关[6]。

(2)长大硬质岩边坡

岩质边坡破坏模式可归纳为四种基本类型,即崩塌、错落、滑动(滑移)、倾倒或溃屈(板裂),崩塌或倾倒均可以与滑移组合,这也是单级边坡常见的破坏模式。长大硬质岩边坡的整体破坏模式较为常见的是滑动破坏和倾倒破坏[15]。

①滑动破坏。

滑动破坏可分为平面直线(折线)滑动破坏(图9-13)和楔形体滑动破坏(图9-14)。对于长大硬质岩边坡来说,顺层滑动最为常见,其破坏条件是施工切断了顺层岩体,被切断坡脚的顺向边坡在受雨水影响后极易滑动(图9-15)。

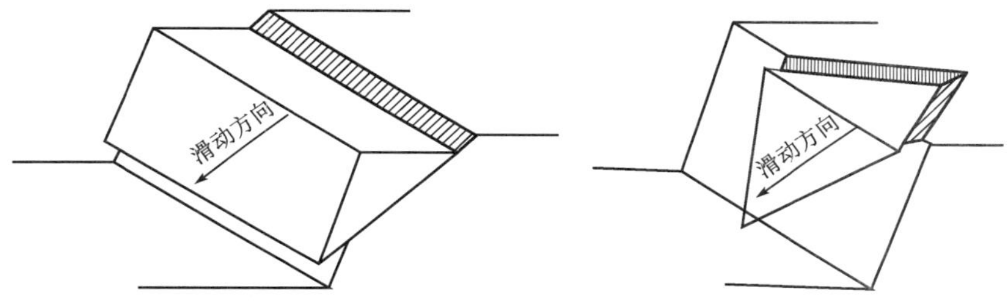

图9-13 平面滑动破坏

图9-14 楔形体滑动破坏

②倾倒破坏。

当有反坡向的软弱结构面存在时才发生倾倒破坏(图9-16),反坡向长大边坡的变形破坏模式可分为弯曲倾倒和块体群倾倒两类,弯曲倾倒的表现形式可分为延性弯曲和脆性折断两种,但最终破坏状态均表现为岩层折断。在反向层状高边坡的成坡过程中,附加构造应力一般已释放殆尽,最多仅存少量的残余应力,所以高边坡岩体主要受自重力、上部岩层的重力以及岩层间的摩擦力作用。

图9-15 平面滑动破坏

图9-16 倾倒破坏

9.3 长大边坡稳定性分析

9.3.1 长大边坡稳定性分析方法

长大边坡稳定性分析常采用极限平衡法和数值分析法[18-21]。

长大边坡滑动面的形状一般有:直线或平面滑动面(如无黏性土)、近似圆弧滑动面(如黏性土)、复合滑动面(如土坡中有软弱夹层时)、楔形滑动等。具体计算方法见第3.4节。

对于长大边坡,边坡处于复杂的岩土体力学环境条件下,边坡稳定性涉及的面很广,其稳定性分析不能局限于上述的某个单一方法,通常会将两种或两种以上方法以及其他理论分析方法结合起来灵活应用,从而取得更好的结果[20]。

(1)条分法与有限元法相结合

到目前为止,在土质边坡稳定性分析中,工程上多采用极限平衡法,而对于黏性土边坡的稳定性分析,离不开条分法的运用。在水利工程中经常存在渗流作用,工程上一般采用简化方法忽略或粗略地计算地下水渗流的作用。在有些工程中(如基坑),渗流场分布十分复杂,简化方法仅在少数情况下可以应用,当边坡中的水头差较大或采用降水措施时,渗流力的不利作用随之明显增大,按简化方法计算的结果则与实际相差较远,甚至有时会得出完全错误的计算结果。由于渗流有限元法能够较为准确地模拟渗流场,因此将条分法和有限元法结合起来应用于边坡稳定性分析中,能够发挥两种算法的优势。

(2)人工神经网络方法

边坡工程系统是一个开放的复杂系统,边坡岩土体稳定状况是多种因素非线性耦合作用的结果,其中岩石强度特性、岩体节理裂隙发育程度、岩体风化作用和开挖坡高是影响边坡岩体稳定性的基本因素,而水的作用(降雨或地下水)以及施工工艺等构成了边坡岩体稳定性的诱发因素。这些因素有的比较明确,但大部分具有随机性、模糊性、可变性等不确定性特点,它们对不同类型边坡岩体稳定性的影响权重是变化的,这些因子之间具有复杂的非线性关系。人工神经网络技术,具有自学习、自组织联想记忆能力和强容错性,为边坡稳定性智能化研究奠定了可靠基础。学者们在综合分析边坡岩体变形失稳破坏模式及其影响因素的基础上,提出了表征边坡岩体稳定性分析的复合指标,通过国内多种类型岩体已建边坡稳定状况的分析,证明运用人工神经网络方法预测边坡岩体稳定性是可行的。

(3)非饱和土强度理论应用

对于残积土、膨胀土等黏土山地或人工边坡在雨季经常发生失稳破坏,以浅层滑坡为主。由于近地表浅层土多为非饱和黏性土,气候变化对其力学性状有很大的影响。雨季雨水的入渗使土体含水量增加,饱和度增大,加大了土体的自重,也引起土体抗剪强度大幅下降。常规的土坡稳定性分析不能考虑这种由于气候变化因素的影响,在分析残积土、膨胀土等边坡在降雨入渗情况下抗剪强度降低的主要原因后，探讨现有的考虑雨水入渗影响的边坡稳定分析方法，结合非饱和土强度理论，提出非饱和土等效凝聚力的新概念，从而可方便地采用通常使用的毕肖普法等极限平衡法，进行考虑雨水入渗影响的边坡稳定分析计算。

(4)运动单元法

边坡稳定安全系数的计算是基于所确定的最危险滑动面求得的，安全系数求解的关键问题是确定塑性滑动区和最危险的滑动面。对于几何形状多变、岩土体组成复杂和影响因素较多的长大边坡稳定性分析，目前多对实际问题作大量的简化，基于经验或半经验的最危险的滑动面求得相应的边坡安全系数一般偏大，计算误差难以估计，影响最终结论的可靠性。岩土工程极限分析运动单元法是一种塑性极限数值分析方法，主要适用于岩土这类采用莫尔-库仑准则的介质。运动单元法认为，对于所有假设塑性滑动区和最危险滑动面，真正的最危险塑性区和滑动面对应的安全系数最小。该方法通过严格的自动搜索过程寻找满足约束方程和边界条件的最小安全系数并确定塑性滑动区和最危险滑动面，根本上提高了岩土工程极限分析结果的精度与可靠性，具有严格的数学力学基础，适用于各类地质条件、岩性和几何形状复杂的长大边坡的稳定性分析。

(5)基于地质力学模型的概化方法

大量的工程实例表明，倾倒破坏通常发生于层状结构的岩质边坡中，其典型的结构特征为岩层层面与边坡走向一致但倾向相反。如果同时存在一组或多组顺坡向的节理将岩层切割成离散的块体，则更容易发生此种类型的破坏。这类边坡的失稳形式与边坡剪切滑动破坏在边界条件、变形特征和力学机制上有着很大的差异，因此，对倾倒破坏边坡稳定分析和评价也不同于常规的分析方法。Goodman 和 Bray 首先建立了单块岩柱在倾斜平面上的稳定、滑动和倾倒的判据，提出了边坡倾倒破坏的极限平衡法，该方法目前已经在实际工程中得到了初步的应用。但岩体中结构面的分布情况十分复杂，要将其简化为简单的计算模型，通常是依靠工程地质人员的经验判断和假定，人为主观性较强；另外，岩体中的结构面并不是完全贯通的，完全不考虑结构面之间完整岩石的作用，很显然设计是过于保守的。针对这些问题，应用岩体结构面网络模拟原理，提出边坡倾倒破坏地质力学模型的概化方法，并对 Goodman 和 Bray 的极限平衡分析理论作了改进，考虑了岩体结构面的具体分布特征和岩体结构面的连通率影响。

9.3.2 长大边坡局部稳定性与整体稳定性的关系

长大边坡的稳定性分析不同于一般普通边坡，既可能存在单级边坡破坏或失稳，同时也存在多级边坡整体破坏失稳的可能。长大边坡的稳定性受多种因素影响，可以分为内部和外部因素。内部因素包括岩土体本身性质、地质构造、岩土结构、地下水的作用、地应力和残余应力等；外部因素包括工程荷载条件、振动、边坡形态、临空条件以及气候条件、风化作用、地表自然植被发育情况等。因此评价长大边坡的稳定性应根据各种因素综合确定，并充分认识到边坡的整体稳定性和局部稳定性问题。

边坡局部稳定性是针对“点”的分析，整体稳定性是对“面”的评价，应先从定性上把握，再做定量分析。边坡整体稳定性分析是从整体、宏观和全局方面把握长大边坡的稳定性状况，对边坡的设计、施工、维护和局部稳定性分析都有重要意义。一般来说，边坡的变形破坏受控于岩土体、结构面和临空面的组合所形成的空间形态关系。长大边坡的坡形、坡率和坡高取决于岩土体结构的强度、构造破碎程度和风化程度，其稳定性更多地受控于各种构造和结构面的组合及其与临空面的关系。在坡体结构的分析中，应找出不利结构面的组合，特别是倾向临空面的一组，分析其可能发生的变形类型和范围。若无大的不利结构面倾向临空面，强度高的硬质岩在下部、上覆软弱岩层或风化破碎岩层边坡则可能发生上层的局部破坏；若硬岩在上部、下覆软弱岩层时，则可能会由于软质岩承载力不足而引起整体滑动。对于二元结构的斜坡，土岩接触面易形成软弱面，应特别注意调查基岩顶面的形状、坡角、物质成分和含水情况，分析有无沿接触面整体滑动的可能。

边坡整体稳定性可以通过工程地质类比法进行预测，即设计时参考当地类似条件下处于极限稳定状态的自然山坡的坡形、坡率和坡高。如山区道路一般沿河谷的一岸展线，总可以在同一岸找到与高边坡的地质条件和作用因素相类似的区域或处于极限稳定状态的自然斜坡，它具有的坡形、坡率、坡高及稳定性可以与拟评价的道路高边坡进行对比。当道路高边坡的坡率大于极限稳定状态的自然斜坡坡率或坡高大于自然斜坡坡高时，则高边坡产生变形破坏的概率必然加大，其破坏范围大致为极限稳定坡的坡率、坡高所圈定的边坡外侧的岩土体。

边坡局部稳定是整体稳定的一部分，局部稳定性将直接影响整体稳定性。对于岩质边坡来说，局部发生强度破坏会导致应力集中，破坏区随之扩大，当破坏区达到一定的范围就会造成整体失稳，从而影响到边坡的整体稳定性。对于黏性土边坡，其破坏时一般最先在坡脚处形成塑性区，随后在距离坡顶一定范围处产生一段张拉裂缝及剪切塑性带，随后坡脚和坡顶的塑性带都向边坡中部发展，当两段塑性带贯通后，便会形成边坡滑动面，从而产生整体滑动破坏。所以应高度重视局部稳定性的重要作用。在边坡的开挖、支护等施工过程中一定要注意局部的稳定问题。

长大边坡稳定性分析相对较复杂，必须考虑边坡定性与定量分析，同时应将工程地质综合评价与极限平衡力学计算和数值分析结果相结合。在这个过程中要充分认识边坡局部稳定性和整体稳定性的关系，确保边坡安全稳定。

9.4 长大边坡设计对策

9.4.1 基本要求

由于自然条件、地质因素、人类活动等千差万别，长大边坡设计变得十分复杂，每个工点都需要单独分析和计算，因此长大边坡应按独立工点进行勘察设计，基本要求如下[2-4]。

(1)工点地质勘察应先进行工程地质测绘和调查,采用钻探、坑探与物探等相结合的综合勘探方法,查明如下内容:

①地形地貌特征。

②岩土体类型、成因、性状、风化程度、完整程度、分层厚度。

③岩土体天然和饱水状态下的物理力学性质,如重度、黏聚力、内摩擦角、抗压强度等。

④主要结构面(特别是软弱结构面)特征、组合关系、力学特性、与临空面的关系。

⑤气象、水文和地质条件。

⑥不良地质及特殊地质现象的范围、性质和分布规律。

⑦地下水、土对支挡结构材料的腐蚀性。

⑧地表径流形态及其对边坡的影响。

(2)岩土体力学参数可按下列方法确定:

①岩体和结构面抗剪强度指标宜根据现场原位试验确定,无条件进行试验时可按地区经验和反分析方法等综合确定。

②土体力学参数宜采用原位剪切试验、原状土室内剪切试验及反算分析等方法确定。

(3)边坡稳定性评价应遵循"以定性分析为基础,定量分析为手段"的原则,进行稳定性计算时,应根据边坡工程地质条件或已经出现的变形破坏迹象,定性判断边坡可能出现的破坏形式和稳定状态。

(4)长大边坡应根据坡长和坡高进行坡面分区,按各分区的局部滑动和整个坡体的整体滑动进行边坡稳定性分析,计算方法应根据岩土类型和可能破坏形式按下列原则确定:

①土质边坡和大规模的碎裂结构岩质高边坡宜采用圆弧滑动法计算。

②对可能产生平面滑动的边坡宜采用平面滑动法进行计算。

③对可能产生折线滑动的边坡宜采用折线滑动法进行计算。

④对结构复杂的岩质边坡,可采用赤平极射投影法分析及楔形滑动面法进行计算。

⑤当边坡破坏机制复杂时,宜结合数值分析法进行分析。

(5)长大边坡应分析地形地质条件,按多级滑动、分级治理的要求进行设计。

(6)应从工程安全、与设计方案匹配的角度提出适宜的施工工艺。

(7)长大边坡需进行施工监测设计,明确监测段落、监测项目、监测点位置、监测要求等。

9.4.2 设计原则

基于破坏机理和破坏模式,本书第4章提出"长大边坡存在分级失稳、渐次失稳现象;既存在单级边坡破坏或失稳,也存在多级边坡整体破坏失稳的可能",说明长大边坡出现的岩土工程问题极为复杂。针对软岩深路堑高边坡易出现塌滑的现象,原铁道部第二勘察设计院在南昆铁路建设中提出了"根据机械化施工工艺特点,结合地质情况,采用分层稳定和坡脚预加固处理"的设计原则和施工措施。这是路堑高边坡设计和施工观念上的重大变革,对山区路基工程建设具有理论和实际意义,其设计思想已纳入铁路、公路等行业设计规范[23]。

边坡工程的设计原则如下:

(1)应满足安全可靠、经济合理、便于施工、利于养护的要求。

(2)应遵循“大平台分区、多级锚固、多级支挡”与“分层开挖、分层稳定和预加固”相结合的总体设计原则,施工工艺示例如图 9-17 所示,施工工艺如下。

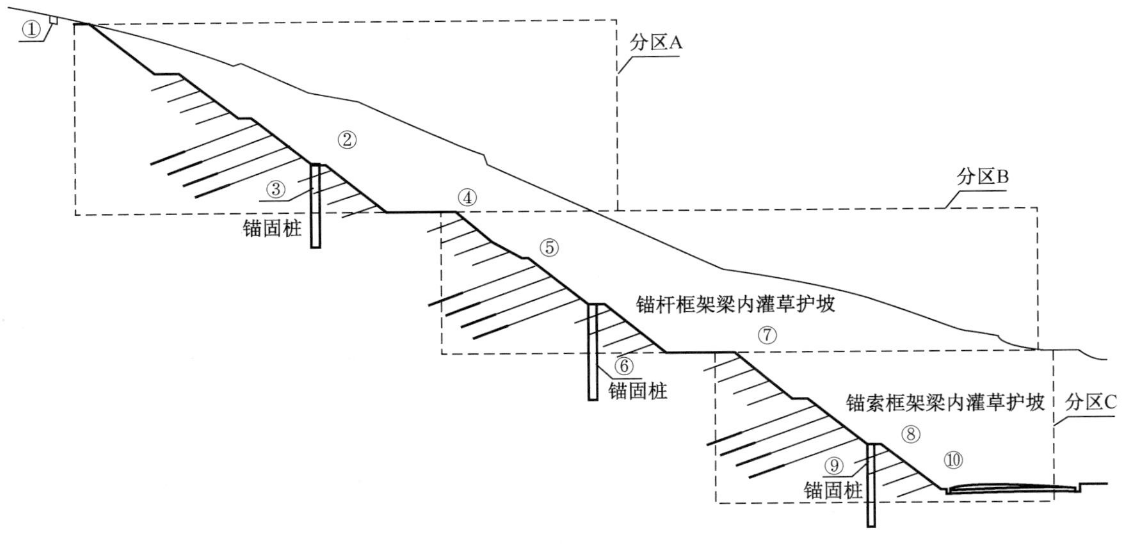

图 9-17 施工工艺示例

分区 A:①施作地表截排水沟、天沟→②自上而下分级开挖第十至八级边坡,并及时施作坡面锚(索)杆框架梁护坡→③开挖至桩顶高程时施工锚固桩→④开挖第七级边坡,及时施工锚杆框架梁护坡→分区 B。

分区 B:⑤自上而下分级开挖第六、五级边坡,并及时施作坡面锚(索)杆框架梁护坡→⑥开挖至桩顶高程时施工锚固桩→⑦开挖第四级边坡,及时施工锚杆框架梁护坡→分区 C。

分区 C:⑧自上而下分级开挖第三、二级边坡,并及时施作坡面锚(索)杆框架梁护坡→⑨开挖至桩顶高程时施工锚固桩→⑩开挖第一级边坡,及时施工锚杆框架梁护坡。

(3)根据定性判断的边坡破坏模式,结合施工方法、施工工序进行边坡的局部稳定性和整体稳定性验算。

(4)在工程条件许可时,应优先采用坡率设计法,必要时与其他支护措施联合使用。

(5)边坡防护设计应根据地质条件、环境条件及边坡高度,采取工程防护与植物防护的综合措施,减少开挖创面对自然生态环境的影响。

(6)排水设计应有完善的地表和地下排水系统,及时引排地表水和地下水。对于多雨地区的砂质土和细粒土边坡,应采取坡面截排水与坡面防护的综合措施,减少水对边坡稳定的作用和影响。

(7)应对边坡开挖提出施工工艺要求,其开挖的顺序、方法必须与设计工况相一致,并遵循“从上至下、分层开挖,开槽支撑、先撑后挖”的原则。

(8)监测设计应能体现系统性、可靠性和经济性,与结构设计、施工工艺相结合,遵循关键部位优先、兼顾全面的原则确定监测内容和项目。

9.4.3 技术路线

针对长大边坡规模大、地质情况复杂的特点,设计应制定科学的技术路线[23]:

(1)根据道路工程的平纵面图,研究边坡工程区域内的地形地貌,梳理边坡影响范围内的天然水系,并将影响范围内的铁塔、房屋等构筑物作为边坡设计的重要制约因素。

(2)通过必要的现场踏勘和查阅工程地质勘察及补充勘察资料,掌握边坡岩土体的地质情况及工程地质评价。

(3)结合地质勘察资料,在边坡的坡形、坡率设计基础上,对边坡可能产生的破坏模式进行稳定性分析和评价。

(4)对稳定系数不符合规范要求的边坡进行设计方案研究,选择合理的设计方案。

(5)根据稳定性分析资料和边坡治理措施,进行监测设计,确定合理的监测内容和项目,为动态设计法和信息化施工创造有利条件。

(6)根据边坡的工程地质条件及设计方案,提出施工工序和施工工艺等方面的技术要求。

(7)根据工程方案提出质量检验、验收的标准和要求。

(8)在配合施工中依据边坡开挖揭示的地质情况、施工过程中出现的问题以及动态监测数据,对设计方案进行评估,必要时进行设计调整。

9.4.4 设计要点

长大边坡的实施是一个山体力学平衡状态被破坏以及采用支挡加固工程重建力学平衡状态的过程,其设计要点如下:

(1)自然斜坡是不同岩土体在长期营力作用下适应自身力学性能的外在表现,对边坡工程设计具有重要参考价值。长大边坡设计应参考当地类似条件下处于极限稳定状态的自然山坡的坡形、坡率和坡高,充分运用工程地质类比法,对整体稳定性进行定性分析。

(2)研究边坡岩土体结构,定性判断边坡可能出现的局部和整体破坏形式,从削方减载、施工组织、利于管养的角度合理确定大平台位置和宽度,为边坡体的分区治理和整体稳定创造条件。

(3)以大平台分区的各级边坡稳定性不受结构面影响时,可优先采用宽平台、缓边坡设计;坡体中的原岩及次生结构面、风化界面、风化夹层等界面难以准确探明,潜在滑裂面的形式具有不确定性时,应优先选择锚杆(索)加固边坡,形成多级锚固体系。

(4)岩土体抗剪强度较低时应遵循“分层开挖、分层稳定和预加固”的原则;潜在滑动体下滑力较大时宜采用多级锚固桩加固,并在局部和整体稳定分析的基础上合理分配下滑力。

(5)岩质高边坡的稳定性更多地受控于各种构造和结构面的组合及其与临空面的关系。在坡体结构分析中,应找出不利结构面的组合,特别是倾向临空面的一组,分析其可能发生的变形类型和范围,从而采取不同的加固措施,一般可选取锚杆(锚索)框架梁等工程措施。

没有不利结构面倾向临空面时，应根据上下部岩体强度差异，分析可能的破坏形式，一般需对相对软弱岩层采取土钉墙、锚杆框架梁或锚固桩等工程措施。

(6)当植物防护的坡面可能产生冲刷破坏时，应采用带排水槽的骨架护坡分割坡面，减缓坡面流的流速，增强坡面的抗冲刷能力。

(7)边坡稳定是一个复杂的多参数岩土力学问题，很难从理论上预测工程中可能遇到的各种问题，而且预测值也难以全面准确地反映工程中的各种变化，因此有必要建立以地下位移为主的动态监测系统。

9.5 长大边坡工程案例

案例19　全风化花岗岩路堑边坡——锚固桩“固脚强腰”

(1)工程概况

以某高速公路挖方场地为例，工程位于中低山地貌，地形起伏较大，坡顶、坡底地面高程420～480m，自然坡角15°～35°，山坡第四系土层及基岩全风化层较厚，场区内植被发育，主要为茂密林地。

地表覆盖层为全新统残积层(Q_4^{el})，下伏基岩为燕山第三期晚侏罗系黑云母花岗岩[$\gamma_5^{2(3)}$]，其岩性特征如下：

〈1〉砂质黏性土(Q_4^{el})：褐红、褐黄色，硬塑，主要由黏、粉粒组成，含10%～25%砂粒，为花岗岩风化残积土，黏性一般。层厚2～5m，实测标贯平均值$N=24.9$击，属Ⅱ级普通土。

〈2〉砂土状全风化花岗岩[$\gamma_5^{2(3)}$]：灰褐色，岩石风化剧烈，岩芯呈砂土状，原岩结构基本破坏，除石英外，其他矿物均风化成土。岩质极软，遇水易崩解，属Ⅲ级硬土。

该区段地震动峰值加速度为0.05g(地震基本烈度Ⅵ度)，反应谱特征周期为0.35s。

本区范围内地表水不发育，由于场地地势较高，地表水主要为冲沟沟水、沟谷溪流，受季节影响明显。地表水主要接受大气降水的补给，向低洼地段排泄。

地下水分为第四系孔隙水和基岩风化裂隙水。第四系孔隙水分布于沟槽地段浅表层第四系坡残积层中的覆盖层中，水量小，浮动及变化小，本次钻探未揭示稳定地下水。基岩风化裂隙水分布于基岩风化带内，没有稳定地下水位面，呈动态变化，富水性弱～中等，多不具承压性，基岩裂隙水一般以泉的形式沿裂隙处溢出，均为下降泉，钻探未揭示稳定地下水位。

(2)稳定性分析

本段挖方右侧边坡位于砂质黏性土和全风化花岗岩中，路肩处挖深约32m。坡脚土体抗剪强度不足时易发生边坡整体性失稳和坡面冲蚀破坏，可采用坡脚预加固桩和中上部大平台减载方案。拟定的方案为：第一级边坡高度10m，其余边坡分级高度8m，自下而上坡率依次为1:1.25、1:1.5、1:1.5、1:1.75、1:2.0，边坡平台宽度除第一级4m、第三级大平台12m外，其余为3m；第一级平台处设预加固桩，最大边坡高度约42m，潜在滑裂面如图9-18所示。

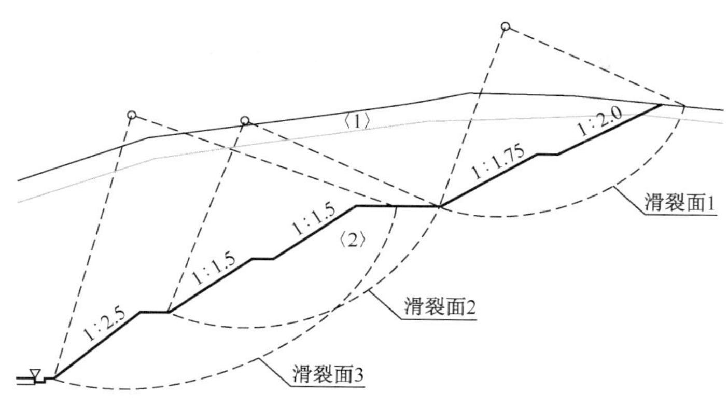

图 9-18 边坡潜在滑裂面示意图

该边坡稳定计算采用简化 Bishop 法，计算参数取值及稳定系数见表 9-1、表 9-2。

计算参数取值 表 9-1

地层编号	正常工况			非正常工况 1			岩(土)体与锚固体的黏结强度(kPa)
	γ(kN/m^3)	c(kPa)	φ(°)	γ(kN/m^3)	c(kPa)	φ(°)	
〈1〉	19.0	35	16	19.8	27	14	50
〈2〉	19.0	23	20	19.8	19	17	60

稳定系数 表 9-2

滑裂面编号	加固前稳定系数		加固后稳定系数	
	正常工况	非正常工况 1	正常工况	非正常工况 1
滑裂面 1	1.463	1.122	—	—
滑裂面 2	1.362	1.119	—	—
滑裂面 3	1.023	0.760	1.412	1.100

根据《公路路基设计规范》(JTG D30—2015)[3]规定，高速公路路堑边坡稳定系数在正常工况时不小于 1.20～1.30，在非正常工况 1 时不小于 1.10～1.20。由表 9-2 可见，边坡局部稳定性好，但整体稳定性差。其滑裂面 3 在正常工况时稳定系数为 1.023，处于欠稳定状态；非正常工况 1 时稳定系数 0.76，处于不稳定状态，采用预加固桩增强边坡的整体稳定性。

(3)工程措施

第一、二级边坡之间的平台处设预加固桩，桩位处潜在滑动体的下滑推力设计值约 1320kN/m，采用桩截面尺寸为 2.25m×2.5m、间距 5m 的全埋式桩，桩长 24m；除顶部边坡采用三维网植草外，其余边坡采用人字形骨架防护，如图 9-19 所示。

该边坡工程于 2019 年初完工，地表及地下位移监测表明，坡体处于稳定状态，整治效果良好，如图 9-20 所示。

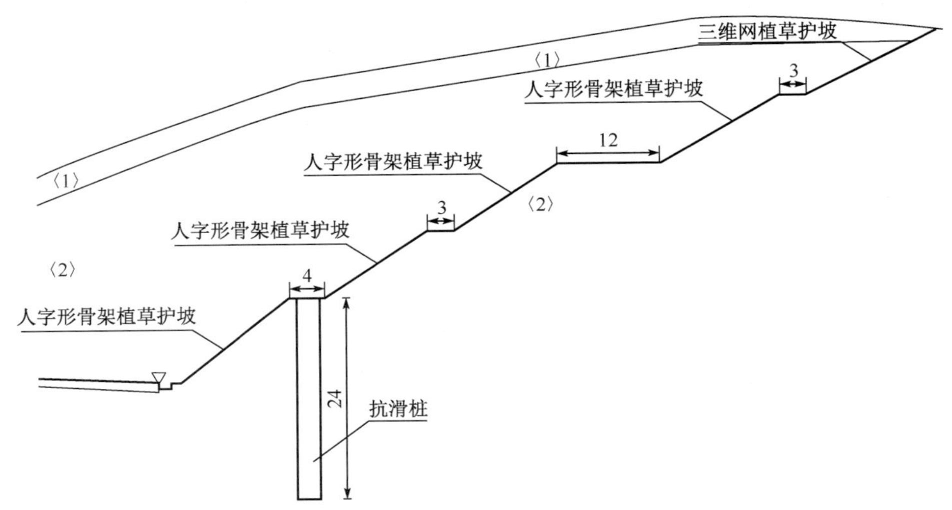

图 9-19　边坡加固代表性横断面示意图(尺寸单位:m)

图 9-20　施工完成后效果

案例 20　强风化页岩路堑边坡——锚索(杆)“固脚强腰”

(1)工程概况

以某高速公路高边坡工程为例,工程位于广东省韶关市东南部粤北部山区,群山环抱,连绵起伏,山脉多为东北 ~ 西南走向,地势亦自东北向西南倾斜。工程区域内最高峰海拔1438.8m,最低点海拔 100m。属中亚热带季风气候,干湿季节明显,春夏温和多雨水,秋冬凉爽无严寒,植被四季常青。挖方场地属剥蚀丘陵地貌,地形较陡,起伏较大,自然山坡倾角22.6°~ 25°。地面高程 164.8 ~ 199.1m,相对高差约 36.1m。山坡植被较发育,主要为松树林地。

本区地表覆盖层为第四系全新统坡残积层(Q_4^{dl+pl}),下伏基岩为泥盆系帽子峰组页岩和泥灰岩(D_{3m}),各岩土层描述如下:

〈1〉粉质黏土(Q_4^{dl+pl}):灰黄、暗红色,可塑,干强度高,韧性高,稍有光泽,含少量页岩碎屑、碎块,黏性较弱。层厚 0.6 ~ 3.0m,属Ⅱ级普通土。

〈2〉强风化页岩(D_{3m}):黄褐色,节理裂隙发育,泥质胶结,风化强烈,大部分风化为土状,含约10%角砾,棱角状,母岩为砂质页岩,块径一般20~40mm,最大约50mm,泥质胶结,风化强烈,手可掰碎。采取率55%。层厚10.5~50m,属Ⅳ级软石。

〈3〉中风化泥灰岩(D_{3m}):灰黑色,隐晶质结构,薄层状构造,主要矿物成分为方解石,节理裂隙较发育,岩心较完整,岩心呈柱状,节长一般10~30cm,最大节长40cm,锤击声脆,回弹,振手,较难击碎,岩石质量指标(RQD)为75%,采取率75%。埋深23.0~53.0m,属Ⅴ级次坚石。

该区段地震动峰值加速度为0.05g(地震基本烈度Ⅵ度),反应谱特征周期为0.35s。

本区范围内地表水不发育,由于场地地势较高,地表水主要为沟谷溪流,受季节影响明显。地表水主要接受大气降水的补给,向低洼地段排泄。

地下水分为第四系孔隙水和基岩风化裂隙水。孔隙水分布于沟槽地段浅表层第四系坡残积层中的覆盖层中,黏性土层由于渗透系数很小,含水性差,地下水含量小。基岩风化裂隙水分布于基岩风化带内,地下水埋藏深度大,呈动态变化,富水性弱,不具承压性;区内地下水主要靠含水层天然露头接收大气降水及表水补给,沿岩体内裂隙以泉的形式向下渗流,地下水向低洼处排泄。

(2)稳定性分析

该路堑边坡整体位于强风化页岩中,结合地形地质条件,为便于下部页岩与强~中风化泥灰岩边坡的纵向顺接,采用上部削方减载、下部支护加固的台阶式边坡。边坡单级高度8m,除第三级平台宽度8m外,其余平台宽度2m;自下而上第一、二级边坡坡率为1:1.25、1:1.5,第三、四级边坡坡率1:1.75,第五至七级边坡坡率均采用1:2,总高度56m。

①赤平投影分析。

该段边坡岩层产状为305°∠51°,发育两组节理:210°∠74°和162°/61°,左侧边坡的赤平投影如图9-21所示。

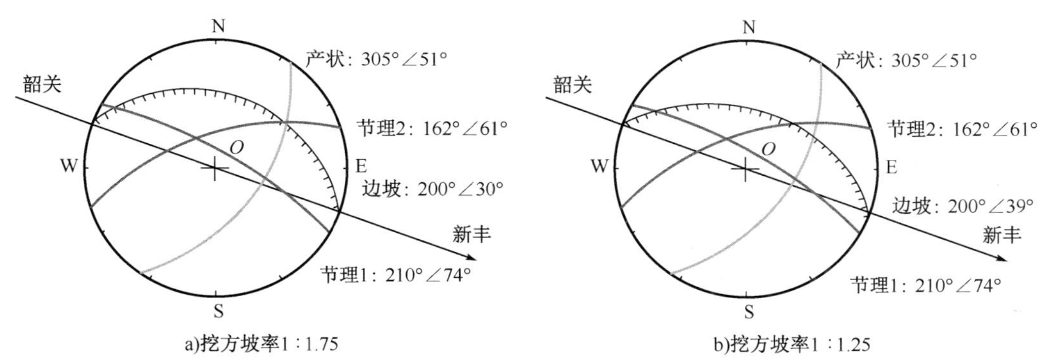

图9-21 左侧边坡赤平投影图

对于挖方坡率1:1.75,产状倾向和边坡坡向大角度相交,对开挖边坡稳定性无不利影响;节理1与边坡坡向小角度相交,但节理面倾角大于开挖边坡坡角,对开挖边坡稳定性无不利影响;节理2与边坡坡向小角度相交,但节理面倾角大于开挖边坡坡角,对开挖边坡稳定性无不利影响;岩层产状和节理面1、岩层产状和节理面2、节理面1和节理面2的交线倾向开挖边坡外侧,但交线倾角大于坡角,对开挖边坡稳定性无不利影响。

对于挖方坡率1∶1.25，产状倾向和边坡坡向大角度相交，对开挖边坡稳定性无不利影响；节理1与边坡坡向小角度相交，但节理面倾角大于开挖边坡坡角，对开挖边坡稳定性无不利影响；节理2与边坡坡向小角度相交，但节理面倾角大于开挖边坡坡角，对开挖边坡稳定性无不利影响；岩层产状和节理面1、节理面1和节理面2的交线倾向开挖边坡外侧，但交线倾角大于坡角，对开挖边坡稳定性无不利影响；节理2与岩层产状形成的楔形体倾向坡外，且交线倾角小于坡角，对边坡有一定不利影响。

②整体稳定性分析。

本段边坡的岩层受多次地质构造运动影响，次一级的褶皱等小构造发育较好。岩层受挤压、扭曲后，产状多变，岩石破碎。边坡岩体主要为强风化页岩，属碎裂结构，可采用简化Bishop法计算，潜在滑裂面如图9-22所示。计算参数取值及边坡稳定系数见表9-3、表9-4。

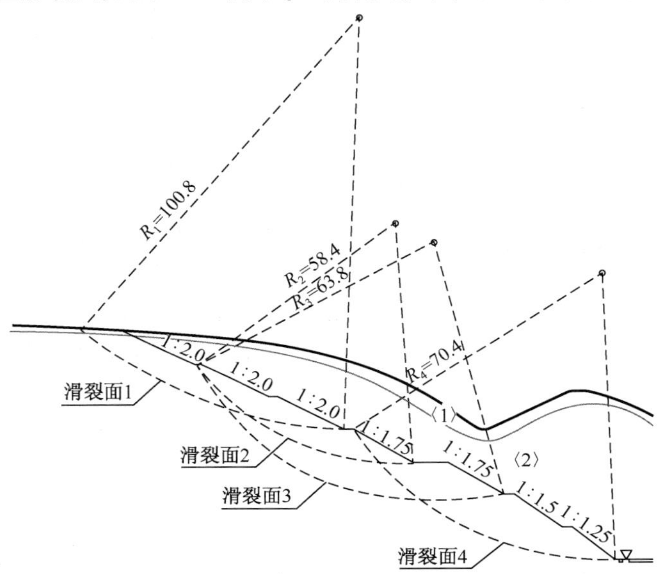

图9-22　边坡潜在滑裂面示意图(尺寸单位：m)

计算参数取值　　表9-3

地层编号	正常工况			非正常工况1			岩(土)体与锚固体的黏结强度(kPa)
	γ(kN/m³)	c(kPa)	φ(°)	γ(kN/m³)	c(kPa)	φ(°)	
〈1〉	18.5	20	15	19.3	15	10	50
〈2〉	22.0	40	25	22.8	30	20	300
〈3〉	24.0	130	35	—	—	—	450

边坡稳定系数　　表9-4

滑裂面编号	加固前稳定系数		加固后稳定系数	
	正常工况	非正常工况1	正常工况	非正常工况1
滑裂面1	1.738	1.327	—	—
滑裂面2	1.681	1.285	1.694	1.289
滑裂面3	1.642	1.251	1.787	1.373
滑裂面4	1.311	1.029	1.446	1.120

根据《公路路基设计规范》(JTG D30—2015)[3]规定,高速公路路堑边坡稳定系数在正常工况时不小于1.20~1.30,在非正常工况1时不小于1.10~1.20。由表9-4可见,边坡局部稳定性好,但整体稳定性较差。其滑裂面4在正常工况时稳定系数为1.311,处于稳定状态;非正常工况1时稳定系数1.029处于欠稳定状态。

(3)工程措施

第一级边坡K1+904~K2+030及第二级边坡K1+904~K2+012采用设计拉力400kN的锚索框架梁加固,第四级边坡K1+914~K1+974采用设计拉力100kN的锚杆框架梁加固,节点水平和竖向间距均为3m,呈矩形布置,框架梁截面尺寸为0.4m×0.4m,骨架内植草防护,其余为三维网植草护坡,如图9-23所示。

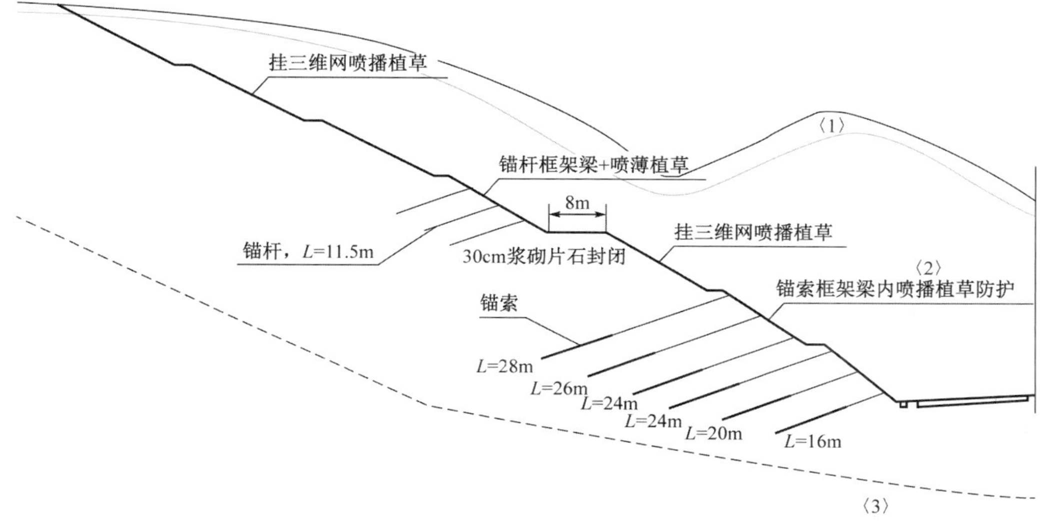

图9-23 边坡加固代表性横断面示意图

该边坡工程于2019年初完工,地表及地下位移监测表明,坡体处于稳定状态,整治效果良好,如图9-24所示。

图9-24 施工完成后效果

案例 21　破碎岩体路堑超高边坡——"分级加固" + "固脚强腰"

(1)工程概况

以某铁路车站路堑高边坡为例,车站位于云南省红河哈尼族彝族自治州河口瑶族自治县,为泛亚铁路国际换装站,规模大[24]。工程范围处于低山丘陵地带,丘间槽谷地貌,地势较狭窄,地形波浪起伏、相对左高右低。车站路堑中心最大开挖高度 17.8m,左侧设计最大挖方高度约为 89m。所处地区地表植被较发育,种植有香蕉、橡胶树等经济作物。

本路段地层主要有第四系全新统坡残积层(Q_4^{dl+el})粉质黏土,下伏基岩为元古界瑶山群(Ptys)片麻岩夹混合岩、片岩、大理岩,各岩土层描述如下:

〈1〉粉质黏土(Q_4^{dl+el}):棕红、棕黄夹灰白色,硬塑状,土质不均匀,夹有少量碎石角砾,局部为黏土。分布于坡面,厚 2 ~ 6m,局部稍厚,属Ⅱ级普通土。

〈2〉片麻岩夹混合岩、片岩、大理岩(Ptys):灰、浅灰色,夹灰白色,片麻构造,中细粒变晶结构。大理岩呈灰白色或间夹黑色条带,隐晶致密结构,溶蚀弱发育。据钻探揭示,差异风化严重,大理岩以弱风化为主,而片麻岩则风化强烈,风化层厚度变化大。全风化带〈2-1〉厚 10 ~ 40m,属Ⅲ级硬土;强风化带〈2-2〉厚度厚 0 ~ 30m,属Ⅳ级软石;弱风化〈2-3〉,属Ⅴ级次坚石。

该工程地处红河深大断裂以北区,"康滇缅歹字形"构造体系中段东支与"昆明山字形"构造前弧弧顶前缘的衔接带上,位于一个两大构造体系相互交接的地质构造极其复杂的地区。受区域构造影响,段内岩体节理裂隙发育,岩体较破碎,局部破碎,风化层厚度大。

测区地震动峰值加速度为 0.1g,地震动反应谱特征周期为 0.45s。

测段地表因植被茂密,沟槽具有常年流水,主要受大气降雨及上游沟槽表水补给,水量不大。

地下水为第四系孔隙潜水及基岩裂隙水。车站主要位于槽谷内,第四系覆土层较厚,孔隙潜水丰富,地下水位浅。岩为片麻岩夹大理岩,受构造影响,节理裂隙发育,岩体较破碎,基岩裂隙水较发育,埋深较大。

(2)稳定性分析

方案设计于边坡坡脚设置一排路堑桩间土钉墙,土钉墙高 6m,墙顶以上分级刷坡,坡率为 1∶1.5,最高设 8 级,单级边坡高度 10m,每级边坡之间设宽 3m 的平台,自下而上第三、四级边坡之间设置宽 20m 的大平台。大平台处增设一排桩板墙,挂板高度为 4m。

结合地质情况和坡形、坡率设计结果,潜在滑动面如图 9-25 所示。由计算可知,在开挖后未施作支挡情况下,潜在滑裂面 3 处于稳定状态,其余边坡稳定系数为 0.89 ~ 1.05,边坡处于不稳定 ~ 欠稳定状态,在设计安全系数为 1.15 的情况下,边坡水平推力为 116 ~ 1134kN。

计算结果显示,设计下滑力较大,且中间大平台存在滑面剪出风险,需要在边坡中部设置一排抗滑桩共同分担下滑力,同时防止越顶破坏。设计方案稳定性分析结果见表 9-5。

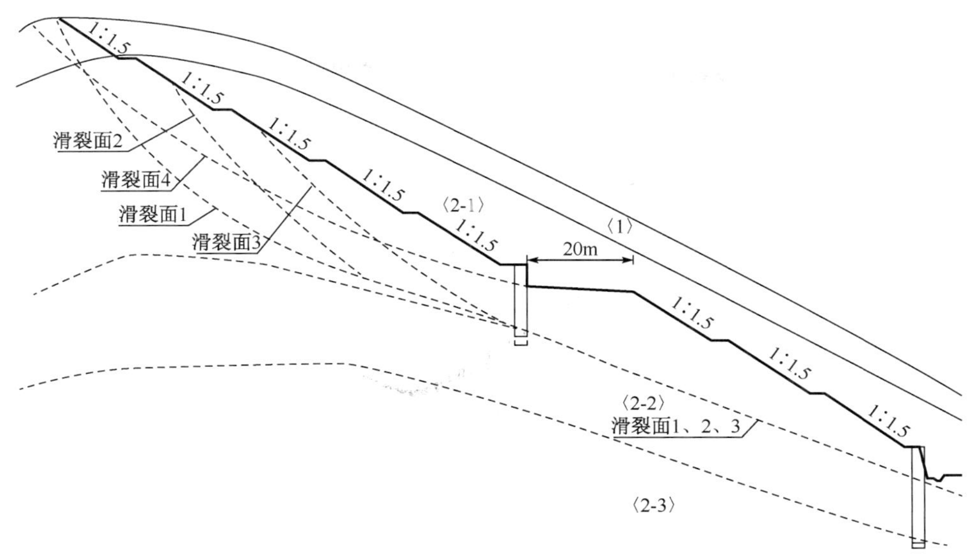

图 9-25 边坡潜在滑裂面示意图

设计方案稳定性分析结果 表 9-5

滑裂面编号	安全系数 K	设计下滑力 F(kN)	滑裂面编号	安全系数 K	设计下滑力 F(kN)
滑裂面 1	0.89	1134	滑裂面 3	1.3	0
滑裂面 2	1.05	116	滑裂面 4	1.04	723

(3)工程措施

桩顶以上坡面自下而上第一级至第三级及第四级至第六级边坡采用两级锚杆框架梁中间夹一级锚索框架梁防护,第七级边坡采用锚杆框架梁防护,第八级边坡采用人字形骨架防护,如图 9-26 所示。

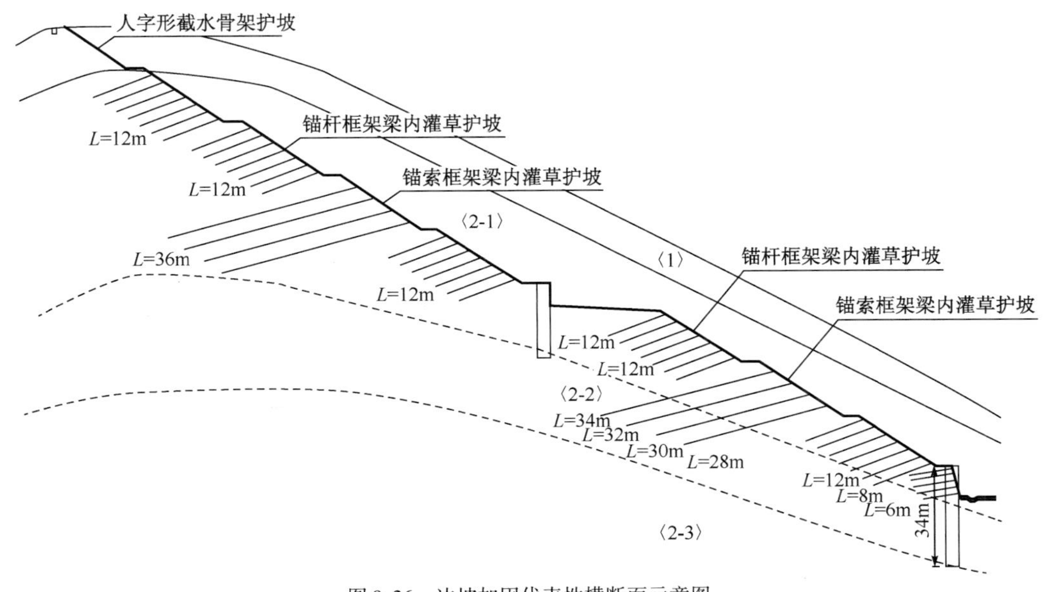

图 9-26 边坡加固代表性横断面示意图

其中锚杆框架梁节点间距 2.5m，正方形布置，锚杆长度 12m；锚索框架梁节点间距 4.0m，正方形布置，锚索单孔设计锚固力为 900kN，为 6 束压力分散型，框架内采用液压喷播植草防护。

河口北站于 2014 年 12 月 10 日开通运营，至今无任何病害发生，整治效果良好，如图 9-27 所示。

图 9-27 施工后效果

本章参考文献

[1] 蒋向阳. 全风化花岗岩道路边坡工程设计研究[D]. 成都：西南交通大学，2005.

[2] 国家铁路局. 铁路路基设计规范：TB 10001—2016[S]. 北京：中国铁道出版社，2016.

[3] 中华人民共和国交通运输部. 公路路基设计规范：JTG D30—2015[S]. 北京：人民交通出版社股份有限公司，2015.

[4] 中华人民共和国住房和城乡建设部. 建筑边坡工程技术规范：GB 50330—2013[S]. 北京：中国建筑工业出版社，2014.

[5] 杨明. 路堑类土质边坡锚固技术研究[D]. 成都：西南交通大学，2002.

[6] 王浩. 类土质路堑高边坡典型失稳机制与加固工程对策的数值模拟研究[D]. 北京：中国铁道科学研究院，2004.

[7] 赵晓彦. 类土质边坡特性及其锚固设计理论研究[D]. 成都：西南交通大学，2005.

[8] 邹静蓉，李志勇. 全风化花岗岩路堑边坡稳定防护研究[J]. 湖南交通科技，2002(3)：25-26 + 38.

[9] 刘好正. 风化花岗岩工程特性与路基工程[J]. 路基工程，2003(5)：41-46.

[10] 陈文昭，胡萍. 边坡工程[M]. 长沙：中南大学出版社，2016.

[11] 杨航宇，颜志平，朱赞平，等. 公路边坡防护与治理[M]. 北京：人民交通出版社，2002.

[12] 汪晗. 公路边坡工程防治技术[M]. 合肥：合肥工业大学出版社，2014.

[13] 苏伟，冯杨. 全风化花岗岩边坡冲刷机理及工程防护措施[J]. 公路工程，2012(6)：146-149.

[14] 刘丰收. 全风化花岗岩路基处治技术与施工控制[J]. 四川建材，2012(2)：164-165 + 169.

[15] 陈洪凯,唐红梅,崔志波,等.公路高边坡地质安全与减灾[M].北京:科学出版社,2010.

[16] 李文娟.土质路堑高边坡稳定性分析与加固措施研究[D].长沙:中南大学,2011.

[17] 成永刚.广东清(远)—连(州)公路边坡变形破坏类型分析[J].中国地质灾害与防治学报,2006,17(4):46-51.

[18] 付宏渊.公路边坡工程[M].北京:人民交通出版社股份有限公司,2017.

[19] 冯文娟,李建林,杨学堂.岩土体边坡稳定分析计算方法的研究进展[J].黑龙江水专学报,2005,32(2):10-13.

[20] 李双平.边坡稳定性分析方法及其应用综述[J].人民长江,2010,41(20):12-15+31.

[21] 郝勇,严建平,李坚炜.边坡稳定性的研究现状及展望[J].中国水运,2012,12(11):244-245.

[22] 铁道部第二勘察设计院.复杂地质艰险山区修建大能力南昆铁路干线成套技术[M].成都:电子科技大学出版社,2000.

[23] 朱颖,许佑顶.复杂艰险山区铁路(公路)工程勘察设计案例集锦[M].北京:人民交通出版社,2012.

[24] 李安洪,魏永幸,姚裕春,等.山区铁路(公路)路基工程典型案例[M].成都:西南交通大学出版社,2016.

第10章　总结与展望

道路边坡岩土体结构的复杂性、多变性以及边坡赋存的工程地质环境的差异，一方面使得实际边坡破坏模式往往不只是单纯的某种形式，可能表现为一种或多种破坏模式的组合；另一方面也使得实际边坡工程的安全性不仅取决于边坡勘察、设计，还受制于工程措施、施工质量、监测技术等的影响。本书基于边坡破坏机理与破坏模式总结出了5种、13类常见道路边坡类型，重点阐述了各类边坡的基本特征、设计方法与工程案例，可为工程人员提供边坡设计的重要参考。但对于具体的边坡工程，在勘察和设计阶段对其认识可能存在一定的局限性，设计的超前性和施工的现实性之间也存在需要协调、配合的问题，因此动态化设计、信息化施工以及边坡监测对于边坡工程安全均十分重要，工程人员应重视边坡工程动态设计施工，要将勘察、设计、施工及监测分析作为一个整体来考虑。

道路边坡是道路工程的一部分，是道路工程大系统的一个小系统，因此边坡工程设计需要树立系统工程的理念。首先，边坡工程要服从道路工程的整体功能需要、满足系统功能需求；其次，边坡工程方案要体现系统性、协调性，边坡工程与其他道路工程之间要相互协调、边坡工程之间也需要相互协调。

道路边坡属岩土工程范畴，岩土的复杂性、不确定性增加了边坡工程设计的难度，增加了边坡工程风险，因此边坡工程设计要树立风险管理的理念，做好边坡工程全生命周期（包括勘察、设计、施工及运维各阶段）风险的识别与防控。勘察阶段，要应用“空-天-地”综合勘察技术，全面、系统识别道路边坡风险，做好道路走向、线位以及工程方案的比选、优化；设计阶段，要做好边坡特征、边坡特性、边坡破坏模式的判识，合理确定边坡工程方案，要做好边坡工程风险的识别与防控；施工阶段，要应用信息化施工技术，对边坡工程风险进行补充识别，并采取必要的防控措施；运维阶段，要加强道路边坡及其周边环境的巡查，及时发现并处置可能发生的风险。

本书从各类边坡的致灾机理、边坡破坏模式出发，阐述了相应的设计方法与工程对策，提供了边坡工程设计可以“按图索骥”的参考与借鉴，但侧重于边坡稳定分析与控制方面。边坡工程，其根本的目标是：一是要确保边坡稳定；二是要控制边坡工程变形；三是要提升边坡工程的安全韧性。因此，在边坡工程设计中，除进行稳定分析外，还应根据需要进行边坡工程变形的分析与控制，以满足道路工程需要；同时，要进行边坡安全风险的识别，对于环境变化、参数失常等不确定性带来的风险，采取可靠的工程方案、技术措施予以防范，以提升边坡工程的安全韧性。

此外,在边坡工程设计和施工中还应重视以下问题:

(1)要加强边坡防排水处理。水是边坡病害发生、发展的根源,加强边坡防水、排水,对防止边坡坍塌、滑动的作用明显且十分重要。应将边坡防水、排水工程,作为边坡工程的整体,进行系统性设计并进行严格管理。

(2)要强化边坡工程施工过程控制。必须严格按照设计的工序、工艺、标准要求施工;施工期间要加强施工地质工作,加强设计巡查,根据施工揭示地质情况调整、完善边坡工程方案、技术措施。

附录A　边坡稳定分析程序

A.1 程序架构

边坡稳定分析程序架构一般包括：菜单与工具栏、数据输入区、图形操作区、结果显示区等，如图 A-1 所示。

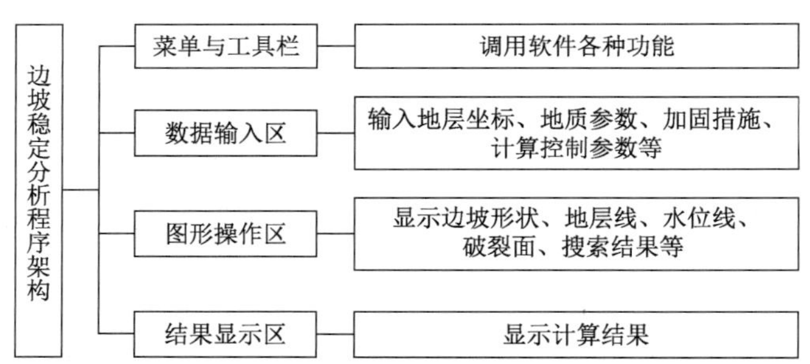

图 A-1　边坡稳定分析程序架构

边坡稳定分析程序界面如图 A-2 所示。

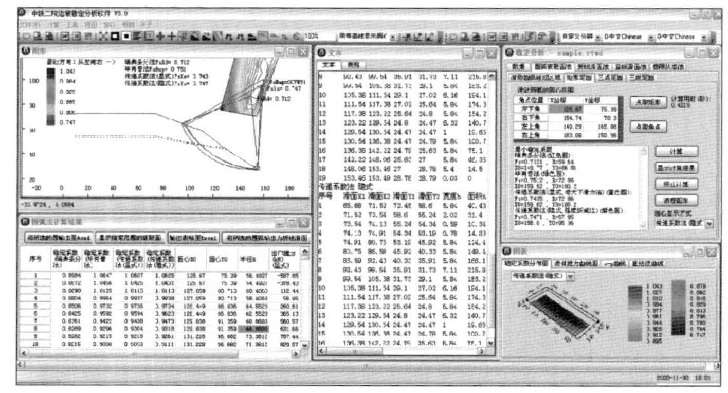

图 A-2　边坡稳定分析程序界面

A.2 程序处理流程

边坡稳定分析程序处理流程如图 A-3 所示。

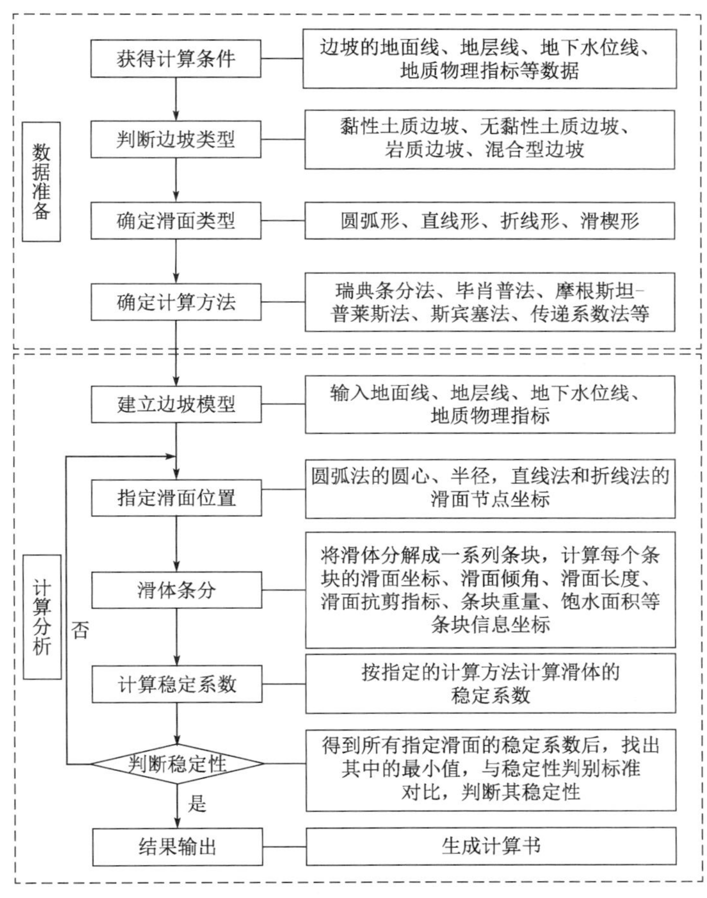

图 A-3 边坡稳定分析程序处理流程图

A.3 程序要点说明

(1)各种算法的差别及适用滑面类型

边坡稳定性分析方法有很多种，目前国际上认可度高的方法有瑞典条分法、毕肖普法、摩根斯坦-普莱斯法、斯宾塞法、传递系数法等，其中最常用的有瑞典条分法、毕肖普法、摩根斯坦-普莱斯法、斯宾塞法。国内最常用的是传递系数法，几乎每本规范都列入了该计算方法。这些计算方法按是否满足力平衡和力矩平衡可分为3类，见表A-1，其中瑞典条分法和毕肖普法只能用于圆弧滑面，其他算法可用于圆弧滑面和折线滑面。

不同计算方法的区别和适用滑面类型　　表A-1

方　法	力平衡	力矩平衡	适用滑面类型
瑞典条分法	否	是	圆弧
毕肖普法	否	是	圆弧
摩根斯坦-普莱斯法	是	是	任意
斯宾塞法	是	是	任意
传递系数法	是	否	任意

(2)不同类型边坡稳定性计算方法

按照边坡岩土性质的不同，将边坡划分为黏性土质边坡、无黏性土质边坡、岩质边坡、混合型边坡四类，可依据边坡类型选择相应的计算方法，见表A-2。

不同类型边坡计算方法选择　　表A-2

边坡类型	黏性土质边坡	无黏性土质边坡	岩质边坡	混合型边坡
滑体地层类型	黏性土	砂性土、碎石土、全风化软质岩等	弱风化硬质岩	多种性质地层组成
滑动面物理指标	$c\neq0,\varphi\neq0$	$c=0,\varphi\neq0$	按层理节理面分析	各地层指标不同
滑动面类型	圆弧滑动面	直线滑动面	按层理节理面分析	折线形滑动面
计算方法	瑞典条分法、毕肖普法、摩根斯坦-普莱斯法、斯宾塞法、传递系数法	摩根斯坦-普莱斯法、斯宾塞法、传递系数法	滑楔法、赤平投影法	摩根斯坦-普莱斯法、斯宾塞法、传递系数法

土体黏性表现为黏聚力指标c的大小，当c为零时，即为无黏性土，如砂性土、碎石土、全风化软质岩等，其破裂面为直线或接近直线，计算时应采用搜索直线滑面法，算法不应采用瑞典条分法和毕肖普法。当c大于零时，即为黏性土，其滑动面通常为对数螺旋线，实际计算时通常简化为圆弧。

岩质边坡由于存在层理、节理面，其破坏模式及破裂面形式非常复杂，圆弧滑面和直线滑面均不能完全适用于岩质边坡的稳定性分析，目前主要算法有滑楔法、赤平投影法等。

混合型边坡由几种不同性质的地层组成，滑面形态通常是折线形或近似圆弧形。当边坡地层均为土质且物理性质及指标差别不大时，可采用圆弧滑面计算。当边坡各地层差别较大，比如存在软弱夹层，同时存在黏性土、无黏性土、软质岩等情况时，其不利滑动面为非圆弧的可能性较大，应采用折线形滑动面计算。

当边坡为多级边坡时，应分析每级边坡的稳定性，计算边坡从每级边坡平台剪出的稳定系数。

如采取了边坡加固措施(如抗滑桩、锚索等)，应分析边坡越顶的稳定性。

附录B 典型道路边坡实景图

B.1 土质边坡

(1)浦建至龙梅铁路DK344段,潮湿~饱和细砂、中砂,最大挖方边坡高20m,容易发生坡面滑塌破坏。按圆弧法稳定性分析,采取1∶1.5二级放坡,坡脚设6m高路堑桩板墙,坡面设自钻式锚杆框架梁防护。如图B-1所示。

(2)成都货车外绕铁路D1K51段,膨胀土,挖方边坡高10m,容易产生整体滑塌失稳破坏。按圆弧法稳定性分析,采取1∶1.75一级放坡,坡脚设4m高路堑挡土墙,坡面设锚杆框架梁防护。如图B-2所示。

图B-1 浦梅铁路DK344+403段砂性土路堑边坡防护

图B-2 成都货车外绕线D1K51+136段黏性土路堑边坡防护

(3)成都至蒲江铁路D1K93段,上覆中更新统冰水-流水堆积层卵石土,潮湿~饱和状,下伏泥质砂岩夹泥岩,最大挖方边坡高25m,容易出现整体滑塌失稳破坏。按圆弧法稳定性分析,采取1∶1.75四级放坡,坡脚设6m高锚固桩+挡土墙,二级平台设两排锚固桩,坡面设锚杆框架梁防护。如图B-3所示。

(4)安六铁路DK65+900~DK66+025段右侧属于低山丘陵地貌,峰林谷地地貌。上覆

8～18m 厚黏土，下伏灰岩夹泥灰岩、炭质页岩。挖方边坡最大高度约 38m，容易发生整体滑塌失稳破坏。按圆弧法稳定性分析，按 1∶1.5 坡率放坡，坡脚设置路堑桩板墙，墙顶以上边坡分级高度 8m，最高处为 4 级边坡。墙顶以上第二级坡面采用锚索框架梁内灌草护坡，其余坡面采用锚杆框架梁内灌草护坡防护。如图 B-4 所示。

图 B-3　成蒲铁路 D1K93 +360 段卵石土路堑边坡防护

图 B-4　安六线 DK65 +900～DK66 +025 段土层边坡防护

B.2 软质岩边坡

（1）连界至乐山铁路 D1K43 +030 段，挖方边坡高 15m，施工单位边坡开挖后未及时防护，长时间暴露，受雨水冲刷及烈日暴晒后，纵向节理裂隙贯通，边坡沿纵向节理垮塌。采取 1∶1.25 二级放坡，坡面设锚杆框架梁防护。如图 B-5 所示。

（2）重庆至贵阳线娄山关南站 GQDK0 +251.5～GQDK0 +640 右侧，边坡岩体以白云岩为主，局部夹页岩，岩层面较平顺，挖方边坡高 25m，易发生顺层滑移破坏。按直线法稳定性分析，采取 1∶0.75 二级放坡，一级边坡平台处设置路堑锚索桩板墙，坡脚处设置路堑锚索桩板墙。如图 B-6 所示。

图 B-5　连乐线 D1K43 +030 边坡

图 B-6　渝黔线娄山关南站 GQDK0 +251.5～GQDK0 +640 边坡防护

(3)成都至贵阳铁路 D2K18 段,层状构造泥岩夹砂岩,挖方边坡高 20m,容易发生整体滑塌失稳破坏。按折线法稳定性分析,采取 1:1.25 二级放坡,坡脚设 6m 高锚固桩 + 挡土墙,坡面设锚杆框架梁防护。如图 B-7 所示。

(4)重庆至利川铁路 DK235 段,层状构造泥岩夹砂岩,视倾角 23°,挖方边坡高 30m,容易产生整体滑塌失稳破坏。按直线法稳定性分析,采取 1:2.35 四级放坡,坡脚设 6m 高锚固桩 + 土钉墙,边坡平台设两排锚固桩,坡面设锚杆框架梁防护。如图 B-8 所示。

图 B-7 成贵线 D2K18 +903 段软岩边坡防护

图 B-8 渝利铁路 DK235 +500 段软质岩顺层路堑边坡防护

(5)安六铁路 DK27 +925 ~ DK28 +067 段左侧属于低山丘陵地貌。上覆 2 ~6m 厚粉质黏土,下伏页岩、砂质泥岩夹煤层。挖方边坡最大高度约 57m,容易产生整体滑塌失稳破坏。按圆弧法稳定性分析,按 1:1.5 坡率放坡,边坡设置上中下三排锚固桩,坡脚锚固桩间设置路堑挡土墙,墙顶以上边坡分级高度 8m,最高处为七级边坡。坡面采用锚杆框架梁内喷混植生护坡防护。如图 B-9 所示。

图 B-9 安六线 DK27 +925 ~ DK28 +067 段软质岩边坡防护

B.3 硬质岩边坡

(1)贵阳至广州铁路 D3K507 段,灰岩夹泥质灰岩,挖方边坡高 20m,采取 1:0.5 ~1:1四级放坡,坡角设护墙防护,墙顶一级边坡设锚杆框架梁防护。如图 B-10 所示。

(2)贵阳枢纽长昆引入段 DK727 段,灰岩,倾角为 20° ~23°,挖方边坡高 30m,容易产生整体滑塌失稳破坏。按直线法稳定性分析,采取 1:2.75 四级放坡,坡面设锚杆框架梁防护。如图 B-11 所示。

图 B-10　贵广线 D3K507 + 169 段碎块状硬质岩路堑边坡防护

图 B-11　长昆引入贵阳枢纽 DK727 + 057 段顺层硬质岩边坡防护

(3)贵阳枢纽成贵联络线 LcD1K3 段,白云岩,挖方边坡高 30m,采取 1∶0.75 四级放坡,坡面设锚杆框架梁防护。如图 B-12 所示。

(4)成贵铁路新街车站 D2K261 + 909.8 ~ D2K262 + 090 段左侧路堑边坡,表层覆盖0 ~ 2m 厚第四系全新统坡残积层粉质黏土,下伏基岩为弱风化三叠系下统嘉陵江组灰岩夹泥质灰岩和页岩,挖方边坡最大高度约 24m,按 1∶1.25 坡率放坡,边坡分级高度 10m,坡脚设置 28 根锚索桩防护,单根锚索桩设 2 ~ 3 孔锚索,锚索单孔采用一孔 8 束钢绞线,桩间设置重力式路堑挡土墙,桩顶以上坡面采用锚杆框架梁内喷混植生护坡防护。如图 B-13 所示。

图 B-12　成贵引入贵阳枢纽成贵联络线 LcD1K3 + 761 段陡倾(反倾)硬质岩边坡防护

图 B-13　成贵线新街车站顺层硬质岩边坡防护

(5)安六铁路 DK56 + 785 ~ DK56 + 950 段右侧,位于低中山区,上覆 0 ~ 5m 黏土,下伏灰岩、白云质灰岩。本段线路左侧路堑顺层,岩层层理 N55°W/50°NE,视倾角 45°,倾向线路左侧,最大挖方边坡高度约 42m,按 1∶1坡率放坡,坡脚设置路堑挡土墙,墙顶以上边坡分级高度 12m。坡面采用锚杆框架梁内喷混植生护坡防护。如图 B-14 所示。

(6)安六铁路 DK66 + 590 ~ DK66 + 750 段左侧,位于溶蚀中低山区,上覆 3 ~ 8m 厚黏土,下伏灰岩夹泥灰岩、炭质页岩。右侧边坡最大高度约 30m,按 1∶1 ~ 1∶1.5 坡率放坡,坡脚设置路堑挡土墙,墙顶以上边坡分级高度 10m。坡面采用锚杆框架梁内喷混植生护坡防护。如图 B-15 所示。

图 B-14 安六线 DK56 + 785 ~ DK56 + 950 段硬质岩边坡防护

图 B-15 安六线 DK66 + 500 ~ DK66 + 750 段碎块状硬质岩边坡防护

B.4 复合边坡

(1)兰州至重庆铁路 D1K640 + 887 段,粉质黏土及泥岩夹砂岩,挖方边坡高 25m,容易产生整体滑塌失稳破坏。按圆弧法稳定性分析,坡脚设置桩板墙,一级边坡坡率 1:1,坡面设锚索框架梁,二级边坡坡率 1:2.5,坡面采用骨架防护。如图 B-16 所示。

(2)贵阳枢纽长昆引入段 D1K709 + 400 段,白云岩、泥灰岩、页岩互层,挖方边坡高 35m,采取 1:0.75 ~ 1:1四级放坡,坡面采用锚杆框架梁防护。如图 B-17 所示。

图 B-16 兰渝线 D1K640 + 887 段缓倾岩面复合路堑边坡防护

图 B-17 长昆引入贵阳枢纽 D1K709 + 400 段软硬互层复合边坡防护

(3)安六铁路 DK84 + 338 ~ DK84 + 655 段右侧,属于侵蚀构造中低山区。上覆 10 ~20m 厚黏土和坡残积层黏土,下伏基岩为泥岩夹泥质白云岩、泥岩,薄层状,以全风化为主,层理产状为 N30°W/18 ~24°SW,视倾角 18°,右侧顺层,层间 $\varphi = 26°$。边坡最大高度约 32m,坡面地层种类有弱风化岩、强风化岩、全风化岩、土层,容易产生整体滑塌失稳破坏。按顺层刷坡法放坡,坡脚设置路堑桩板墙,墙顶以上边坡分级高度 10m。墙顶以上第二级坡面岩层破碎及覆土较厚部分采用锚索框架梁内灌草护坡,其余坡面采用锚杆框架梁内灌草护坡防护。如图 B-18 所示。

(4)安六铁路 DK85 +040 ~ DK85 +430 段右侧,属于溶蚀中低山地貌。上覆 2 ~ 10m 厚黏土,局部为粗、砾砂,下伏基岩为灰岩、白云质灰岩、炭质灰岩,岩层产状为 N85°W/31°SW,岩层走向与线路交角 36°,视倾角 26°,右侧边坡顺层,层间 $\varphi = 22°$。边坡最大高度约 55m,容易产生整体滑塌失稳破坏。按顺层刷坡法放坡,坡脚设置路堑桩板墙,墙顶以上边坡分级高度 10m,局部二级边坡顶部平台设置锚固桩。墙顶以上坡面均采用锚杆框架梁内客土灌草护坡防护。如图 B-19 所示。

图 B-18 安六线 DK84 +338 ~ DK84 +655 段顺层岩面复合边坡防护

图 B-19 安六线 DK85 +040 ~ DK85 +430 段顺层岩面复合边坡防护

B.5 长大边坡

(1)郑州至西安客运专线 DK299 +210 段,砂质黄土,15m 高挖方边坡,容易产生整体滑塌失稳破坏,按圆弧法稳定性分析,采取 1∶1 ~ 1∶1.25 三级放坡,坡面采用锚杆框架梁防护。如图 B-20 所示。

(2)贵阳枢纽成贵联络右线 LcyD1K0 +115 段,灰岩、白云岩,35m 高挖方高边坡,采取 1∶0.75四级放坡,岩层坡面采用锚杆框架梁防护,土层坡面采用骨架防护。如图 B-21 所示。

图 B-20 郑西客运专线 DK299 +210 段长大土质边坡防护

(3)成贵铁路卫城北站 D3K485 +036 ~ D3K485 +223 段左侧路堑边坡,表层覆盖 0 ~2m 厚膨胀土,下伏基岩为弱风化灰岩夹薄层页岩,边坡最大高度约 43m,按 1∶1 ~ 1∶1.25 坡率放坡,边坡分级高度 10m,坡面采用孔窗式护墙内喷混植生防护。如图 B-22 所示。

图 B-21 成贵引入贵阳枢纽成贵联络右线 LcyD1K0 + 115 段长大硬质岩边坡防护

图 B-22 长大硬质岩边坡(成贵线)防护